# 民族村镇精准扶贫与区域发展研究

顾 博 著

哈爾濱工程大學出版社
Harbin Engineering University Press

## 内容简介

本书是2018年哈尔滨市社科联学术著作出版资助项目成果，是哈尔滨市民族宗教工作研究培训基地研究成果。本书运用民族村镇精准扶贫与区域发展的相关理论，根据民族村镇精准扶贫与区域发展所具备的特点，并结合实际案例进行深入研究、分析，阐述清晰、循序渐进，正确把握了新常态下我国政府民族村镇精准扶贫的政策。同时，结合民族村镇特色资源与产业，对精准扶贫制度进行了创新性研究，优化了民族村镇精准扶贫的效果评价指标体系。

本书可供相关领域研究人员及从业人员参考。

**图书在版编目(CIP)数据**

民族村镇精准扶贫与区域发展研究/顾博著．—哈尔滨：哈尔滨工程大学出版社，2020.12

ISBN 978-7-5661-2872-0

Ⅰ．①民…　Ⅱ．①顾…　Ⅲ．①民族地区-乡镇-扶贫-研究-中国　Ⅳ．①F127

中国版本图书馆CIP数据核字(2020)第243158号

**选题策划** 张林峰
**责任编辑** 张　曦
**封面设计** 李海波

---

**出版发行** 哈尔滨工程大学出版社
**社　　址** 哈尔滨市南岗区南通大街145号
**邮政编码** 150001
**发行电话** 0451-82519328
**传　　真** 0451-82519699
**经　　销** 新华书店
**印　　刷** 北京中石油彩色印刷有限责任公司
**开　　本** 787 mm×960 mm　1/16
**印　　张** 12
**字　　数** 237千字
**版　　次** 2020年12月第1版
**印　　次** 2020年12月第1次印刷
**定　　价** 58.00元

http://www.hrbeupress.com
E-mail:heupress@hrbeu.edu.cn

---

# 前　言

当今社会，“反贫困”已经成为世界各国发展进程中所面临的共同问题。作为世界最大的发展中国家，我国拥有诸多民族，而在整个中国的发展进程中，民族地区的贫困问题一直十分突出，这加重了我国扶贫工作的难度。虽然改革开放以来，我国大力推进民族地区扶贫工作，并取得了相当大的成就，极大地提升了民族地区贫困人民的生活水平，但由于原有的基础十分薄弱，民族地区全面脱贫工作形势仍然严峻。

从我国人口的整体分布来看，民族地区长期以来便是贫困人口的聚集地。作为一个多民族国家，我国拥有 56 个民族，其中汉族人口数量最多，其他 55 个民族人口数量占比较小，且大部分生活在贫困地区。民族地区受历史、地理等多重因素影响，贫困程度深、困难人口多、脱贫任务艰巨。国家正式开展扶贫工作以来，先后确立了一些重点扶持对象，这些重点扶持对象主要集中在青海省、云南省、贵州省、广西壮族自治区、西藏自治区、宁夏回族自治区、内蒙古自治区等地。近年来，我国对民族地区的关注度日益提高，精准扶贫工作也逐步落实到位。

减少以及消除贫困是世界各国发展的重要目标，也是我国建设与发展的重要课题。从 20 世纪 80 年代中期开始，我国政府便开始推进扶贫工作，并在实践与探索中取得巨大成就。联合国曾针对全球“反贫困”提出“千年发展目标”，我国作为世界上首个实现“减贫目标”的国家，在世界经济发展史上占据了举足轻重的地位。进入 21 世纪后，我国政府深入推进扶贫工作，人民的生活水平不断提高，我国贫困标准线也在不断上调。1985 年，我国政府正式确定了第一条贫困线，将人均纯收入 200 元/年作为脱贫的最低标准（此后每年按照物价水平对贫困线进行调整）。随着社会的不断发展，改革开放的不断深化，贫困标准线也在不断地提升。2000 年，我国政府将人均纯收入 865 元/年作为脱贫的最低标准。之后，受到经济全球化、文化多元化等因素的影响，在互联网等高新技术产业的推动下，扶贫工作得到了质的飞跃。2011 年，我国政府进一步对脱贫标准进行了调整，将人均纯收入 2 300 元/年作为脱贫的最低标准（保持 2010 年价格不变）。

学术研究人员通过对民族村镇扶贫工作以及区域经济发展进行研究，并结合扶贫工作的相关实践经验，总结出民族村镇贫困主要是受社会因素、经济因素、文化因素、历史因素、自然因素五方面影响。从社会因素来看，因为社会公共事业需要一个长期的发展过程，且发展进度极为缓慢，导致各地区的公共卫生以及教育质量差距相对较大;从经济因素来看,贫困地区基础设施建设相对落后,缺乏经济发展动力,经济结构单一;从文化因素来看,在长期自给自足的发展模式下,绝大多数民族村镇都形成了各自不同的文化、风俗习惯以及经济发展方式,这些独特的发展方式同我国社会整体发展趋势之间存在着诸多不协调之处,严重制约着民族村镇经济的发展,导致其难以摆脱贫困;从历史因素来看,民族村镇大多远离社会政治、经济的发展中心,长期处于政治、经济的边缘;从自然因素来看,民族村镇多位于自然条件十分恶劣的地区,缺乏经济发展条件。随着社会的不断发展,我国政府对民族村镇扶贫工作越来越重视,采取了一系列的扶持措施,并针对民族村镇所存在的贫困问题制定了一系列具有针对性的扶持政策。由于我国民族村镇大多以“大杂居、小聚居、交错杂居”的方式分布在全国各地,其贫困成因十分复杂,因此扶贫工作面临多种挑战:一些传统的扶贫模式与社会经济发展不能同步、扶贫制度存在一定的缺陷、自然条件差、政府与社会的扶贫工作界限不清晰、特困民族村镇与边界地区贫困问题尤为突出等。除此之外,我国民族村镇精准扶贫工作还存在着扶贫效果短期显著、可持续性不足、扶贫精准性不足、一定的形式主义、未形成完整的产业链等问题。基于新时期我国社会发展的特点,开展民族村镇精准扶贫工作要以民族村镇所在地的特殊资源、产业作为主要依托,注重贫困地区与周边大环境的有机结合,做好“点”“线”“面”的连接工作。

本书运用民族村镇精准扶贫与区域发展的相关理论,从实际出发了解民族村镇精准扶贫与区域发展的特点、明确发展现状,并结合实际案例进行深入研究。同时,结合民族村镇的特色资源与产业,对精准扶贫制度进行了创新性研究,优化了民族村镇精准扶贫的效果评价指标体系。

著　者

2020 年 8 月

# 目　录

# 第一章　民族村镇精准扶贫与区域发展的理论基础

## 第一节　精准扶贫理论

“精准扶贫”理论和思想的产生是在2013年11月,习近平总书记作出“实事求是、因地制宜、分类指导、精准扶贫”的重要指示,将“精准扶贫”思想落到实处。细化民族村镇扶贫内容,优化扶贫资源,将扶贫工作落实到村、落实到户,实现精准扶贫,为科学扶贫工作奠定基础。扶贫工作者在开展扶贫工作时,深入理解精准扶贫的核心思想,将其分为两种扶贫形式,即“真扶贫”与“扶真贫”。

### 一、精准扶贫实施背景及相关概念

“精准扶贫”需要严格遵循科学发展规律,从民族村镇的实际情况出发,对其实施帮扶与管理,将先进的管理制度与扶贫政策引入民族村镇精准扶贫工作中,将制度落实好,将帮扶管理工作落到实处。帮助贫困人口脱贫致富,是精准扶贫的最终目标。精准扶贫应对贫困地区的特色资源进行优化配置,确保贫困地区能够拥有最佳的资源利用模式,将扶贫资源落实到各村、落实到各户,在发展中逐步构建扶贫工作长效机制,确保精准扶贫工作的高效性与科学性。

#### (一)精准扶贫工作的实施背景

政府部门提出“精准扶贫工作机制”,标志着精准扶贫工作在我国正式实施,对扶贫工作的开展具有导向及指导意义。国内扶贫学术研究人员对扶贫机制、扶贫行动等问题进行了积极的探讨。就公共政策视角而言,精准扶贫是扶贫政策对服务对象更进一步的确定,是对扶贫目标更进一步的完善与整合。就贫困研究视角而言,精准扶贫促使我国扶贫工作从特定区域扶贫朝着特定群体扶贫的方向转型发展,并将特殊群体扶贫中存在的问题暴露出来,再结合精准扶贫工作的实际情况,制定出相应的解决办法。

1. 扶贫目标发生偏离

从我国民族村镇精准扶贫工作的开展情况来看，扶贫瞄准的准确率以及有效率直接关系到扶贫资源是否能够传递到目标人群，这是扶贫工作的重要环节。理想状态下的扶贫瞄准应达到一定的准确率，实现贫困者获取利益的最大化。准确率相对较差的扶贫瞄准通常会出现以下两种情况：一种情况，符合条件的目标群体未能全部获得利益；另一种情况，不符合条件的社会群体享受到扶贫政策。2014年以前，我国的扶贫瞄准机制主要将贫困县作为瞄准目标，此后政府对扶贫瞄准机制进一步细化，将瞄准目标延展到贫困村，对贫困村内的贫困户进行整合，完善资料。扶贫瞄准目标从县延伸到村，这一变革主要有以下两方面原因：其一，县区内有限的扶贫资金在使用和下发过程中通常比较分散，扶贫资金的使用过程中存在的漏洞相对较多，瞄准有效率较低；其二，扶贫资金在使用过程中所具备的使用效率仅是针对整个贫困地区而言的，对个体贫困人口而言并没有任何使用率。将贫困村视为扶贫的瞄准目标，能够在某种特定的范围内确保扶贫资源投入的使用效率、使用成本，将贫困户之间的需求差异维持在一个相对平衡的状态，能够提高扶贫瞄准的准确率，有效增强扶贫效果。尽管精准扶贫政策已经在全国范围内实施，并且扶贫对象已进一步细化，但扶贫工作的瞄准目标仍会出现偏离现象，导致扶贫项目的预期目标同最终结果有差异。精准扶贫工作机制能够准确对贫困村以及贫困户进行识别，根据当地的具体情况构建自上而下的工作小组，深入实地开展考察工作，并通过自下而上的集中评选方式，选出贫困村、贫困户，实现贫困扶持的具体化与精细化。通过申请评议、公示公告、抽样调查、信息录入等程序，构建一套系统的、整体的、完善的贫困村及贫困户识别系统，对贫困信息进行系统管理，实现贫困资料信息化，提升扶贫瞄准目标的准确性。除此之外，根据实际情况及时对识别出来的贫困村、贫困户进行调整，确保贫困信息的周期性与动态性，确保贫困信息符合社会发展的实际情况，避免扶贫瞄准目标发生偏离。

2. 扶贫开发中的“精英捕获”现象

“精英捕获”现象主要是指原本应该是大众化的群体资源在实际分配后由少数群体使用，主要表现在对政治权利以及经济权利的占有上，导致政治权利、经济权利在一定程度上受到损害。“精英捕获”现象在扶贫工作中主要表现在村庄层面，即扶贫资源朝着政治基础、经济基础好的村庄倾斜。“精英捕获”现象的产生主要有以下两个方面的原因：一方面，经济、社会迅猛发展，社会内部结构出现分化现象，不同群体之间在政治、经济、文化、科技等方面的发展有所不同，社会精英群体自此产生；另一方面，社会转型时期并没有针对弱势群体构建相应的保障机制，且部分现存的弱势群体保障机制不够健全。国内学术研究者对扶贫领域内的利益关系进行研究时，对“精英捕获”现象十分关注。学术研究成果显示，“精英捕获”

现象的产生不仅受内部因素的影响，还受外部因素的影响。精准扶贫工作在实施过程中出现“精英捕获”现象，必将削弱精准扶贫工作的公正性、客观性与真实性，对处于弱势地位的贫困者利益造成直接损害。

### （二）精准扶贫的相关概念

#### 1. 精准识别

自2010年起国家从区域扶贫转向村镇扶贫，全面实施“精准识别”。这项政策主要是为了解决我国非贫困县及其连片区域内贫困村、贫困户之间存在的界限不清晰、目标偏离等问题。从社会整体发展的视角来看，虽然我国已经基本解决贫困人口的基本生活问题和温饱问题，有效地降低了贫困人口的数量，但是贫困人口的基数依然很大，且与相对贫困人口之间的收入差距不够明显，这导致了相对贫困人口无法得到准确的识别。精准识别注重识别贫困户过程的科学性、民主性与透明性，以有限贫困模式为基础，对需要扶持的贫困户进行识别。

#### 2. 精准帮扶

精准帮扶是针对原有帮扶，从内容、方式、设计等方面进行全面整合。具有集中性、连片性特点的扶持开发工作，应提高对片区内贫困户之间差异性与独特性的重视，制定科学、合理、适用、有效的扶贫政策。精准扶贫政策下的帮扶工作对贫困村、贫困户出现贫困现象的原因进行了全面分析，同时对扶贫手段进行了具体设计与整合，确保扶贫工作的针对性、目的性与可行性。

#### 3. 精准管理

在精准扶贫工作中开展精准管理工作，应利用现代化信息技术对贫困村及贫困户的各项资料进行统一管理，以确保贫困村及贫困人口资料的全面性、正确性、真实性与系统性，实现资料管理的信息化与现代化。同时，利用统计学方法对所收集的贫困信息进行统一审核、录入、分析、统计与处理，从中寻找贫困村及贫困户出现贫困现象的关键因素。利用精确管理手段对贫困村和贫困户的信息进行管理与整合，利用现代化信息技术建立扶贫信息档案，实现扶贫信息的动态化管理，及时掌握贫困村及贫困户的脱贫情况。一旦扶贫目标脱离贫困状态，要立即将贫困村或贫困户信息从扶贫信息档案中删除，并及时将新的贫困村或贫困户的信息录入到扶贫信息档案中。除此之外，精准管理还能够对扶贫部门进行监督和管理，及时了解扶贫部门工作的实际开展情况，对扶贫资金的使用以及扶贫项目的进展起到督促与提醒的作用。

#### 4. 精准考核

精准考核是上级扶贫部门对下级扶贫部门开展的扶贫工作进行检测与审核。通过贫困人口信息系统，上级扶贫部门能够及时了解下级扶贫部门开展扶贫工作的具体情况，确保扶贫信息的真实性、准确性、有效性，确保扶贫资金能够有效落实到位，提高扶贫工作效率，切实完成扶贫指标。构建精准考核制度，以驻村扶贫工作为基础，实施激励制度，充分调动扶贫工作人员工作的积极性与主动性。

## 二、精准扶贫的理论内涵与实施困境

### （一）精准扶贫的理论内涵

“精准扶贫”是2014年开始实施的一项新政策，近年来，该政策内涵不断丰富。从技术视角来看，不论是精准扶贫的方案文本，还是具体实施时间，都具有明显的技术特征，值得肯定。若将精准扶贫思路扩大化，将其延展到经济学、社会学、公共管理学等领域，通过分析“中央与地方的关系”“社会控制”“社会成本”之间的关系，就可以对精准扶贫工作进行深度把控。

1.“中央—地方”视域下的精准扶贫机制

从行政学以及公共管理学研究的视角来看，中央人民政府同地方政府之间的关系是行政学以及公共管理学的一项重要课题。只有具备公共管理能力的政府部门，方能履行公共管理职能，而政府间存在的问题，根本在于政府部门职能的纵向划分以及横向划分。纵观我国的行政发展史，中央集权制在我国拥有悠久的历史，改革开放后政府的权力逐步下放，冲破了“中央—地方”一体化的格局，地方政府的自主权不断得到延伸与拓展，这种自主权同样体现在扶贫工作中。例如，将扶贫工作的重心下沉，做好资源分配与资源管理工作。在“中央—地方”结构中，“中央”是指“中央人民政府”，“地方”则涉及省、市、县区、乡镇四级政府。农村扶贫领域是将村庄作为扶贫项目的实施载体，村干部有治理村庄、管理村庄的责任，在国家资源下发以及农民需求上传过程中起着上传下达的作用，直接影响扶贫项目的获得、实施与成效。在对精准扶贫工作进行分析时，需要提高对村镇的重视，优化“中央”“地方”“村镇”三者之间的关系。

从整体发展视角来看，村镇构建精准扶贫工作机制应明确“中央”“地方”“村镇”三者之间的关系。在“中央—地方—村镇”这个结构关系中凸显的制度性特征具体表现如下：

（1）事权进一步下移，扶贫资源传递层级逐步减少

在精准扶贫工作中，县级政府拥有确定贫困村、确定贫困户的责任与义务，拥有扶贫项目的审批权与管理权。在扶贫工作中，县级行政区所扮演的角色得到进一步强化，市级行政区所具备的事权职能则受到一定程度的弱化，呈现出一种乡镇虚化现象。精准扶贫工作在各地区的实施，一定程度上降低了扶贫资源传递过程中的损耗，有效提升了扶贫工作的实施效果，充分调动了地方政府在扶贫工作中的

主动性与能动性。

(2)监管权逐步上升,增加中央二次监管的可能性

在扶贫工作中需要切实做好扶贫项目管理工作以及扶贫资金的监管工作,将扶贫项目以及扶贫资金全面落实到位。利用电子信息技术以及互联网技术建立贫困村、贫困户的资料卡,在扶贫工作中及时对资料卡上的各种信息进行补充与完善,并将所收集到的资料及时上传到国家级扶贫信息检测系统,使中央机关能够对村镇的各项扶贫信息进行直接监管。这种做法符合我国现阶段行政工作的基本要求,有效避免基层政府执行政策的滞后现象,强化上级政府对基层政府的动态化管理。

(3)国家派干部深入基层,代理人角色得到弱化

在原有的扶贫工作中,村干部扮演着政府代理人的角色,具有确认贫困村、贫困户的权力。2014 年,精准扶贫政策实施后,国家定期派遣高级党政干部前往贫困村镇,及时了解村镇的实际发展情况,并对贫困村、贫困户进行慰问与走访,弱化村干部的代理人角色,对村干部的工作进行监督,将扶贫工作落到实处。总之,从"中央—地方—村镇"角度出发对"精准扶贫"进行解读,能够更直接地体会到国家扶贫工作的意图。

2."社会成本"视域下的精准扶贫机制

由政府部门开展的扶贫工作是一项公共性、社会性、服务性的工作,在整个工作的开展中不仅涉及经济维度下的行政成本,还涉及社会、文化、生态等维度下的社会成本,例如"扶贫"工作开展对社会、文化、生态等多个方面所造成的损失。受政府自身性质、扶贫工作所具有的公共性等因素的影响,在政府开展扶贫工作中所产生的社会成本,可指代经济、社会等多维度下的社会成本之和。部分贫困研究领域的学术研究者深入村镇实地调研发现,精准扶贫工作能够对贫困村、贫困户进行更深入的确认与审核,严格遵循村镇扶贫工作的周期性与动态性,实现对贫困村、贫困户信息的动态化调整,确保精准扶贫工作瞄准目标的准确性,避免扶贫瞄准目标发生偏离。

## (二)精准扶贫实施过程中所面临的困境

精准扶贫工作是一项自上而下的、正式的、全面的工作,自 2014 年实施后迅速在全国范围内推广。精准扶贫工作的开展受经济、文化、社会等多方面的影响,党政机关需要强化对精准扶贫工作的重视。

1.规模控制在实施过程中受限

自"精准扶贫"制度实施后,党中央下发"精准识别工作方案",并在精准识别工作中对我国的农村扶贫识别标准进行了规范与整合,通过运用规模控制措施,对

我国各地区贫困情况进行及时控制与管理。2013 年,党中央根据我国实际情况将农村扶贫识别标准确定为农民人均纯收入 2 736 元/年。各省根据国家统计局调查总队对各地乡村人口具体情况进行的调查分析,掌握各地区乡村人口数量以及最低收入情况,在对贫困户进行识别时严格按照“市—县—乡—村”进行逐级分解,在采集数据、对比数据的过程中尽量降低扶贫识别成本、提升识别效率。为了遏制地方以及农村居民在扶贫识别过程中为获取扶贫资源而在信息上报时弄虚作假,在整个精准扶贫过程中运用规模控制与指标分解模式。尽管规模控制与指标分解模式是务实的,但各地区在申请贫困村、贫困户指标时仍不能同实际情况保持一致。例如,部分省份对指标进行分配时,会朝以往扶贫工作中所涉及的村、户进行倾斜,而更加贫困的村、户却没有得到相应的扶持,这种情况导致实际工作与政策规模控制之间出现互斥现象。

2. 平均主义影响扶贫资源分配

随着时代的发展,我国大多数城镇得到质的发展与飞跃,但还有少数地区依然停留在传统、封闭、保守的状态中,村镇具有一定的封闭性、保守性,平均主义思想长期存在。精准扶贫政策的实施是政策上对贫困村、贫困户认定标准的进一步明确。部分地区以国家控制指标数量为依据,将贫困户认定权力下移到社区,将贫困村、贫困户的决定权交由彼此情况十分熟悉的社区成员。绝大多数贫困村的居民对本村最贫困的人群有比较一致的共识,但对次级贫困户或处于贫困标准临界状态的贫困户,在其贫困认定过程中则会出现分歧,这就需要对部分指标所享有的资源进行平均分配。而在农村低保户的认定过程中,经常有对处于贫困标准临界状态的贫困户进行认定时存在分歧的情况,导致部分居民认为自身受到不公平待遇而进行信访。村干部或乡镇工作人员为了维护乡镇的稳定,通常会用轮流享受政府补贴这一办法,对暂时没有享受到政府补贴的居民进行弥补。学术研究人员通过对贫困村、贫困户进行走访调研得知,尽管村干部和村民在扶贫工作中根据各户居民的经济收入进行排序,对贫困户的指标进行合理分配,但是村干部和村民对“贫困”标准拥有多重理解,在扶贫政策的实施过程中,这些认知导致居民将扶贫资源视为国家对农村居民的一种“普惠”。

3. 基于市场化背景的农村劳动力转移手段不足

随着社会的不断发展,城市化进程日益推进,农村劳动力不断朝着城市转移,农业逐步朝着非农业的方向发展。相关研究表明,农村劳动力向城市转移能够提高农村居民收入,提升资源配置率,有效节约运行成本。但农村劳动力的转移也给农村带来了一些负面影响。从扶贫开发视角分析,农村劳动力出现转移现象是受多种因素的影响。

农村劳动力向城镇转移的优势在于,贫困户能够通过劳动力转移提高自身收入，脱离贫困，从而使贫困人口数量降低。同时，农村劳动力向城镇转移，增加了城镇就业人数，弥补了城镇劳动力数量的不足。农村劳动力向城镇转移的弊端是农村呈现空心化现象，增加了扶贫工作的难度。

农村人口向城市转移，还需要扶贫部门对农村居民做好就业培训和指导工作。精准扶贫工作的实施以帮扶为媒介，细化帮扶范围，精确帮扶标准，切实做好农村劳动人口的转移与分配工作。当农村地区出现空心化现象时，农村劳动力短缺情况已经在农村地区普遍存在，扶贫部门只有通过增加目标产业扩充帮扶渠道，才能从根本上解决农村贫困现象。除此之外，受市场化趋势的影响，贫困村与贫困户完全被置于商品经济的浪潮中，精准扶贫作为新时期发展的新命题，如何准确识别贫困村、贫困户，是开展精准扶贫工作的核心。精准识别是通过有效的扶贫渠道和可靠的扶贫措施，帮助贫困者脱离贫困的一种方法，然而在实施过程中却比较困难，这是因为受到了多种因素的影响。基于扶贫资源有限这一背景，开发式的扶贫政策使精准扶贫工作趋于动态化，因此要全面做好资源投入与贫困者帮扶之间的衔接工作。因贫困地区所处的地理环境、人文环境相对比较落后，存在基础设施不全、技术资金不足等问题，贫困者的发展需求同发展能力间存在一定的差异，而全国各地实施的扶贫开发方式则大同小异。除此之外，若扶贫政策无法提升贫困者的发展能力，而发展单一产业等手段也无法提高贫困者的收入，则必将面临巨大的风险。相关研究表明，精准帮扶是精准扶贫工作的重中之重，只有保证扶贫政策与贫困户出现贫困的原因相契合，才能够帮助贫困户真正脱离贫困现状。

4. 不同地区贫困户实际识别标准存在差异

正如上文所述，党中央针对扶贫工作作出新的指示，并下发了统一的精准扶贫标准。但我国一些地区在实际开展精准扶贫工作时，并没有严格按照国家所下发的精准扶贫标准开展工作，而是将社区作为调研基础，运用瞄准法将贫困户的确认权从村镇干部手中下放到社区，由社区成员通过讨论评选出社区中待选成员，再建立贫困帮扶小组，根据所选出来的贫困村、贫困户的具体情况实施相应的扶持政策与办法。这种评选方法存在一定的弊端，因为我国各地区政治、经济、文化等存在较大的差异，社区所选出的贫困户仅是一定区域内经济能力处于较低水平的居民，不同村镇贫困户的指标有所不同。在精准扶贫标准中，因不同地区经济发展水平不同，对贫困户的识别标准也不同，对指标进行分解时需要运用差别对待策略，控制好经济总体水平同贫困户认定之间的比例，尽可能保证贫困户认定标准具有公平性与公正性。但是在实际应用中，这一做法并不能完全消除贫困户识别标准之间存在的差异。

## 第二节 我国农村贫困治理体系演进历程

自改革开放政策实施后，我国社会经济飞速发展。自2013年习近平总书记提出“精准扶贫”理论后，扶贫工作逐步深化，尤其是在城镇一体化发展进程中，对农村地区的扶贫工作也在日益深入，民族村镇精准扶贫成为当代中国社会发展的重要命题之一。

### 一、农村经济体制改革初期的农村贫困治理体系（20世纪80年代初期）

中华人民共和国成立初期，受长期战乱影响，中国经济严重落后。随后在中国共产党的领导下，全国范围内开展计划型经济，中国的贫困问题在一定程度上得到解决，有效摆脱了经济落后的局面，国民经济及社会各项事业得到一定的发展，现代工业发展体系初步建立。但是，在计划经济中的农村居民生活水平仍然普遍偏低，中国农村地区普遍处于贫困状态。

20世纪70年代末期，政府的工作重心逐步发生转移，社会经济体制得以改革与发展。1978年，安徽凤阳县凤梨公社小岗村为了生计，做出了“分田到户”这个有历史意义的决定。次年10月，小岗村粮食年产量相当于1966年到1970年这5年粮食产量的总和。随后，国家从农村地区着手实施经济体制改革，全面推行“家庭联产承包责任制”，代替原有的人民公社集体制，赋予农民在生产中的自主权，运用制度手段充分调动了广大农村劳动者的积极性与主动性，有效地增加了粮食总产量，加快了农村地区的经济发展。与此同时，政府还在农村地区实施农产品价格开发政策，放宽农产品价格管理，对乡镇企业实施经济改革。无论是提升农产品价格，还是改变农业产业结构，均为减少农村贫困人口的数量奠定了基础。

### 二、农村经济体制改革深入发展期的农村贫困治理体系（20世纪80年代中期至20世纪末）

20世纪80年代中期，我国在农村地区全面实施“家庭联产承包责任制”，农村地区经济出现了边际效应，贫富分化现象出现，加剧了农村居民之间的不平等现象，为我国原有的贫困治理工作带来了巨大的挑战。而降低农业收入比重，打破农民原有收入结构，也给我国市场经济带来了不同程度的影响。

为确保扶贫资源瞄准目标达到较高的精准度，从20世纪末，我国对农村贫困地区的治理工作逐步重视起来，以党政制度为基础，结合我国社会发展的实际情况对村镇扶贫工作做出了一系列的创新与变革，将公共治理作为构建基础，逐步建立

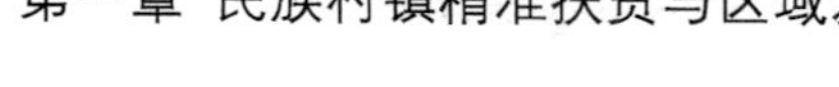

起开发式贫困治理体系。

1. 转变扶贫方式

在农村地区实施扶贫政策时，从原有救济式扶贫逐步朝着开发式扶贫政策倾斜，从表面扶持转变为内部扶持，正所谓“授人以鱼，不如授人以渔”。通过设立专门的扶贫机构，统一贫困标准，建立专项扶持资金，结合实际情况制定相应的优惠政策。

2. 优化瞄准机制

开展扶贫工作首先应确立瞄准目标，在转变扶贫方式的前提下，应根据实际情况及时对扶贫方式进行转变与革新。将县作为瞄准目标，构建相应的瞄准机制，在此基础上根据我国各地区的实际情况确立国家级贫困县，全面做好贫困县开发工作。

3. 迎合扶贫需求

随着时代的发展，为达到农村综合性开发背景下对扶贫工作提出的各项要求与标准，中央及地方政府职能部门应在扶贫工作中充分发挥政治作用，积极做好扶贫开发工作。自 1986 年以来，国家从多项基础设施建设入手，做好贫困地区的经济建设、文化建设、科技建设、卫生建设、生态建设，并制定开发式扶持政策。

## 三、市场经济体制改革时期的农村贫困治理体系（21 世纪初期）

进入 21 世纪后，经济全球化趋势日趋明显，市场经济已代替原有的计划经济，我国社会生活发生了翻天覆地的变化，我国贫困人口规模大幅缩小，农村贫困人口呈现“大分散、小集中”的分布特征。贫困人口的扶持工作逐步从原有的县区领域降低到村级社区领域，并在原有扶持工作的基础上，于 2001 年制定并实施村级瞄准机制，在全国范围内锁定 14 万余个贫困村扶持点，将村作为扶持单位，充分调动农民的积极性与主动性，让他们能够主动地参与到扶贫工作中来。

基于新时代发展的背景，政府针对各地区农村扶贫工作的现状提出了“一体两翼”的发展战略，将整村推进视为扶贫的主体，将劳动力转移培训和产业化扶贫视为“两翼”。政府部门在实施整村扶贫与开放工作时，不仅要重视整村发展的综合性与全面性，还要做好自上而下的治理工作，尊重农村居民的个性需求，构建自下而上的决策模式。在以整村为单位的基础上，全面开展劳动力转移培训工作以及产业化扶贫工作，做好贫困村、贫困户的扶持工作，构建“公司 + 农户”的产业扶贫机制，充分调动农村居民参与扶贫工作的积极性与主动性，建立起长效致富机制。

学术研究人员通过对 2001—2011 年的农村扶贫工作进行调查研究发现，扶贫资源下沉、扶贫工作重心下移、贫困治理机制创新，均能为农村扶贫工作带来良好的减贫效果。从整村发展的角度来看，同一县域内开展整村扶贫工作的年收入比没有实施扶贫工作的高20%。从整体脱贫角度分析，2010年的扶持标准调整为1 274元/年后，农村贫困人口的数量减少了10.2%。

## 四、全面建成小康社会时期的农村贫困治理体系（2011年至今）

2011年起，我国进入全面建成小康社会的关键时期。2012年，党的十八大对21世纪第一个十年的发展情况进行了分析与总结，并对21世纪第二个十年进行了整体规划，提出了全面建成小康社会的宏伟目标。全面深化改革开放，处理好政治、经济、文化、社会、生态之间的关系，构建"五位一体"总体布局，使政治建设、经济建设、文化建设、社会建设、生态建设能够协调发展，促进新型工业化、城镇化、信息化，促进农村地区现代化。

### （一）全面建成小康社会的遗留问题

进入21世纪后，扶贫工作在我国农村地区进一步推进，贫困人口数量进一步减少，基本解决了农村居民温饱问题。随着社会的发展，我国的扶贫工作日益繁重，具体表现在以下四个方面：

1. 农村地区贫困群体庞大

21世纪前十年，扶贫工作的开展有效提升了农村贫困人口的生活质量，降低了贫困人口的数量。随着社会经济的不断发展，城镇一体化发展进程逐步推进，对扶贫工作的要求与标准也不断提高，这导致了农村地区依然存在着较大规模的贫困人群。例如，2011年我国农村扶贫对象约为1.22亿人，到了2015年我国农村扶贫对象仍有约7 000万人。

2. 存在多种风险因素

社会经济的发展受到多种因素的影响，尤其农村地区在地理、文化、经济、政治等方面均不具备发展优势。在科学技术高速发展的今天，城乡之间的差距日益明显，因此农村贫困人口的脱贫工作存在着诸多不稳定因素。

3. 农村劳动力向城镇转移

受政治、经济、文化、科技等多种因素的影响，近年来城镇经济发展迅猛，农村地区居民为了自身的发展逐渐向城镇迁移，农村劳动力大量转为城镇劳动力，导致农村生产呈现粗放化，农村空心化现象较突出，加剧了农村地区的贫困。

4. 扶贫对象特征发生改变

随着社会的不断发展，扶贫工作日益推进，受多种因素的影响，贫困人口分布特征发生了改变。在原有扶贫标准下，贫困人口呈现的"插花型"分布特征，逐渐被新标准下的贫困人口分布特征所代替。

### (二)全面建成小康社会的发展策略

21世纪第二个十年是全面建成小康社会的关键时期,广大人民群众的温饱问题已经基本解决,这一阶段的关键任务在于对成果进行巩固,加快脱贫工作进程,全面改善生态环境,提升农村地区发展能力,缩小城乡差距,推动城乡一体化进程。在这个新的发展时期,扶贫项目呈现多元化发展趋势,农村地区进行扶贫工作时要瞄准扶贫资源,逐步缩小地区间差距,落实扶贫资源下沉工作,消除"绝对贫困",争取贫困地区全面实现小康。

# 第三节 特色资源产业扶贫的内涵与运行机理

## 一、特色资源产业扶贫的内涵

特色资源产业扶贫工作是民族村镇精准扶贫工作中的重要内容,从理论视角分析,特色资源产业扶贫工作主要分为产业扶贫和特色资源产业扶贫两方面。

### (一)产业扶贫

产业扶贫是将市场作为产业发展的基本导向,将经济效益作为产业发展的中心环节,将产业集聚作为产业发展的主要依托,将资源开发作为产业发展的基础内容。要确保贫困地区经济布局呈现区域化,贫困地区经济生产呈现工业化,贫困地区经营活动呈现一体化,贫困地区运营服务呈现专业化,将多种利益融为一体,构建共同体的经营机制。全面做好贫困地区产业生产的产前规划、产中管理、产后服务,确保多个生产环节能够协调统一,构成一个完整、协调、统一的产业链条,借助产业链条促进区域扶贫模式的发展与演变。党的十七届三中全会对扶贫工作作出新的指示与要求,要对低收入人群全面开展扶贫工作,落实各项扶贫政策,积极迎合时代发展的需要。

### (二)特色资源产业扶贫

1. 特色资源产业扶贫的相关界定

从理论视角分析,特色资源产业扶贫主要是指充分适应各地区发展的需求,凭借独特的农业资源、自然资源、文化资源、矿产资源、交通资源等优势,推动本地区经济、文化的发展。要借助产业发展政策,全面打造产业集聚区,加快产业融合,构建完整的产业链,切实将资源优势转换为社会生产力,让贫困地区真正摆脱封闭落后的局面。贫困与灾害间存在着一定的内在联系，在整个扶贫工作中政府部门应切实做好财政资金的引导与使用工作，根据各地区的实际情况制定与之相对应的扶贫政策与办法，确保扶贫政策具有针对性、目的性与可行性。特色资源产业扶贫工作的实质是将特色资源转化为生产产业，然后再将生产产业转化为生产动力，促进资金与资本间的融合，全面做好特色资源开发工作，增强特色资源发展的活力。

2. 特色资源产业扶贫的注意事项

在中国特色社会主义发展理论的指引下，注重产业发展的特色与地域性是新时期中国产业发展的重要方向。在推进扶贫工作时，要将特色产业的开发与利用融入其中，这样不仅能够推动扶贫工作的开展，还能为扶贫工作带来新的发展动力，科学地处理农村地区的贫困问题，重视中国特色扶贫理论的实际应用。特色资源产业开发与利用的过程应明确资源开发与经济增长之间的关系，对特色资源进行开发的同时要做好资源保护工作，充分挖掘本地区的特殊资源，提高劳动者的综合素质，提升特色产业的凝聚力，促进发展。

3. 特色资源产业扶贫的重要性

（1）特色资源产业扶贫是贫困地区自身发展的关键环节

特色资源产业是对现有资源进行加工与改造，通过发展当地特色资源产业，将市场竞争作为发展导向，以地方政府为主导力量，通过多方渠道鼓励群众参与其中，培养贫困人口自身的发展能力，对贫困地区实施脱贫指导，深入挖掘当地的特色资源，将自身的资源优势转换为市场竞争优势，全面调动农村群众在脱贫工作中的积极性与主动性，全面提升自身发展能力，使农村地区脱贫工作能够长期处于一种良性循环的状态。

（2）特色资源产业扶贫是贫困地区资源开发的重要环节

在扶贫工作中应提高对当地资源开发的重视程度，通过对本地区实际情况进行分析，深入挖掘当地特色，注重资源的开发与利用，结合当地的实际情况，确保特色资源开发与当地发展协调一致，突出资源产业的地域性与适用性。政府部门应不断将先进的技术与理念引入特色资源产业扶贫工作中，突出发展特色，遵循客观发展规律。

（3）特色资源产业扶贫是脱贫致富的关键

精准扶贫工作中应提高对致贫问题的重视，针对不同地区的致贫问题，要结合当地发展的实际情况，制定相应的措施与解决办法。特色资源产业扶贫是环境脆弱地区、集中连片特困地区脱贫致富的关键，开发贫困地区具有优势的特殊产业，是提高贫困人口收入的有效办法。加快劳动力输出、提高劳动力的综合素质，为农村特殊资源产业发展与进步奠定基础的同时，促进农村地区人民的自我发展。要

将保护资源与开发资源有机结合，注重脱贫致富思路的创新与方式的优化，全面做好特色旅游产业的开发和利用，促进脱贫工作的开展。

(4)特色资源产业扶贫是全面建成小康社会的要求之一

县域经济作为国民经济建设与发展中最基本的区域经济，是国家建设与发展的重要组成部分，是全面建成小康社会的基础。通过开展特色资源产业扶贫工作，加快民族地区的发展，提高民族村镇在市场经济发展中的竞争力。

## 二、特色资源产业扶贫的运行机理

### (一)特色资源产业扶贫的基本要素

开展特色资源产业扶贫工作需要从资源的开发和利用入手，找准民族村镇开发和利用的特色资源，准确把握资源开发利用的载体，合理聘任资源开发利用的参与者。在特色资源产业扶贫工作中，需要严格遵守各项保障制度以及运行机制，注重资源开发的特色与地域性。民族村镇精准扶贫工作的研究人员通过对民族村镇贫困地区的现有资源进行分析与评估，构建了民族村镇资源转化机制，将区域资源顺利转化为生产力。要充分利用农业产业化龙头企业、产业集聚区、易地搬迁工程等资源载体，实现对农业资源、产业资源、土地资源、自然资源、水利资源等的开发与利用，自力更生摆脱贫困，达到共同富裕的目的。民族村镇精准扶贫过程中，需要把定点扶持与区域扶持相结合，让发达地区的资源能够源源不断地输入贫困地区。开发民族村镇特色资源时，应坚持以政府为主导，让当地居民积极主动地参与到特色资源建设活动中，大力发扬自力更生、艰苦奋斗、自强不息的精神，不断将先进的科学技术引入民族村镇脱贫工作中。根据本地区的实际情况，选用正确的扶贫模式，全面做好行业扶贫、产业扶贫、专项扶贫、东中西部扶贫协作工作。针对具有集中性、连片性的特困地区开展扶贫工作，需要根据我国社会经济发展及特困地区的实际情况，协调好国家整体发展与贫困地区发展之间的关系。国有企业、私营企业、科研院所、学校等单位要加强国际间的交流与合作，彰显技术扶贫措施的优越性与先进性。特色资源产业扶贫工作的开展，应确保拥有充足的脱贫建设资金，尊重贫困地区干部群众在脱贫工作中的主体地位，充分调动其积极性与主动性，做好可再生资源与不可再生资源之间的协调工作，对资源进行开发的同时切实做好资源的保护工作。

总而言之，开展特色资源产业扶贫工作应坚持政府为主导，正确把握扶贫对象，充分调动社会各界在特色资源产业开发中的积极性、主动性，将贫困地区资源开发与利用工作全面落实到位，不断拓宽特色资源产业运行渠道。

## (二)特色资源产业扶贫的运行机理

基于民族村镇精准扶贫与区域发展背景,开展特色资源产业扶贫工作,需要以开发式扶贫工作与社会保障扶贫工作为基础,做好社会扶贫、行业扶贫、专项扶贫工作,构建"三位一体"的扶贫开发模式。充分利用各个行业的职能作用,构建多元化扶贫通道,将贫困地区的发展作为地区建设、行业发展的重要内容。充分借助本地区在政治、经济、文化、卫生、科技、电力等方面的优势,全面做好特色资源的开发和利用工作。特色资源产业扶贫作为民族村镇精准扶贫工作的重要内容之一,需要为其提供坚实的外部支持,要充分调动本地区农民的积极性与主动性,发扬艰苦奋斗、自力更生的精神,全面提升扶贫资金的使用率与使用效益,凭借资源开发渠道,促进贫困地区摆脱落后的困境。学术研究人员通过对特色资源产业开发进行分析发现,特色资源产业拥有两种开发方式,即资源开发模式与资源保护模式。

1. 资源开发模式

特色资源产业开发前应提高参与者的素质,促进第一产业、第二产业的发展,全面落实金融保障工作,使第一产业、第二产业、第三产业能够协调发展,同时做好文化资源、自然资源、产业资源的开发与整合工作,将开发式扶贫工作落到实处。通过对贫困地区道路交通进行改善与修建,为贫困地区的经济发展奠定基础。"要致富,先修路",通过加快道路交通建设,为后期资源利用与开发完善运输渠道。通过提高农村劳动人口的综合素质,让他们拥有正确的价值观、人生观与世界观,能够积极主动地参与到脱贫工作中。农业发展是推动农村地区摆脱贫困的关键力量,通过开展小康社会建设,我国大部分地区已基本解决人民群众的温饱问题,现阶段需要进行巩固,让至今仍处于贫困状态的民族村镇切实摆脱贫困。农业资源是民族村镇的特有资源之一,是民族村镇建设与发展的第一产业,通过将先进的农业种植技术、农业生产技术、农业运营技术运用到农业生产中,充分开发民族村镇地区的特色农业资源,帮助贫困地区摆脱贫困状态,走上致富的发展道路。第二产业作为我国国民经济的主导力量,通过专项扶持、定点扶持、特殊扶持等措施,对贫困地区的经济发展进行帮扶,扭转贫困地区经济落后的局面,展现工业化在贫困地区发展建设中的重要作用。第三产业在贫困地区的作用是能够有效提升贫困地区居民的生活质量,同时借助金融扶贫等措施,构建金融扶贫机构以及金融扶贫组织,为贫困地区资源汇集与周转提供有利条件。

2. 资源保护模式

对贫困地区实施特色资源产业开发的同时,应切实做好贫困地区特色资源的保护工作,科学处理资源开发与资源保护之间的关系。通过发展社会事业、解决用电问题、改造危房等扶贫方式,对贫困地区基础设施以及公共服务设施进行完善。

通过以工代赈、财政支持、整体推进、易地搬迁等专项扶持措施，将各项社会保障制度落到实处。

通过开发特色资源推进开发式扶贫工作，通过保护资源推进社会保障扶贫工作，在民族村镇精准扶贫的过程中做好“双轮驱动”战略的完美衔接，将行业扶贫工作、专项扶贫工作以及社会扶贫工作落到实处，使行业扶贫、专项扶贫和社会扶贫工作能够协调统一，为全面建成小康社会奠定基础。

# 第二章　民族村镇旅游扶贫思路探索与实证研究

## 第一节　贫困村旅游精准扶贫思路研究

### 一、以长汀县刘源村为例

2015 年，中共中央、国务院在颁布的纲要性文件《中共中央国务院关于打赢脱贫攻坚战的决定》中提出，到 2020 年要实现农村贫困人口全部脱贫，这是打赢脱贫攻坚战、全面建成小康社会的底线目标。

2015 年 12 月，福建省根据中央的号召，在扶贫开发工作会议上，对地区扶贫开发的任务和目标加以确定：到 2018 年，全省达到国家扶贫标准的扶贫对象全部脱贫；到 2020 年，省定点扶贫对象全部脱贫。龙岩市是福建省的主要贫困地区，同时也是扶贫工作的重点地区，全市贫困乡镇 31 个、贫困村 380 个，是全省贫困人口数量最多的地区。长汀县刘源村作为龙岩市的主要贫困村之一，在 2015 年经国家旅游局批准成为旅游扶贫试点村。因此，需要对该试点村旅游开发的实施过程以及精准扶贫工作中存在的问题进行深入研究，为其他贫困村精准扶贫工作提供有效参考。

#### （一）村情概况

1. 经济地理条件

刘源村地处河田镇北部，北与红中村相连，南与芦竹、黄坑村相连，东与半坑村邻近，西至蔡坊村，距离城镇 6.5 千米。河田镇位于汀江下游，距离长汀县城 21 千米，城镇主要分布在汀江两岸，全镇呈低山高丘环绕之势，中部开阔，地貌类似“锅”的形状，是长汀县区域内面积最大的河谷盆地。国道 319 线纵贯河田镇，向北能够到达江西省，向南能够到达厦门、广东；赣龙铁路从镇区的东侧穿过；龙长高速公路从镇区的西侧穿过，交通便利，商业、服务业很有活力。

2. 经济社会现状

刘源村下辖8个自然村,15个村民小组,人口主要为汉族和客家人,方言则以客家话为主。刘源村现有耕地2 400亩,山林地15 000亩,是当地农业及林业发展较好的村庄。传统的种植业是村民的主要收入来源,多种植百香果、猕猴桃、火龙果等水果。

## (二)贫困现状及成因

1. 贫困现状

据2015年数据统计,刘源村共有3 227人,其中贫困人口155人。以当年刘源村精准扶贫标准作为依据,能够计算出刘源村贫困人口约占人口总数的4.8%,占比较高。按照国家扶贫标准,则贫困人口为94人,约占贫困人口总数的60.6%。按照省级扶贫标准,则贫困人口为61人,约占贫困人口总数的39.4%。因病或因残疾致贫的人数为49人,约占贫困人口总数的31.6%;因学致贫的人数为12人,约占贫困人口总数的7.7%;因技术缺失致贫的人数为54人,约占贫困人口总数的34.8%;因劳动力缺乏致贫的人数为28人,约占贫困人口总数的18.1%;因资金缺乏致贫的人数为4人,约占贫困人口总数的2.6%;因自身缺少发展动力致贫的人数为8人,约占贫困人口总数的5.2%。

2. 致贫原因

其一,是残疾或因病致贫。根据调查得知,刘源村的贫困户大部分都是因病残造成的劳动能力丧失而导致的贫困,此类贫困户难以通过自身努力实现脱贫,即使一时脱贫,最后也会出现返贫现象。

其二,是产业结构单一,技术不到位。刘源村主要农作物种植面积约2 400亩,其中水稻是主要的农作物。农作物种植品种过于单一,不仅会因缺少互补性种植品种导致对自然风险与市场风险的应对能力较弱,且收入不够稳定。

其三,是农业生产缺乏实际效益,难以实现经济发展。虽然社会在飞速发展,但刘源村农业产业化的发展却相对迟缓,较低的收入导致农村大量年轻人外出务工,留守家中的大多是中老年劳动力,留守人群的市场意识不足,对农业生产缺少资金投入。因此,刘源村面临的现状是现代化农业的发展中缺少高级劳动力,民众缺少对农业产业结构调整的积极性与管理能力,导致农业生产力落后,无法取得实际效益。

其四,是对子女教育的支出。在刘源村贫困人口的构成中,由于教育支出而导致贫困的情况约占贫困人口总数的7.7%,这类贫困户主要的贫困原因就是在教育中支出过多。但是随着子女成长、教育活动结束后,这类贫困户就会实现脱贫,因此能够通过帮扶措施起到良好的扶贫作用。

## 二、刘源村旅游发展条件

### （一）旅游资源评价

在刘源村实施旅游扶贫计划前，需要对当地的旅游资源进行实际的分析，因此研究人员根据国家标准《旅游资源分类、调查与评价》对刘源村旅游资源进行了详细的对比分析，该标准中所涵盖的旅游资源共分 8 个主类、31 个亚类以及 155 个基本类型。刘源村的旅游资源实际涉及的种类包括：5 个主类，在旅游资源的主类总数中占比 62.5%；10 个亚类，在旅游资源的亚类总数中占比约 32.3%；17 个基本类型，在旅游资源的基本类型总数中占比约 11%，此外还有潜在旅游资源单体 42 个。作为闽西客家的典型代表，刘源村实际旅游资源种类十分丰富，全村的旅游资源保存良好，自然生态类的旅游资源因水域较多，且水量大、水质好，周围茂密的竹林具有较高的观赏与开发价值，而以客家古厝为主的人文景观更是具有较高的文化价值，因此旅游扶贫计划的实施能够促进当地经济发展。

### （二）旅游发展条件分析

1. 优势分析

旅游资源丰富，生态环境十分优美。刘源村具有丰富的旅游资源，良好的生态环境，自然环境十分优美。刘源河贯穿村庄潺潺流过，客家风情建筑鳞次栉比，具有十分独特的生态环境。

民族特色鲜明，景观风情突出。在刘源村村民的日常生活中，仍保留着妇女用河水浣洗衣物的传统生活方式，当地民风十分淳朴。此外，村民种植的烟叶、果蔬等作物让村庄景观十分优美，以客家古厝为代表的大量乡土建筑更是闽西山村风情的典型代表。

天然农林条件，开发前景广阔。刘源村的农业种植优势十分明显，在旅游资源的开发中，无论是种植业还是林业都可以作为主要的景观。按照农旅结合的开发模式建立生态旅游区，能够让农业生产为生态旅游的建设与开发提供更多的可利用资源。

2. 劣势分析

交通受限，道路等级较低。刘源村与外界的交通主要以公路为主，但是等级较低，难以满足未来旅游业发展的需要，因此交通业的发展成为开发旅游项目的制约因素。

资源种类多而不精，缺少优质资源。虽然刘源村的可开发与可利用资源种类较多，拥有良好的生态环境，但是种类多而不精，没有独特的观光源，在旅游产业发展初期无法通过有代表性的观光景点推广旅游品牌，旅游产业的开发与建设尚需长期的积累。

缺乏经济基础支撑，旅游人才不足。刘源村作为当地主要的贫困村，经济基础薄弱，需要通过政府的招商引资才能进行旅游开发；另外，由于外出务工的年轻人较多，村庄剩余人口难以满足旅游开发对高技能人才的需求。

旅游业尚待发展，缺乏宣传力度。虽然经过一定的努力，实现了对刘源村旅游资源的开发并吸引了一些游客，但刘源村的旅游基础设施不够完善，缺少旅游宣传力度，游客大多为附近城镇居民，并没有吸引更多的外地游客，因此需要加大宣传力度，同时抓紧完善旅游基础设施。

3. 机遇分析

政府对旅游发展的政策支持。随着旅游扶贫政策的提出，国务院与国家旅游局加大了对旅游业发展的支持力度，因此刘源村的旅游扶贫工作有了极好的发展机遇。同时，福建省旅游局通过“清新福建”等宣传推广方式，为刘源村的生态旅游发展提供了更好的平台。此外，国家旅游局与福建省旅游局对刘源村的关注，引起了当地政府的高度重视，加强了对刘源村生态旅游产业建设的投入，促进了刘源村生态旅游业的良性发展。

政府对美丽新农村建设的重视与开发。社会主义新农村建设已经积累了多年经验，如今以新农村建设为基础，中央加大了对全国美丽乡村的建设力度，并根据实际发展情况制定了国家标准——《美丽乡村建设指南》，此标准的实施为刘源村开展美丽乡村建设提供了极好的发展机会。

4. 挑战分析

旅游扶贫开发与建设工作的展开可能会对环境造成破坏。由于村民一直生活在贫困环境中，他们极其渴望通过旅游业的发展改变生活现状，因此可能会造成旅游资源开发过度、影响生态环境，不利于地区的可持续发展。

周围村庄受其影响加入竞争，提高市场竞争力。刘源村周围典型的闽西客家传统村庄较多，虽然建设与发展各有特色，但本质上的旅游资源类型相同。当其他传统村落加入旅游市场，便会造成刘源村客源分散的情况，因此需要加强自身的竞争优势。

村中人口综合素质较低。旅游业作为新兴产业与扶贫工作相结合时需要更多的创新精神，但是以往村中发展机会较少，且实际收入有限，导致大量年轻人外出务工，实际村中留守人员不具备旅游发展所需的能力，因此对于刘源村的旅游产业发展而言，人才的吸引与保留是旅游扶贫面临的挑战。

### （三）旅游扶贫潜力

1. 对村民的旅游发展参与意愿分析

在村干部的带领下，刘源村旅游基础设施建设已经初见雏形，并且通过宣传有了一定的客流。村民在观望过后发现了其中的商机，参与发展的积极性有了很大的提高，在旅游产业发展中主动献言献策，加快了村庄脱贫致富的进程，村民参与旅游发展的意识随着旅游产业的发展不断增强。

2. 旅游扶贫参与方式逐渐增加

随着旅游开发项目进程的不断加快，旅游基础设施建设增加了村民的就业机会，更多的村民参与其中，经济收入不断提高。随着游客数量的不断增加，当地的特产有了更好的销售途径，而农旅结合的形式更是创造了更多的旅游资源，如特色农业园，不仅能够吸引更多的游客，还能够提高服务业收入。随着旅游扶贫参与形式的不断拓展，旅游扶贫的参加机会同样变多。

## 三、刘源村旅游扶贫规划思路

### （一）发展定位与目标

将刘源村旅游产业的发展状况与周围相关旅游区进行对比分析，能够对刘源村的发展进行准确定位，以此确定刘源村在旅游发展中的实际发展目标。指标性目标的确定主要包括：旅游产业发展状况、贫困人口的减少标准、人均收入的提高标准和产业结构的调整方向等。

1. 发展定位

在旅游扶贫政策的实施中，将产业发展定位分为总体定位与形象定位。总体定位是将“山水、田园、庙宇、民居”作为整体发展基础，将全村的旅游资源进行整合发展。例如，山水生态植被，包括优美的水域、多彩的民俗风情、地方文化以及特色建筑等旅游资源。以整合后的资源作为刘源村的建设内容，将其打造成综合性的闽西乡村旅游典范。将刘源村的形象定位为“闽西客家、水乡刘源”。刘源村依山傍水，地理条件好，刘源河将刘源村一分为二，村庄环境优美，芳草葱翠，绿树婆娑，丰富的自然资源形成了美丽的水乡景色，大大小小的特色建筑与宗祠庙宇为刘源村增添了更多的文化气息。

2. 发展目标

以“闽西客家、水乡刘源”作为建设目标，要在旅游建设中对生态资源与文化

资源采取保护措施，确保在开发过程中不会对环境造成伤害，使其能够可持续发展。同时，作为刘源村旅游产业的发展动力，要加快生态旅游产业的发展，促进经济、社会、生态效益的统一，加快刘源村脱贫致富进程。

### （二）发展方向、产业定位与发展路径

1. 发展方向

将刘源村的旅游资源与区域条件相结合，根据特色与优势对旅游产业的发展方向进行了定位：闽西客家水乡的休闲式旅游景区。要做好刘源村在水资源方面的发展，就要以农业生态体验为主导，对旅游过程中的“吃、住、行、游、购、娱、厕”等基本要素加以完善，通过将“养、学、闲、情”等新兴旅游要素加以融合，打造舒适化的休闲旅游区。在与当地旅游资源相结合的同时，提升旅游产品质量，促进旅游交通发展，拓宽旅游商品的营销途径，提升旅游接待服务水平与旅游安全服务管理水平，建立“休闲娱乐＋农事体验＋宗教庙宇”一站式服务的旅游发展模式，为刘源村旅游扶贫奠定良好的基础。

2. 产业定位

让刘源村的旅游产业发挥更大作用，就是要通过旅游产业带动其他产业的发展，吸引更多人就业，使旅游业成为刘源村的支柱产业，这是推动产业转型升级的关键。随着各产业之间有效联系的加强，培育优势产业群，提高竞争力。

3. 发展路径

根据刘源村发展的实际情况，制定合理的发展措施，始终保持“突出特色、借力发展、旅游引领、全域开发、全面提升”的建设与开发理念，充分发挥刘源村的生态资源优势，以“山水、田园、庙宇、民居”作为主打品牌。同时，将山水生态环境作为发展的基础，将田园体验作为发展的优势，将健康休闲作为主要建设理念，针对生态休闲旅游的巨大潜力，开拓旅游市场，发挥旅游优势，创建旅游产业品牌。

### （三）功能分区与空间组织

1. 布局原则

彰显重点，要立足于刘源村的实际生态环境，针对其生态资源、文化资源的分布特点，将旅游资源进行整合。针对刘源村的旅游核心吸引力，制定相关的辐射范围，规划总体布局，展现旅游资源的重点。在对刘源村的生态资源与文化旅游资源进行区域划分时，要重视资源的互补性，合理分配旅游要素。在进行旅游资源空间布局时，应该与全村的土地利用规划相结合，根据村庄建设规划与交通规划合理制定旅游发展方案，确保其科学性、合理性，能够促进全村旅游业可持续发展。

2. 空间布局

要把刘源村的区域条件与资源分布情况相结合，将旅游产业的开发现状与区域经济发展水平相结合，充分挖掘旅游产业的发展潜力，要根据政府制定的《长汀县河田镇刘源村村庄规划》，对旅游产业进行合理的规划，符合旅游空间布局的实际要求，形成“一心一带三区”的发展格局。

一心：设立水乡文化中心。在当前的规划中，刘源村的基础设施、交通设施以及区位条件都已基本具备，为旅游产业的发展提供了极大的便利。此后便是针对区内环境加以优化，注重基础设施与服务配套设施的建设，让水乡文化中心成为刘源村的旅游窗口与形象展示。

一带：刘源村范围内的水系所形成的滨水休闲带。在旅游产业的开发中，生态资源主要以山水为主，因此刘源村的旅游资源开发应该将水系休闲资源确定为主要开展对象，且刘源村的轴线两侧拥有丰富的旅游资源，要将旅游资源进行合理的布局。一带工程的主要内容包括：其一是景观道路工程，对景区中的道路绿化工程加以强化，形成贯穿全村的绿色景观带，提高对廊桥的建设力度，对现有的桥梁加以改造强化，建设有特色的廊桥景观；其二是岸线工程，对当前刘源河进行强化建设，改善河流水质，改善河道环境，将刘源河与两岸的自然资源相结合，建立独特的水域观光游览区；其三是河域中心的小岛开发工程，将刘源河小岛建设为水乡生态园，根据其独具特色的地理优势，将之作为滨水休闲的重要景区。

三区：乡村文化休闲区、宗教民俗文化区、农业观光体验区。所谓的乡村文化休闲区，是指将村中特有的文化与风俗相结合，推出综合性的文化休闲区。所谓的宗教民俗文化区，是指当地主要推崇客家文化，可以将现有的天后宫、定应庵与土地庙共同建设成拥有浓厚妈祖文化氛围的旅游区。所谓的农业观光体验区，是指在刘源河两岸现有的田园资源基础上，建立起来的农家旅游体验观光区。

## 四、刘源村旅游扶贫的增效策略

### （一）力争旅游扶贫规划项目及时落地

1. 充分利用财政配套资金，引导社会资本投入

为了推进美丽乡村建设项目，让现有的基础设施充分发挥应有的功能，让刘源村的各项产业充分发展，要拓宽经费来源渠道，改善硬件设施，同时通过引导社会资金投入加大旅游设施建设。例如，根据旅游公司的标准建立游客服务中心、停车场等，要通过多种旅游资源的整合，将当地的旅游特色充分展示出来。

2. 策划旅游扶贫项目，鼓励农户积极参与

将村民的养殖业与旅游餐饮业相结合，利用村庄养殖业的优势，支持、推动村民发展旅游农业。刘源河作为当地旅游主要的水域资源，应当根据其水域特点设置垂钓区、泛舟区，与农家乐搭配，将垂钓体验与农家美食相结合，将泛舟体验与相关娱乐服务相结合，为游客提供良好的服务体验。鼓励农民增加对农家乐产业建设的投入，加强农屋改造、修建特色民宿等，同时加强农民与旅游公司的合作，通过农产品的生产与销售促进旅游服务业的发展。鼓励村民开发土地，积极参与到农业体验园与生态农业园的建设中，推动旅游项目的发展，提高旅游经济效益。

3. 开展旅游人才培训工作，重点精准指导贫困户

由于当地的经济发展较为落后，村中部分干部对旅游扶贫相关政策缺乏实践经验，应该加强培训，同时要加强文化资源与特色产品的开发。当地有多家教育机构，如长汀县职业中等专业学校、闽西职业技术学院、龙岩学院等，要在这些教育机构的教学计划中增加相关的旅游专业，并根据当地的旅游资源加强对教育实践基地的建设，对旅游产业中涉及的多种岗位人才加以培训，加快旅游产业的发展，同时带动农业的发展。当前刘源村的精准扶贫人数为 155 人，共 47 户。为了有效落实精准扶贫工作，要通过发展旅游产业带动经济发展，从而实现脱贫目标。刘源村中还有部分完全丧失劳动力的五保户，对这部分人当地政府应该采取兜底救助的方式；对一些因残、因病致贫的贫困户，应该安排与旅游相关的工作，如接待工作或保洁工作等，以提高他们的收入；对于缺少技术的贫困户，应该先对其进行相关技术培训，加强其业务能力后再为其安排相关的旅游服务工作；对于因学致贫的贫困户，则可以实施教育扶贫的方式进行资金上的扶持；还有一些是由于自身发展所造成的贫困，可以对其进行鼓励与激发，提高贫困户在旅游产业中的贡献值。

### （二）促进旅游扶贫配套工程区域协调发展

1. 加强干部群众合作，实施旅游扶贫

第一，确保干部与群众挂钩的旅游扶贫政策得到有效落实。在精准扶贫工作中用建档立卡的方式，让每位干部都挂钩相应的贫困户，明确旅游扶贫工作的目标与任务，将干部的工作绩效及考评与挂钩扶贫的工作成效相结合，确保一对一扶贫帮扶模式的有效落实。提高干部帮扶群众的积极性，建立政府扶贫部门、旅游管理部门与村委会三部门相结合的联动扶贫开发新机制。

第二，制定有效的政策落实机制，充分调动村民在扶贫工作中的积极性，让村民的生活水平得到提高。“旅游 + 扶贫”模式能够在调动村民积极性的同时，将社会效益与经济效益相结合，并对当地环境加以保护。积极鼓励与带动贫困户参与

到旅游扶贫计划中来，提高旅游项目在扶贫工作中的透明度，维护村民对与其相关利益的知情权，同时选举村民代表对重大事项与关键环节的建设进行监督，确保贫困户的利益不受损害。

2. 推动旅游扶贫管理与运营

第一，对现有的资金进行整合管理。旅游扶贫政策的实施需要大量资金的支持，对资金的使用需要确保合理性与有效性，因此需要遵循整合原则，增强财政资金的实际使用效果。

第二，引入科技扶贫的方式。根据干部挂钩贫困户的情况进行分析研究，加强对贫困户的技术培训，提高旅游扶贫中生态农业与农业体验等项目的技术支持能力，增强村民对旅游扶贫的信心，使之能够使用最少的消耗得到最大的投资收益。

第三，运行与管理工作的规范化实施。加强扶贫项目中的旅游管理工作，将项目中制定的各项制度加以完善，在实施中严格按照制度要求与法律程序操作，完善资金管理账本，定期接受上级监督，避免出现挪用资金等违法行为。

第四，旅游产业与品牌宣传工作的加强。首先应该确定符合当地发展情况与产业优势的宣传语，并通过多种渠道加强宣传，在交通枢纽以及人流量较大的地方设置宣传广告牌，通过多媒体等方式加强对旅游品牌的推广，同时制作相关旅游网站，策划多种旅游项目吸引更多的游客，让旅游扶贫工作落到实处。

3. 提高当地的环境卫生标准，建设安全保障设施

将村庄的发展规划与旅游扶贫政策有效结合，将村庄的传统布局进行有效整合，对有地域特色的传统建筑加以保护，同时提高环境卫生的管理力度，加强水土保持工作，以此来提高生态旅游业的发展，促进物质文化与非物质文化的有效结合。此外，安全管理工作同样必不可少，要建立完善的救援体系，提高村民在旅游发展中的安全意识，同时对环境卫生管理要有相应的配套设施，确保卫生制度的有效落实。

### （三）确保旅游扶贫发展规划有序推进

1. 建立项目实施组织

刘源村扶贫工作的顺利开展需要政府各职能部门的大力支持，加强统筹协调。首先，在政府“一对一”扶贫帮扶工作中应该加强对贫困人口实际情况的重视，提高贫困户在扶贫开发工作中的积极性，加大刘源村旅游扶贫示范村的建设力度。其次，要与当地的实际帮扶政策相结合，各地区间经济与旅游资源情况不同，因而政策也应存在差异，对现代农业项目与高新技术企业的引进需要与当地实际情况相结合。同时，加大农业生产的投入，积极向上级政府争取省市级相关项目资金，

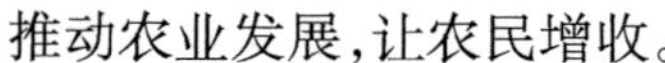

推动农业发展，让农民增收。

2. 合理分解任务

政府各职能部门应该与旅游公司加强合作，通过对社会资源的使用，加强对旅游景区基础设施的建设。通过积极开展旅游宣传推介活动、开发特色旅游线路、多方面进行旅游管理体制改革、推动旅游扶贫项目的有效实施，保障旅游扶贫目标的实现。

3. 严肃绩效考评

在旅游扶贫政策的实施过程中，需要充分发挥扶贫办、旅游局等部门的作用，对旅游扶贫工作采取最严格的考核监督，及时解决存在的问题，进一步完善工作考核指标体系。考核时，要将扶贫对象的实际满意度作为重要的考核内容之一，将挂钩贫困户的干部工作绩效与旅游扶贫的实施效果相结合。要对旅游扶贫工作的绩效实施严格的考评纪律，加强监督，避免在旅游扶贫工作中出现腐败、偷税漏税等违纪违法问题，提升旅游扶贫对贫困户的实际帮扶效果，提高贫困户的帮扶满意度。

4. 经验总结与推广

对刘源村旅游扶贫政策的实施进行经验总结，能够为以后旅游扶贫工作提供更多的成功经验。总结后的经验要及时上交给政府相关部门，为以后的旅游扶贫工作做准备。

## 第二节　扶贫视域下旅游产业竞争力研究

### 一、以甘孜州旅游业为例

甘孜州是甘孜藏族自治州的简称，作为四川省独具特色的民族自治州，旅游产业加快了当地经济的发展，在此对其旅游产业的竞争力进行深入的研究。从甘孜州旅游产业的实际发展情况、旅游相关产业的发展情况、经济发展环境以及当地的交通状况四个方面进行研究，形成科学合理的评价指标体系，并对旅游扶贫能力的差异与短板进行研究。

研究发现：其一，在甘孜州的县域发展中，实施旅游扶贫的各个地区差异明显，东部县域实际发展较好，北部县域一般，南部县域发展较差。其二，县域扶贫工作的开展受旅游及其相关产业的影响较大，但是县域中普遍存在交通发展较缓慢的问题。其三，县域之间对旅游产业的竞争存在着不同的制约因素，应该根据各自的实际情况制定旅游策略。

甘孜州地处四川省西部地区，是我国的特困地区之一，也是四川省丰富的旅游资源区、《康定情歌》与康巴文化的发源地，同时还是红军长征的途经之地，自然环境与人文景观十分独特。自 2012 年至今，甘孜州旅游产业迅猛发展，景区游客接待量同比增长超过 25%，实际旅游年收入同比增长超过 40%。随着国家旅游扶贫发展战略的提出以及绿色发展理念的实践，甘孜州率先成为全国旅游扶贫发展示范区。但是由于甘孜州下辖的县域较多，且各县域之间经济发展差异较大，实际旅游扶贫效果存在一定的差异。因此，为确保甘孜州旅游产业得到更好的发展，为了让“国家旅游扶贫试验区”这一课题能够进行深入研究，就需要加强对甘孜州旅游产业竞争力的研究力度，通过对各县域之间存在的旅游扶贫能力差异进行分析，发现各县域旅游竞争力的不足之处。

近年来，旅游扶贫作为扶贫工作的一种新形式，受到我国政府与学术界的极高重视，虽然相关的学术研究成果层出不穷，但研究方向多为旅游扶贫的发展模式，对旅游扶贫工作实际效应的评估与分析、旅游扶贫能力和旅游扶贫机制的实施等方面关注很少。同样，对甘孜州及其管辖的县域旅游产业竞争力的研究则更少。但甘孜州经济发展主要依靠的就是旅游业，因此对县域旅游产业竞争力的分析与研究具有重要的意义。

## 二、县域旅游产业竞争力评价研究

### (一)县域旅游产业竞争力评价指标体系的构建

为促进旅游产业更好的发展，需要根据其实际发展趋势建立评价指标体系，以此作为旅游产业发展规模与发展态势的评价依据。建立旅游竞争力评价指标体系，是要确保其能够反映出当地旅游产业的竞争力与实际可操作性。甘孜州建立的旅游竞争力评价指标体系，就是以当地的实际情况与指标数据为依据，通过对旅游产业的发展情况、相关产业的发展规模、经济发展环境和交通状况四个评价角度建立甘孜州旅游产业竞争力评价体系。

### (二)研究方法

对县域旅游产业竞争力的评价需要从多方面展开，其具体的评价步骤是：建立评价维度、评价指标的选择、确立评价研究方法、通过评价值进行分析。在指标体系的建立中需要适当引入指标赋权法，在实际应用中还分为主观赋权法与客观赋权法。主观赋权法是指以旅游发展的经验作为主观的赋权，随着产业发展而成熟，但是缺少一定的客观性；客观赋权法是指以旅游发展所产生的数据信息展开的赋权，具有较好的客观性。为了在旅游指标体系建立与评价中充分展现其客观性，需要对其评价的方式采用客观赋权法中的熵权法，对旅游产业的指标权重进行确定，具体的研究方法如下：

（1）数据信息的处理，旅游产业所产生的指标数据存在一定的差异，对其处理需要采用标准化方式；

（2）计算熵值；

（3）确定指标权重；

（4）计算竞争力评价值。

## 三、实证研究：以甘孜州旅游产业发展为例

### （一）数据来源

对甘孜州旅游产业发展体系进行评估，应该采集多方数据、分析与研究多种信息。数据信息主要包含甘孜州人均国内生产总值（GDP）、旅游产业在总产业中的占比、公路通车里程、城市人均道路面积等。

### （二）实证结果

首先，将甘孜州各县域在 2015 年的各项指标数据进行收集与分析，采取标准化处理方式，借助熵权法对指标的权重进行确定。由所得的指标权重数值可知，县域旅游产业在发展中受旅游本身及相关产业的发展影响较大，具体的指标包含国内旅游总收入、国内旅游总人数与国内旅游住宿总营业额。对甘孜州县域旅游产业的竞争力进行评价之后确定数值。

## 四、结果分析

### （一）县域旅游产业竞争力呈现显著的空间差异

通过旅游指标评价体系可知，在当前的甘孜州旅游发展中，各县域的旅游产业竞争力存在较大差异。其中康定地区及周边地域的旅游产业竞争力最强，其竞争力的评价值是雅江县的 2 倍多，而整个甘孜州十几个县的整体评价值则低于县域平均值。为了将评价值进行对比，以县域平均值作为分界线，将甘孜州各县域的旅游产业发展竞争力分为 3 类：强、较强与较弱。

根据旅游产业发展竞争力的分类可知，当前在甘孜州的旅游产业发展中，康定是唯一拥有最强竞争力的旅游产业县域，以泸定县、色达县为主的五个县域是具有

较强竞争力的县域,其余的12个县域旅游产业竞争力较弱,不同的县域类型在发展中呈现"金字塔形"的分布模式。从空间区位来看,旅游产业竞争力较强的一些县域多分布在甘孜州的东部,而旅游产业竞争力较弱的地区主要集中在甘孜州的北部与南部地区。在甘孜州东部的发展中,除丹巴县以外的县域都具有较强甚至很强的旅游产业竞争力,而北部的县域只有色达县与白玉县的产业竞争力较强,其余南部六县旅游产业竞争力较弱,空间区位差异十分明显。

### (二)县域旅游产业竞争力的空间差异主要来自旅游及相关产业的发展

通过评价体系的评估值所得的指标权重可知,旅游产业在其相关产业的发展中占比较重。通过制定发展形势雷达图能够发现,在县域旅游产业竞争力的组成中,旅游及相关产业具有较大的贡献值,特别是康定与泸定地区。通过评价权重可知,在甘孜州整体发展中各县域的旅游产业贡献率差异较大,因此在旅游产业竞争力的发展中,最有效的发展方式便是提高旅游产业竞争力,将发展的重点放在旅游及相关产业的发展中。

### (三)县域旅游产业竞争力的制约因素

就甘孜州东部地区当前的旅游产业发展情况而言,旅游及相关产业具有较强的竞争力,但是在整体经济条件的影响下(主要是以康定与九龙地区为主),整体的交通状况竞争力较弱。虽然甘孜州的整体交通与经济以东部地区发展最好,但是东部四个县域的城市道路人均面积均低于甘孜州的整体平均水平,交通支出主要是以康定为主。在经济发展中,主要是泸定县、九龙县和丹巴县三个县域产业发展占比较低,但九龙县人均GDP却高于康定市,是甘孜州人均GDP的2.4倍。而在九龙县的实际发展中,无论是旅游产业还是相关产业的实际发展竞争力都较弱,特别是餐饮产业。丹巴县的相关产业整体发展竞争力较弱,住宿营业额达不到全州的平均水平。多种因素对甘孜州东部地区旅游产业的发展产生了制约。

就甘孜州北部地区当前的旅游产业发展情况而言,县域旅游产业的发展受旅游产业和相关产业的影响较大,具有较强的竞争力。但是由于相关产业的发展水平较低,交通行业的竞争力主要以色达县和白玉县为主。在相关产业的发展中,北部8县的住宿业与餐饮业整体营业能力较差,特别是色达县、石渠县与炉霍县等地的住宿业收入较低,与甘孜州的平均收入相差较大;在交通发展中,整体的交通支出占比与城市人均道路面积均低于甘孜州的平均水平;在经济方面,地区经济环境竞争力均较弱,无论是人均GDP还是经济发展水平都不及全州发展规模的二分之一。由此可见,甘孜州北部旅游产业竞争力的提高受到的制约因素较多,无论是相

关产业的发展还是经济环境与交通发展，都是其发展中较为不足的部分。

就甘孜州南部地区当前的旅游产业发展情况而言，县域旅游产业竞争力的提高主要依赖于旅游及相关产业的发展，但是整体的经济环境竞争力较弱，交通发展的竞争力较低。在旅游产业的发展中，南部地区的整体发展水平较低，且相关产业的发展形势均不理想，包括南部整个县域的经济水平均不达标。但是景区开发力度的不断增强，对南部地区的旅游产业无论是实际开发程度还是发展潜力都具有较大的影响。因此，各县域在发展过程中，应该根据实际发展中所存在的问题制定更为详细有效的发展策略，改变缺陷，补足短板，促进旅游产业的实际发展。

## 五、结语

通过以上多种内容的分析研究可知，在甘孜州县域旅游产业的发展中，整体的竞争力存在较大的空间差异，受旅游及相关产业的影响较大。但是各县域之间旅游资源与旅游产业竞争力发展情况不同，其主要限制发展的因素也各不相同，这种情况促使各县域在实施旅游扶贫计划中，要根据自身旅游产业的实际发展情况制定行之有效的解决策略，以提高旅游产业的发展与旅游扶贫政策的实施。

综上所述，为更好地开展旅游扶贫工作，特提出以下改善建议：

第一，为促进旅游产业的更好发展，甘孜州各县域政府需要与相关单位加强对旅游产业的宣传，提高旅游扶贫的影响力，加大对相关配套基础设施的建设，改善交通状况。

第二，对东部县域当前的发展，应该有针对性地解决城区道路面积不足的问题，加大交通运输建设支出，完善产业结构，促进第三产业更好发展。在此过程中，丹巴县应该通过区位优势加强与周边县域的联系，推动住宿业与餐饮业更好发展，提高东部县域的旅游产业竞争力。九龙县在发展中应该加强对景区的建设与宣传，增强景区对游客的吸引力。

第三，北部县域旅游产业的发展具有较强的潜力，应该予以大力开发，以此推动 GDP 增长，通过餐饮与住宿业的发展，增强服务业的竞争力。甘孜县、新龙县和德格县等地区应大力加强交通建设。

第四，由于南部县域旅游产业竞争力较弱，应该提高其旅游产业的宣传力度，加强对旅游品牌的推广，吸引更多的游客。

总而言之，甘孜州作为我国当前主要以旅游扶贫为发展模式的地区，在旅游产业的发展中，应该通过扶贫开发方式的不断创新，加大对旅游扶贫相关政策的完善与优化，以此推动县域旅游产业的更好发展，为旅游扶贫工作的开展提供更好的保障。

## 第三节 民族村镇的旅游资源对扶贫的作用研究

民族地区拥有丰富的旅游资源，绝大多数资源正处于已开发或待开发状态。近年来，随着改革开放的不断深入、扶贫工作的全面开展，旅游业成为社会发展的新兴产业，对民族地区经济增长具有巨大的影响力，最大限度地推动了民族地区社会的发展与进步。通过开发旅游资源能否真正将“精准扶贫”工作落到实处，如何能够提升“精准扶贫”的效果，这些实际问题成为民族村镇精准扶贫工作的重要关注点与落脚点。为此，本节将以湘西土家族苗族自治州（简称湘西州）作为研究对象，针对湘西州近几年旅游资源的开发效果进行分析与研究，从中寻找民族村镇旅游资源开发中存在的问题与弊端，并结合时代背景明确开发旅游资源对民族村镇精准扶贫工作的重要作用与价值。

### 一、民族村镇旅游资源的开发情况——以湘西州为例

“精准扶贫”这一重要思想是习近平总书记在2013年11月到湘西考察时提出的，该思想源自“实事求是、因地制宜、分类指导、精准扶贫”的“十六字”方针。其中“精准扶贫”是将贫困地区、贫困户导致贫困的原因作为扶贫工作的出发点与落脚点，并对其进行分析，制定出相应的解决措施与办法，确保扶贫工作的针对性、目的性、可行性与科学性。坚持“以人为本”，有效改善贫困地区以及贫困户所处的贫困处境，在发展中提升贫困地区、贫困户自身的生产力与动力，提高贫困地区就业质量，提高贫困户的收入水平，改变贫困地区经济面貌，促使贫困地区脱离贫困。相关数据表明，2013年我国贫困人口约8 249万人，2014年约7 017万人，2015年约5 575万人。通过对我国贫困人口下降指数进行计算得出，每年贫困人口减少的数量基本稳定在1 000万人左右，在接下来的几年中，我国脱贫人口每月预计减少100万人。随着社会的不断发展，我国农村贫困人口脱贫工作步入关键时期，农村人口脱贫工作已经成为新时代发展的关键。

### 二、民族地区旅游资源开发的扶贫现状

#### （一）湘西州旅游资源开发的基本概况

在整个社会经济发展进程中，湘西地区长期处于贫困落后状态，无论是政治领域、经济领域，还是文化教育领域都十分落后。为了促进湘西地区政治、经济、文

化、科技等多方面发展，摆脱贫困落后的局面，从 20 世纪 90 年代开始，当地政府将“神秘湘西”作为湘西地区的宣传重点，大力发展旅游产业，随后湘西被纳入首批国家全域旅游示范区名单。截至目前，湘西地区有 1 处世界文化遗产，12 处全国重点文物保护单位，11 个 A 级景区中有 4 个 4A 级风景区，还拥有诸多历史古迹、风景名胜，少数民族村镇更是极具地域特色。

### （二）湘西州旅游业的发展历程

自进入 21 世纪以来，湘西地区的旅游业发展势头迅猛，2001—2015 年的 15 年间，湘西地区旅游人数逐年攀升，如今旅游业已经成为湘西地区的第三大龙头产业。湘西地区经济逐年增长且趋势明显，见表 2－1。

**表 2－1　湘西地区经济增长情况**

| 年份 | 旅游人数/万人次 | 旅游总收入/亿元 | 旅游对经济增长的贡献率/% |
|---|---|---|---|
| 2001 | 169 | 2.18 | 32.9 |
| 2002 | 253.11 | 2.7 | 35.5 |
| 2003 | 275.7 | 3.64 | 36.5 |
| 2004 | 431.2 | 6.2 | 35.6 |
| 2005 | 550 | 20 | 43 |
| 2006 | 655.8 | 24.6 | 42.6 |
| 2007 | 793.5 | 31.3 | 40.6 |
| 2008 | 852.6 | 38.44 | 40.4 |
| 2009 | 1 060.31 | 50.66 | 43.5 |
| 2010 | 1 255.56 | 63.48 | 63.3 |
| 2011 | 1 486.26 | 76.88 | 51.9 |
| 2012 | 1 884.68 | 105.45 | 60.7 |
| 2013 | 2 322.8 | 144.9 | 109.1 |
| 2014 | 2 810.7 | 174.5 | 60.7 |
| 2015 | 3 362.41 | 216.97 | 69.1 |

### (三)湘西州旅游业扶贫政策的经济效益

1. 旅游业的兴起极大程度上推动城镇化建设的发展与进步

自20世纪90年代起，湘西地区开始对当地旅游资源进行开发与利用，旅游产业在湘西地区兴起，使原本处于贫困状态的湘西地区逐步脱离贫困，朝着现代化城市发展。进入21世纪以来，城市化进程不断加速，为缩小城乡之间的差距，在“城乡一体化”政策的实施过程中，要极大地推动湘西地区的发展。湘西地区通过对本地区进行整体规划，做好地区整体布局，构建并完善城乡规划编制体系，根据本地区的实际情况对环境进行科学规划、合理布局、完善功能，控制好旅游景观的建设规模，确保旅游景观符合生态文明建设的要求与需要。将环境保护与经济发展结合，以村镇布局规划编制内容为中心，根据本地区的实际情况，积极开展历史文化名城、名镇、名村的申报工作，正确把握村镇发展的着力点与落脚点，对传统村镇进行保护，精心打造民族文化特色村镇。

2. 旅游业的兴起极大程度上推动交通运输业的发展

“要致富，先修路”，想要发展旅游业首先要将交通运输业发展起来，为旅游业提供运载条件。若发展旅游业的地区缺乏便利的交通，旅游业的兴起将无从谈起。早期，湘西地区地处山区，出行是该地区发展的一大问题，市与市之间、市与县之间、县与县之间的通行十分不方便，无法实现各地区的资源共享。随着旅游业的兴起，近年来湘西地区将交通运输业的发展作为该地区的重要发展方向之一，通过发展旅游业带动交通运输业的发展，不断对湘西地区的交通道路进行修整，打造了一条连接多地旅游景点的旅游线路。2019年，湘西花垣县建成湘西地区第一个机场，湘西地区正朝着现代化城市不断迈进。湘西州高铁站于2020年在吉首市竣工并投入使用，湘西地区在旅游业的推动下，不断完善交通设施，带动了该地区交通运输业的发展。

3. 旅游业的兴起极大程度上推动了科技文化产业的发展

旅游产业的兴起与发展对当地科技文化产业的影响不可小觑。旅游产业的兴起同当地浓重的文化底蕴密不可分，民族特色文化直接影响到旅游产业的发展内涵。土家族和苗族是湘西地区主要的少数民族，因而该地区的民族文化主要以土家族文化和苗族文化为主。由于湘西地区拥有独特的地貌特征，因此在发展旅游业时特别提出“信若山，怀若谷，气若桂，品若兰”的宣传理念，将其作为湘西地区特有的文化内涵，展现该地区独特的民族文化。湘西地区特有的饮食文化和服饰文化极具地域特色与民族风情，吸引了来自世界各地的游客。特有的酸鱼、凤凰姜糖、湘西腊肉等食品，还有别具一格的苗族服饰，都成为湘西地区的特色旅游产品。这些饮食文化与服饰文化都被贴上了湘西特色文化的标签，无论是技术创新还是产业创新，都为湘西地区旅游产业的发展带来源源不断的动力。与此同时，为提升旅游产业的质量，满足广大群众的需求，旅游业在发展过程中不断改革与创新，积极迎合时代发展的需要。

4. 旅游业的兴起极大地提高了居民收入水平

现如今，旅游产业已经成为湘西地区的主要经济来源，这是精准扶贫政策下取得的成效。湘西农村地区作为湘西地区贫困人口的主要聚集地，想要将民族村镇脱贫工作全面落实到位，需要从湘西农村地区着手。近年来，旅游业在湘西地区高速发展，农村居民收入逐年增长。受农村居民收入增长的影响，贫困标准线也逐年上调，尽管高出贫困标准线的贫困户数量不多，但总体仍呈现上涨趋势，且脱贫效果显著。湘西地区城市居民收支比例均高于国家贫困标准线，且每年保持着上涨趋势，见表 2－2。由此可见，湘西地区城市化发展取得了巨大成就，旅游业在湘西地区发展迅猛，有效地改善了湘西地区居民的生活水平。

**表 2－2　湘西地区居民人均可支配收入及人均住房面积情况**

| 年份 | 农村居民人均可支配收入/元 | 农村居民人均住房面积/平方米 | 城市居民人均可支配收入/元 | 城市居民人均住房面积/平方米 |
|---|---|---|---|---|
| 2001 | 1 276 | — | 5 305 | — |
| 2002 | 1 326 | — | 5 497 | — |
| 2003 | 1 401 | — | 5 238 | — |
| 2004 | 1 602 | 21.8 | 5 894 | 23.66 |
| 2005 | 1 766 | 22.9 | 6 529 | 24 |
| 2006 | 1 962 | 23.2 | 7 416 | 23.3 |
| 2007 | 2 255 | 23.5 | 8 819 | 32.7 |
| 2008 | 2 574 | 23.6 | 9 903 | 35.1 |
| 2009 | 2 858 | 23.7 | 10 947 | 35.9 |
| 2010 | 3 173 | 23.9 | 12 115 | 34.7 |
| 2011 | 3 674 | 29.3 | 13 592 | 34.9 |
| 2012 | 4 229 | 29.2 | 15 038 | 35.3 |
| 2013 | 5 260 | 32.3 | 16 466 | 38.6 |
| 2014 | 5 891 | 32.7 | 17 898 | 40.4 |
| 2015 | 6 648 | 33.2 | 19 267 | 41.3 |

## 三、民族地区旅游资源开发的扶贫差异

旅游产业的开发将湘西地区从原本偏僻、贫困、无人问津的地方变为一个极具神秘色彩的旅游胜地。相关数据显示,近年来湘西地区致力于人文资源、自然资源的开发工作,要将湘西全面打造成旅游型城市,从多角度、多层次对旅游资源进行开发,充分彰显旅游行业为湘西地区带来的经济效益与社会效益,使湘西地区彻底改变原本贫困落后的面貌,要全面落实民族村镇建设工作、提升精准扶贫力度、加快区域经济发展。

夯沙乡位于湖南省保靖县吕洞山脚、保靖县南部边陲,2015 年撤乡并镇,现已设为吕洞山镇。此处引用夯沙乡 2015 年撤乡前的数据。

### (一)湘西州保靖县夯沙乡旅游发展概况

湘西地区拥有众多旅游景点,仅夯沙乡就有一个属于 3A 级的风景名胜区——吕洞山风景名胜区。2011 年,夯沙乡一共由七个村组成,即夯沙村、梯子村、夯吉村、矮坡村、蜂塘村、张湾村和吕洞村。通过对夯沙乡的经济进行调查研究发现,该乡居民收入均低于国家贫困标准,享受国家连片特困地区的待遇,因此需要在夯沙乡实施国家扶贫开发政策,并将其列为重点扶持对象。从旅游资源视角来看,夯沙乡拥有丰富的自然资源和人文资源,例如吕洞村的山岳人文景观、指环瀑布等,可以在开发与建设中形成以"保靖黄金茶"种植为代表的休闲旅游。

2012 年,夯沙乡以"吕洞秘境、苗祖圣山"为主题开展特色旅游活动,相继接待数万名旅客。相关数据显示,2013 年吕洞山旅游景区核心区接待游客 22.68 万人次,旅游收入高达 4 876 万余元。到了 2014 年,吕洞山旅游景区核心区接待游客 41.76 万人次,旅游收入高达 8 921 万余元。通过对比 2013 年和 2014 年吕洞山旅游景区的数据信息发现,2014 年比 2013 年景区旅游总收入增长 83%,随后在 2015 年、2016 年、2017 年三年间吕洞山旅游景区接待游客数量均比上一年有所上涨,2017 年总收入比 2013 年高 10 倍以上。

### (二)夯沙乡旅游资源开发扶贫差异化分析

1. 区域旅游资源开发数量导致收入出现差异

在民族村镇精准扶贫的背景下,对夯沙乡实施旅游资源开发工作。在整个旅游资源开发过程中,由于夯沙乡不同村镇自然资源和文化资源存在差异,因此夯沙乡几个村的开发方式和程度均有所不同。从地理位置来看,开发的旅游资源均位于夯沙乡附近。相关数据显示,旅游景点主要集中在吕洞山、夯吉村附近,且旅游景点数量同该村月收入呈正比,村在的旅游资源开发越多,居民的收入越高,夯沙

乡几个村之间的贫困差异由此产生。通过对夯沙乡几个村的经济情况进行深入调查研究，能够发现交通主干线首先通过的村镇，其各项基础设施均十分完善，改建房屋数量较多。由此可见，受旅游资源分布状态的影响，精准扶贫效果有所不同，各地区经济发展存在差异。

2. 相关产业与旅游资源的距离导致收入出现差异

旅游资源开发的收入受多种因素影响，除各地区自身所具备的旅游资源这一内部环境因素外，外部环境因素对旅游产业的经济效益也会产生一定程度的影响。夯沙乡位于山岭之中，村寨在建设过程中呈现依山傍水的分布特点。在生态旅游资源开发进程中，农家乐是一种将自然特色与人文特色融为一体的旅游休闲项目，以民居作为旅游资源的基础，通过当地居民的衣食住行彰显地域风情。仅在夯沙乡的苗寨就有七家大型农家乐，通过对这七家大型农家乐的地理位置、收入状况进行比较分析，能够发现距离景区近的农家乐比距离景区远的农家乐收入高；从基础设施建设视角分析，坡底居民比坡间居民居住环境好。由此可见，相关产业同旅游资源间的距离直接影响到该产业的收入。

3. 从业者身份不同导致收入出现差异

从业人员是产业发展的原动力，夯沙乡旅游产业的参与者主要由三部分构成，即政府公职人员、政府公职人员的亲属以及其他普通村民。通过对夯沙乡不同从业人员进行调查分析，了解他们的收入水平。

(1)政府公职人员收入情况

研究人员通过对夯沙乡地区参与旅游资源开发建设的政府部门进行走访调查了解到，夯沙乡旅游资源项目开发与项目规划均需要严格遵循上级政府部门下发的决策开展工作，当地政府公职人员不仅是夯沙乡旅游资源开发建设的主要参与者和决策者，还是夯沙乡旅游资源开发建设的信息来源。政府官员作为国家党政机关的公职人员，其政策解读能力、专业知识水平相对较高，在整个资源建设与开发过程中能积极主动地参与其中，为开发旅游资源、发展旅游产业奉献力量。政府公职人员在旅游产业建设过程中能够获得充足的资金支持、人力支持以及物力支持，他们能够充分利用优势地位在较短的时间内得到发展，并在整个旅游业发展建设过程中获得可观的收入。

(2)政府公职人员的亲属收入情况

夯沙乡地区的政府公职人员不少出身于当地的农民家庭，受国家政策的影响，政府公职人员都会起到良好的带头作用，他们会带领自己的亲属积极主动地参与到旅游产业的开发、建设活动中，并将一系列优惠政策信息传递给亲属，积极鼓励亲属参与到旅游产业的建设活动中。政府公职人员的亲属对自己经营的旅游产业不断进行完善与整合，最终能够获得较高的收入。

(3)其他普通村民收入情况

其他普通村民主要是指当地的居民。与以上两类收入群体相比,此类群体的文化水平相对较低,对国家政策了解不足,无法正确把握旅游资源的发展方向,缺乏充足的资金扶持。他们参与到旅游产业建设中的机会相对较少,几乎不存在资源获取渠道,无法从旅游产业中获得良好的收益。

在整个民族村镇精准扶贫过程中,农民作为该政策的主要扶贫对象,发展旅游业是帮助他们摆脱贫困的重要途径。然而,从旅游业的从业情况来看,整个发展局面不容乐观,依然有不少农民处于贫困状态,想要实现民族村镇精准扶贫,就需要从就业入手,有针对性、有计划性、有目的性地开展扶贫工作。

## 四、结论与建议

### (一)正确把握民族地区扶贫工作的重要产业——旅游产业

在整个民族村镇精准扶贫工作中,想要将精准扶贫工作全面落到实处,首先需要明确民族地区扶持工作的重要产业。由我国国家发展改革委、财政部等九部门联合下发的《贫困地区发展特色产业促进精准脱贫指导意见》(简称《意见》)中针对民族村镇精准扶贫工作作出了重要指示。《意见》提出,想要提升贫困地区的发展能力需要从发展特色产业入手,为全面打赢脱贫攻坚战奠定坚实基础。对民族村镇实施精准扶贫工作时,需要以本地区实际发展情况为依托,切实做好民族地区的贫困帮扶工作,确保帮扶工作的针对性、目的性、可行性与发展性。深入挖掘贫困地区的自然资源和人文资源,在开发资源的同时做好资源保护工作,增加民族村镇的旅游特色,突出地域性、民族性,通过旅游业推动民族村镇其他产业的发展,促进民族村镇产业链的形成,提升区域扶贫效果,加快区域经济发展。

### (二)正确把握民族地区精准扶贫工作的重点——旅游产业的联动产业

在整个旅游产业发展中,旅游产业的发展与兴盛能够同时带动该地区多个产业链的发展,推动区域经济的发展与改革。前文通过对夯沙乡旅游资源的开发情况进行调查分析发现,旅游产业的发展能够有效调动旅游联动产业发展。受旅游产业的影响,与旅游产业相关的联动产业会随着旅游产业的变化而发生相应的变化。例如,农村是整个湘西地区贫困人口的主要聚集地,对其实施精准扶贫工作,构建多元化产业链条,能够推动整个湘西地区的发展。在湘西地区进行精准扶贫工作,加大对当地贫困地区旅游资源的开发力度,根据本地的实际情况加大人力资源、财力资源、物力资源的投入,并对贫困地区资源进行系统分析,根据自身发展特

点选择适合的特殊资源进行开发。加大对外来投资者、游客的吸引力，增加旅游产业的游客量，增加贫困地区人民的收入。贫困地区在开展旅游产业基础设施建设以及产业链建设过程中，均要有联动意识，实现各产业与旅游产业之间的衔接，深入挖掘本地区的自然资源与人文资源，突出旅游产业自身发展的特点。

### （三）处理好旅游区域间的经济差异——构建旅游资源共享

针对民族村镇旅游产业发展中存在的经济差异问题，需要各级政府部门高度重视，做好各个旅游区域的协调工作，正确把握旅游区域间存在的内部联系与外部关系，实现旅游区域的资源共享。要深化贫困帮扶政策，突出精准扶贫工作的实质与内涵。通过分析可知，扶贫效果受旅游资源地理位置等因素的影响。居民同旅游资源之间的空间位置直接影响到居民与游客之间的接触，呈现出坡地经济收入高于坡间经济收入，近景经济收入高于远景经济收入。由于旅游资源在实际发展建设过程中地理稳定性较为明显，旅游资源不会发生移动，因此在实际发展建设中可利用现代化手段实现各地区之间的资源共享。

### （四）科学选择精准扶贫的有效途径——鼓励贫困户参与政策产业开发

在旅游产业建设中，从业人员身份的不同导致经济收入存在差异，这就需要政府部门科学选择精准扶贫的实施途径，切实做好贫困帮扶的宣传工作。要定期对当地贫困户进行宣传教育以及技术指导，使他们能够正确掌握旅游产业的开发技能，积极主动地参与到旅游产业的开发建设工作中，做好相关产业同旅游产业之间的衔接工作。要想通过旅游产业的开发与建设将精准扶贫工作落实到位，则需要从制度、规章、政策等方面入手，政府部门和旅游企业做好引导与规划工作，要积极吸纳当地贫困人口，为其在旅游行业中安排就业岗位，或将旅游产业开发建设中所需要的原材料交与当地贫困户进行加工、采购等，使贫困户能够凭借个人能力为旅游产业开发建设添砖加瓦。要制定一系列优惠政策，从多方面做好资金扶持工作，并从税收政策上制定一系列减免性的优惠政策。在旅游产业建设过程中要定期开展考察评比，充分调动公职人员以及广大群众在旅游产业建设中的积极性与主动性，为精准扶贫的顺利开展提供有力保障。

## 第四节　民族地区旅游扶贫效应

在整个精准扶贫工作进程中,对民族地区实施贫困帮扶是我国当代社会发展的一项重点内容。根据民族地区的地域特色以及民族风貌,深入开发民族地区的自然资源和人文资源,是民族地区旅游扶贫工作的出发点和落脚点。为此,本节将以甘南藏族自治州(简称甘南州)扎尕那村为例,分析民族地区旅游扶贫效应。

### 一、民族地区旅游扶贫工作的基本概况——以甘南州扎尕那村为例

基于我国国民经济和社会发展的"十三五"规划(2016—2020年),明确了中国社会发展的目标和方向,政府部门工作的重点是要以市场为导向,构建中国经济社会发展的宏伟蓝图。"精准扶贫"政策的提出与落实,是从各民族地区的实际情况出发,根据市场发展的客观规律,大力发展旅游产业,深入开发各民族村镇的旅游资源,并通过旅游业带动民族村镇其他产业的发展。通过整理国内外与旅游扶贫工作相关的各类问题,将甘南州扎尕那村的居民作为旅游扶贫效应的调查研究对象,了解甘南州扎尕那村居民在旅游扶贫工作开展过程中的感受与真实意愿。同时通过汇总与分析各类数据,从中发现甘南州扎尕那村的居民对旅游扶贫带来的经济发展均拥有较强的感知与期待。如今,甘南州扎尕那村居民大多拥有强烈的参与旅游产业发展建设的意愿,但是在旅游产业开发建设过程中却缺乏相应的参与能力。在未来精准扶贫工作中应从甘南州扎尕那村居民的角度出发,做好当地旅游资源的开发和利用工作,争取在旅游产业发展建设中实现双赢。

在全面建成小康社会的关键时期,民族地区的发展是我国能否实现目标的关键。只有将民族村镇精准扶贫与区域发展工作全面落实,才能解决民族地区的贫困问题。民族地区拥有丰富的旅游资源,但是地区贫困现象却尤为突出。开发地区旅游资源,能为民族地区的经济建设带来无限动力。旅游扶贫工作是将发展旅游业作为扶贫手段,通过旅游产业的发展带动该地区其他产业的发展,使贫困地区能够在较短的时间内实现脱贫致富。

#### (一)国外旅游扶贫研究情况

国外研究学者在旅游扶贫问题上的研究表明,旅游扶贫是影响旅游经济发展的关键。在整个旅游经济学研究中,贫困并非最初的核心研究内容,旅游产业发展对社会经济发展的影响、作用、意义和价值才是整个旅游经济学研究的根本。旅游产业的发展对不同国家和地区的负面影响日益显著,如今旅游产业的可持续发展

问题成为经济发展的关键,这就需要从国家或地区的整体利益出发,对旅游产业的发展与变革进行深入研究。例如,1999 年英国国际发展部(DFID)针对旅游产业开发与贫困问题提出 PPT 这一战略理念,通过将旅游产业开发与贫困问题连接起来,使贫困地区居民能够通过发展旅游业获取相应的经济收入,使贫困地区能够在旅游发展进程中寻找到更多的发展机会。国际环境和发展研究所(IIED)、英国海外发展研究所(ODI)、格林威治大学责任性旅游研究中心(CRT)共同联合印度、南非、尼泊尔等六个国家,将发展中国家作为主要研究对象,对旅游资源与贫困状态相似的典型案例进行研究。2002 年,联合国世界旅游组织(UNWTO)提出 ST-EP 战略,将发展旅游业作为消除贫困的基本方法。注重旅游业可持续发展,将贫困人口的发展作为旅游扶贫的核心内容,将研究重点逐步转向旅游业的发展,注重旅游业发展的实际效益。

从研究宏观经济效益到研究多领域协调可持续发展是国外旅游扶贫研究的主要方向,从贫困地区转向贫困人口是其研究对象的转变。旅游扶贫效应的评估需要分别从宏观视角和微观视角出发,了解旅游扶贫对经济发展的影响,以及居民对旅游扶贫的感知能力。

### (二)国内旅游扶贫研究情况

纵观我国扶贫研究史,旅游扶贫研究开始于 20 世纪 80 年代,将距离中心城市相对较近的贫困地区作为旅游产业脱贫致富的主要研究重点。在'七五"规划中,将旅游业纳入了我国社会发展以及国民经济发展计划,第一批经济落后地区凭借丰富的旅游资源快速发展起来。1991 年,全国旅游局局长会议上首次提出"旅游扶贫"策略,实施西部大开发战略,旅游扶贫工作进入一个全新的发展阶段。国内研究学者从不同视角出发,对旅游扶贫问题进行研究,研究内容主要涉及以下五个方面:

其一,基础理论与意义研究。旅游研究学者通过对旅游扶贫政策以及相关实践进行研究,从中发现旅游扶贫是一种在较少投资的前提下,能够快速提升经济效益、提高区域知名度的办法和策略。但是,旅游扶贫开发过程中存在一定的漏损现象,对旅游扶贫成果存在一定的负面影响。

其二,旅游扶贫整理与路径研究。在整个旅游扶贫发展进程中政府部门具有主导作用,通过动员社会参与旅游开发,从综合利益视角出发,提升学术研究人员对旅游扶贫工作的认同感,使广大人民群众均能够积极主动地参与到旅游扶贫工作中。

其三,区域旅游扶贫研究。研究学者从具体的旅游扶贫实践活动出发,从中寻找旅游扶贫中存在的问题,总结旅游扶贫经验,根据实际情况提出相应的策略与办法,尽可能提升旅游扶贫效果。

其四,旅游扶贫效应研究。主要以旅游产业对特定区域内政治、经济、文化、生态等多领域宏观层面的影响研究为主。

其五,相关专题研究。针对信息化建设与旅游扶贫、文化产业与旅游扶贫、可持续发展与旅游扶贫等问题进行研究。

国内专家学者针对旅游扶贫的相关概念、问题进行研究时,在旅游扶贫的基本意义与内涵、发展路径与模式、政府所扮演的角色、社区参与发展等方面达成一定的共识。微观视角下的旅游扶贫效应是旅游扶贫研究的核心内容,而景区研究、村落旅游目的研究却并不多见。基于"精准扶贫"这个背景,微观视角下对旅游扶贫产业实践成果的研究更具说服力,"精准旅游扶贫"必将成为旅游扶贫研究领域的研究重点,为旅游扶贫效应提供更多的研究方向。

## 二、研究区概况

### (一)区域基本概况

甘南州作为我国重点扶贫开发区域,是政府指定的四川省藏族聚居区扶贫区域之一,是开展精准扶贫工作的主战场。本节将以甘南州扎尕那村为研究对象,对该区域内的旅游扶贫效应进行分析与探讨。扎尕那村有代巴、达日、业日、东哇4个村民小组,全村一共有210户人家,共计1 640人,村内有1座寺院,僧人数量为28人。该地区是半农半牧村,共有耕地面积1 095亩[①],共有草场面积125 555亩。2015年,通过对扎尕那村全体村民收入进行统计得知,当年人均收入为2 800元。

### (二)旅游发展现状

从地理位置来看,扎尕那村地处黄土高原、青藏高原、四川盆地三大地形交汇处,该地区旅游资源十分丰富,不仅拥有扎尕那冰川遗迹、扎尕那藏寨、藏式踏板房、农林牧复合生态系统,还拥有藏族民俗文化、洛克文化以及原始宗教信仰等人文资源。在扎尕那村的旅游业发展进程中,扎尕那冰川遗迹和扎尕那藏寨是该地区旅游业发展的重点之一。2012年,《中国国家地理》杂志对我国各省份进行调查研究,统计出"十大'非著名山峰'",甘南州扎尕那冰川遗迹位居第四。扎尕那村将其作为发展契机,凭借本地区丰富的自然资源、人文资源大力发展旅游业。

---

① 1亩=666.667平方米。

## 三、数据来源及研究方法

### （一）调查问卷设计

为确保整个调研活动获取信息的真实性、可靠性与时效性，研究人员进入扎尕那村开展为期30天的实地调研工作。将民族地区旅游扶贫效应作为研究目标，结合旅游业发展以及精准扶贫工作的实施情况，设计出了一套具有科学性、合理性、准确性的调查问卷，并运用抽样调查法和访谈法，在扎尕那村随机抽取1 000位当地居民，向其发放调查问卷并及时进行回收。问卷回收有效率为93.7%，确保了调查问卷的有效性和代表性。

通过收集国内外与旅游扶贫效应相关的文献资料，再结合扎尕那村旅游产业的实际开发情况，从个体研究出发了解当地居民对旅游产业开发的感知情况，以及居民在旅游产业发展进程中的实际受益情况。研究人员从微观视角对扎尕那村旅游扶贫效应感知问卷的调查内容进行了设计与整合，调查问卷主要涵盖以下三个方面的内容：其一，被调查者所具备的统计学特征；其二，被调查者对旅游扶贫效应的感知情况；其三，被调查者对旅游开发工作所持有的态度、限制因素以及参与意愿。每个问题设计的选项分别为“十分认可”“认可”“一般”“反对”“十分反对”五种，并从“十分认可”到“十分反对”的正向陈述项进行赋值，从“十分反对”到“十分认可”的逆向陈述项进行赋值。

### （二）数据处理与分析方法

研究人员将实地调查与数据收集作为研究的基础，利用统计软件对调查数据进行分析，再用定量统计法对数据进行描述性统计分析、因子分析、信度分析以及效率分析。

## 四、旅游扶贫效应感知结果与分析

### （一）被调查者所具备的统计学特征分析

整个调查活动中获取的样本涉及不同性别、不同年龄、不同受教育程度、不同年收入水平、不同职业共计937份，见表2－3。调查覆盖面越大，调查结果随机性越强，就越能有效提升调查结果的可靠性与准确性。

表 2-3　被调查者统计学特征分析

| 变量 | 变量类型 | 人数/人 | 比例/% |
|---|---|---|---|
| 性别 | 男 | 660 | 78 |
| | 女 | 186 | 22 |
| 年龄 | 18 岁以下 | 110 | 13 |
| | 19~35 岁 | 330 | 39 |
| | 36~53 岁 | 254 | 30 |
| | 54 岁以上 | 152 | 18 |
| 受教育情况 | 文盲或半文盲 | 144 | 17 |
| | 小学 | 195 | 23 |
| | 初中 | 338 | 40 |
| | 中专或高中 | 128 | 15.2 |
| | 大专及以上 | 41 | 4.8 |
| 职业 | 农牧民 | 538 | 63.6 |
| | 运输人员 | 51 | 6 |
| | 商品销售 | 46 | 5.4 |
| | 私营业主 | 106 | 12.6 |
| | 景区工作人员 | 29 | 3.4 |
| | 其他 | 76 | 9 |
| 年收入水平 | 3 000 元以下 | 794 | 93.8 |
| | 3 001~10 000 元 | 14 | 1.7 |
| | 10 001~20 000 元 | 6 | 0.7 |
| | 20 001 元以上 | 9 | 1.1 |
| | 未填 | 23 | 2.7 |

1. 性别特征

分析被调查者的基本信息,从被调查者的性别来看,女性占被调查者总人数的 22%,男性占 78%,被调查者中女性人数远远少于男性人数。出现这一现象的主要原因在于,扎尕那村女性的文化水平普遍较低,缺乏语言沟通能力,存在沟通障碍,导致问卷调查活动难以顺利展开。男性和女性同时在场的情况下,调查问卷均由男性代为填写,且该地区男性占主导地位。

2. 年龄特征

从被调查者的年龄来看，此次被调查者的年龄主要集中在 20 ~ 38 岁，占被调查者总人数的 60%。由此说明该村镇青壮年在外务工者相对较少，本村居民的收入来源主要依靠当地的经济发展。这一现象从侧面反映出，扎尕那村对外开放程度不足，存在严重的封闭现象，在整个经济发展进程中思想束缚相对较大。

3. 教育特征

从被调查者的受教育程度来看，初中及以下学历占被调查者总人数的 80%，初中以上学历占被调查总人数的 20%。该地区居民普遍对文化教育不够重视，受教育程度相对较低。

4. 行业特征

从被调查者从事的行业来看，专门从事旅游相关行业的村民约占被调查者总人数的 30%，从事农牧行业的村民约占被调查者总人数的 70%。该地区居民依然将农牧作为主要产业，对旅游产业的开发力度相对较低，整体发展水平不高。旅游资源有待开发，旅游产业发展建设中所能提供的职位数量十分有限。

5. 收入特征

被调查者收入水平普遍偏低，被调查者年收入低于 3 000 元，占被调查者总人数的 93.8%。这些被调查者主要从事农牧业，只有极少数从事旅游业的被调查者收入比较高。

通过将收集的资料以及调查结果同扎尕那村统计的官方数据进行对比分析，从中得知问卷调查统计结果符合当地的实际情况。

## （二）问卷量表分析

1. 因子分析

本次研究活动运用主成分因子分析法，对扎尕那村居民旅游扶贫的经济效应、生态效应、社会效应的感知能力进行深入分析，借助方差最大正交旋转法对效应感知因子荷载矩阵实施正交旋转，从而获取特征大于 1 的 2 个公因子。该因子累积方差风险率高达 79.333%，能够对绝大多数因子进行解释。当通过正交旋转所获取的公因子涵盖的荷载量大于 0.4 时，这些所获取的因子将共同组成旅游扶贫效应的基本指标。运用最大正交旋转法所获取的因子荷载矩阵显示，旅游扶贫效应的基本指标在经济效应、生态效应、社会效应这三种公因子上均呈现较高的负向荷载。通过观察公因子在变量上所呈现出来的共性，可将公因子分别命名为经济效应、生态效应和社会效应，并利用公因子模型对扎尕那村旅游扶贫效应感知情况进行研究与探析。

2. 信度分析

为确保研究结果的可信度,需要控制好问卷调查的数量以及问卷调查的方式,明确问卷调查的时间、目的,并采用科学、合理的统计方法对问卷调查结果进行统计、分析与总结。问卷量表的信度能够提高测量数据和测量结果的可靠性程度,本次研究活动通过运用内部一致性信度,对扎尕那村旅游扶贫效应感知调查可靠性程度进行分析,借助统计学软件将问卷调查中所涉及的问题分成四个维度,并对数值进行系统的整理与分析。通过统计学分析,可将每个维度信度系数大于 0.7 的称为信度良好,即拥有较高程度的可靠性,见表 2 -4。

**表 2 -4　信度分析**

| | 一维度 | 二维度 | 三维度 | 四维度 |
|---|---|---|---|---|
| 信度系数 | 0.814 | 0.951 | 0.859 | 0.955 |

3. 效度分析

在制定问卷调查表时,特借鉴了国内外旅游扶贫相关研究理论,历经多次修整,并用抽样适合性检验(KMO 检验)对其进行效度分析,见表 2 -5。

**表 2 -5　效度分析**

| 抽样适合性检验(KMO 检验) | | 0.900 |
|---|---|---|
| 球状检验(Bartlett's) | 大约 | — |
| | 卡方 | 26 874.279 |
| | df | 210 |
| | 显著性 | 0.000 |

4. 居民综合感知分析

(1)经济效应感知分析

以数据测度为基础对扎尕那村旅游扶贫效应在经济效应方面的感知情况进行转换,正向转换成“旅游业的发展加快当地经济发展”“旅游业的发展提高当地经济发展水平”“旅游业的发展促进当地相关产业发展”“旅游业的发展加快区域之间经济贸易的往来”“旅游业的发展扩大当地女性居民就业空间”均呈现认可态度;负向转换成“旅游业的发展导致土地、房产价格上调”呈现认可态度。将问卷调查结果与访谈调查结果结合,对扎尕那村旅游扶贫效应进行综合分析得知,无论扎尕那村居民通过直接方式还是间接方式参与到旅游业开发和建设活动中,当地居民对经济效应均呈现正向感知态度,且这种正向感知态度尤为强烈。这一现象能够直观地说明,旅游产业的发展能够有效带动当地市场经济的发展,经济发展成效显著。在旅游产业带动当地经济发展的同时,扎尕那村的土地价格、房产价格均呈现上涨趋势,这些现象均属于旅游产业发展对当地经济产生的影响。

(2)生态效应感知分析

以数据测度为基础对扎尕那村旅游扶贫效应在生态效应方面的感知情况进行转换,当正向转换成"旅游业的发展改善当地居民生活环境""旅游业的发展提高当地人民群众环保意识"等均呈现认可态度;负向转换成"旅游业的发展加剧环境污染""旅游业的发展产生噪声污染"等均呈现认可态度,且当地居民对生态效应的负向感知尤为明显。将问卷调查结果与访谈调查结果结合,对扎尕那村旅游扶贫效应进行综合分析得知,受当地宗教信仰、传统农牧业的影响,扎尕那村在长期的生活与发展中形成了一种独有的与自然共存的生活方式,居民对自然环境十分重视,他们对旅游业发展造成的环境污染现象十分敏感。同时旅游产业发展的带动力十分有限,只有当地少数居民从中获益,大多数居民被迫承受旅游业发展所带来的噪声污染、空气污染、水污染等。用社会交换理论来解释,对收益和代价进行衡量与评估,当收益小于代价,两者处于不平衡状态时,负向感知高于正向感知成为必然结果。

(3)社会效应感知分析

以数据测度为基础对扎尕那村旅游扶贫效应在社会效应方面的感知情况进行转换,当正向转换成"旅游业发展加快本地区与外界的联系""旅游业发展提升本地区的知名度""旅游业发展提高当地居民综合素质""旅游业发展扩大当地居民眼界"等均呈现认可态度;若负向转换成"旅游业发展导致邻里关系、亲戚关系变得疏远""旅游业发展给当地居民日常生活带来困扰"等均呈现认可态度。绝大多数居民表示,旅游业的发展的确对当地经济起到良好的推动作用,然而游客的到来打破了当地原有的生活与生产方式,给当地居民的生活带来了严重的影响,使当地居民之间、当地居民与外来游客之间的关系在潜移默化中发生了极其微妙的变化,扎尕那村居民对旅游扶贫的社会效应产生的正向感知明显高于负向感知。

5. 居民参与旅游意愿及限制因素分析(表2-6)

**表2-6　扎尕那村居民参与旅游限制因素调查表**

| 限制因素 | 比例/% |
| --- | --- |
| 缺乏资金支持 | 67.8 |
| 缺少技能培训 | 44.3 |

表 2-6(续)

| 限制因素 | 比例/% |
| --- | --- |
| 对旅游不了解 | 27.6 |
| 没有充足时间 | 26.9 |
| 语言障碍 | 11.4 |
| 其他 | 8.6 |

当地居民在旅游产业开发建设中是否愿意参与其中,以及当地居民在旅游产业开发建设中的参与方式,均对旅游扶贫效应能否走可持续发展之路有直接影响。从当地居民参与旅游产业开发建设的方式来看,餐饮、销售、导游是主要参与行业,这三种行业也是投入成本最低且拥有较高收入的行业。通过对问卷调查的结果进行分析,被调查的扎尕那村居民中有85%在旅游产业开发与建设中能够积极主动地参与其中。居民对旅游扶贫效应的感知情况,直接影响了居民对旅游产业开发与建设的态度以及参与意识。

尽管扎尕那村居民在旅游产业开发与建设中拥有较高的参与意愿,能够积极主动地参与其中,但是在旅游产业开发建设中获得良好经济效益的居民少之又少。缺乏对旅游产业开发建设人员的技术培训、旅游产业开发建设人员对旅游产业了解不足、没有充足资金为旅游产业开发建设提供有力支持、旅游产业参与者缺乏充足的时间等因素,均是导致扎尕那村居民无法顺利参与到旅游产业开发建设中的原因。

## 五、结论与建议

总而言之,扎尕那村居民在旅游产业开发建设中,对旅游扶贫的经济效应和社会效应拥有较强的正向感知,对旅游扶贫的生态效应拥有较强的负向感知。通常情况下,在旅游产业发展建设初期,当地居民对经济增长与生活环境的改变最为关注,对生态环境的变化呈现模糊态度。扎尕那村居民长期居住在原生态的自然环境中,崇尚自然的思想植根在每一位扎尕那村居民的心中。旅游产业开发建设使当地经济发展明显增速,但是对生态环境的影响也日益显著。面对旅游产业发展破坏了当地生态环境这一现象,扎尕那村对生态效应的负面影响感知尤为明显,虽然扎尕那村居民明确认可旅游业的发展带动了经济发展、社会发展,并且每一位居民都愿意参与到旅游产业的发展建设中。针对现阶段扎尕那村居民参与旅游产业方式单一、缺乏充足的建设资金等问题,需要从以下三个方面着手解决。

### (一)全面落实基础设施建设工作,深入挖掘区域文化内涵

基础设施建设是促进区域发展的基础,是开展民族村镇精准扶贫工作的基本保障,是确保旅游产业开发与发展的基本条件。为确保扎尕那村旅游产业开发建设能够顺利展开,需要从当地基础设施建设入手,正确把握旅游产业发展建设的出发点与落脚点。根据当地区域社会发展情况不断加大资金投入力度,为当地基础设施的安装与维护工作提供充足的资金支持,在社会经济的发展中不断对基础设施进行优化与整合。旅游文化是旅游产业开发建设的软实力,要将良好的生态环境作为发展载体,在整个发展过程中彰显原生态的地域特色与人文精神,增强广大人民群众环保意识,全面做好生态环境保护的宣传工作。

### (二)全面打造特色旅游产业,实现资源开发与资源保护相结合

在可持续发展的背景下,开展旅游资源开发与建设工作需要做好旅游资源规划和利用,确保资源开发与资源保护能够协调统一。在保证自然生态和民族文化原生态的前提下,尽可能满足旅游者在旅游过程中的各项感官体验,要凭借优良的生态环境、独特的民族文化吸引广大游客的目光,让旅游资源可持续发展。

### (三)坚持政府主导机制,不断推动社区参与共享收益

政府部门在旅游扶贫工作中具有不可或缺的作用,直接影响着旅游扶贫工作能否顺利开展。在旅游产业开发建设过程中,政府要充分做好宣传、指导工作,鼓励当地居民积极主动地参与到旅游开发建设中,广泛吸收社会资本,根据当地的实际情况做好差异化扶贫与引导工作,构建合理的利益分配机制与旅游精准扶贫机制。当地居民是旅游行业发展的核心力量,在整个旅游建设发展过程中,政府需要赋予当地居民足够的决策权、话语权以及参与权,不断对民主决策机制进行完善与整合。通过多种渠道、多种手段,充分调动当地居民参与旅游产业发展建设的积极性与主动性。与此同时,政府部门还应及时将国内外先进的旅游扶贫理念引进来,以本地区的实际发展情况为基础,将先进的扶贫理念与本地区的实际情况科学地结合,使旅游扶贫更具有发展性与时代性,使当地居民能够从旅游行业发展建设中获得丰厚的收益。

## 第五节　旅游扶贫模式转变

### 一、以四川省民族村镇旅游扶贫为例

在“十三五”期间，我国针对四川等地的实际发展情况实施了通过旅游带动脱贫的措施。近年来，在四川等地的经济发展中，大量民族村镇通过旅游产业的发展实现了脱贫。但是也出现了一些问题，这些问题都是由旅游扶贫在发展中的阶段性变化所致。因此，在旅游扶贫工作的实施中，实际工作模式需要与时代的发展相适应。下面通过发展目标、政府角色，以及盈利模式与人才机制等多方面对旅游的扶贫模式转化进行深入研究，以期促进四川省民族村镇经济效益的提高及可持续发展。

从近年来的研究可知，在区域经济的发展中，旅游产业的发展对贫困差异的消除效果十分明显。我国民族村镇的旅游产业从 20 世纪 80 年代发展至今，在民族地区的经济发展中，受到旅游产业的影响，区域内人民的生活水平得到了有效的改善，且对经济的发展产生了积极的作用，在社会上获得了广泛的认同。在四川省民族村镇的发展中，旅游扶贫是促进相关地区经济增长与贫困消除的关键措施。2011—2014 年的四年间，国家民族事务委员会为促进四川省民族村镇的发展，投入旅游建设资金 5 780 万元，主要帮助民族村镇在旅游产业发展中得到较好的建设。至今，四川省所开展的旅游项目已达 73 个，在旅游产业发展中得到有效管理与发展的人口近 10 万人，其中世居民族 7 个，涵盖四川省内 11 个州市，四川省的旅游扶贫无论是经济利益还是社会效益都取得了较好的成绩。

就四川省当地旅游品牌的打造与推广而言，当前人们较为熟知的旅游品牌包括桃坪羌寨、甘堡藏寨等，其中桃坪羌寨是国家 4A 级旅游景区，享有“国家级重点文物保护单位”“中国景观村落”“四川十大最美村落”等多重身份，并被列入“世界文化遗产申报预备名录”。

在四川省旅游品牌的建设中，由于民族村镇发展存在相同的特点，即实际的生产力水平较低，经济发展水平滞后且经济结构单一，文化水平、素质不达标，导致自然生态环境和社会人文环境具有十分明显的不稳定性与脆弱性。因此，需要通过旅游品牌的建立与发展改变原有的发展模式，这也导致了多种问题的产生，例如经济效益问题、利益分配问题、文化保护问题等。

#### （一）经济效益问题

四川省民族村镇为促进自身的经济发展实施的旅游产业措施，是以旅游业的

实际发展情况作为基础的,并对当地居民实施帮扶措施以达到脱贫致富的发展目标。基于此,以四川省理县桃坪羌寨旅游产业发展为例,该地区发展旅游产业提高经济效益的主要措施是销售景区门票,除此之外,游客在该区域内的实际消费较低,导致村寨的整体经济收入无法得到有效提高。在当前民族村镇旅游产业的建设中,旅游产品同质化情况较为严重,旅游项目整体结构较为单一,实际独特的旅游资源开发较少,且各地区间存在着恶性竞争的情况,导致大量资源的浪费。因此,如何将民族村镇旅游品牌做大,是现阶段发展中最为关键的问题。只通过降低消费从而提高竞争力的旅游销售手段、旅游产品的竞争以及粗放型的旅游发展模式,都难以确保旅游扶贫发展目标的有效实现。经济效益的提高需要通过更为优质且具有特色的旅游产品推动旅游品牌的建立,以此带动其他相关产业的共同发展。

### (二)利益分配问题

旅游扶贫工作的核心是扶贫工作的落实,政府将大量的扶贫资金投入旅游产业,其最终的目的是通过旅游产业带动民族地区的发展,使贫困人口逐渐减少,摆脱贫困。但是在实践过程中出现了旅游扶贫的工作目标被置换等现象,且该现象的产生与存在十分普遍。在实际的旅游开发扶贫工作中,大部分民族村镇在旅游产业开发过程中并没有如预期设想一样走上富裕的道路,这是因为对旅游开发的过程没有做到有效的控制,因此没有享受到实际的旅游开发成果。

此种情况出现的原因,一方面是旅游的控制权问题。在民族村镇的旅游产业开发中,所有工作的展开都是由政府主导,在实施过程中引入旅游开发公司,共同对旅游扶贫区域进行规划、开发和管理。但事实上,村镇居民的文化水平普遍较低、思想观念较为保守、意识认知不足,导致对旅游开发缺少想法,并且在旅游开发过程中极少会主动参与相关决策,大多情况下只是被动地接受政府与开发公司的最终决策。与此同时,地方发展的落后导致当地政府缺乏足够的资金支持,且在开发过程中缺失对信息的获取渠道,没有及时更新建设理念,再加上管理经验不足等问题直接导致在旅游开发过程中实际控权人成为外地的旅游开发公司。旅游开发公司在开发过程中凭借资金优势、信息优势、人才优势、管理优势等对民族村镇旅游开发加以控制,通过实际管理获得巨额利润,最终造成村民的实际利益受损。

另一方面则是在开发工作中涉及的收益权问题。在旅游开发工作中,为了实现扶贫目标而导致利益分配不均是常常会出现的问题,其出现的主要原因是:其一,政府、旅游公司与当地村民三方,对于旅游产业的实际利益分配存在不同意见。以四川省理县桃坪羌寨旅游发展为例,在建设完成之后,景区的门票费用由旅游公司收取,同时保证定期给村民分红。但在实际的运营过程中,由于公司没有将门票收入公开透明化,导致村民实际得到的分红与旅游公司所承诺的金额存在较大的差距。其二,村民之间利益分配不均,区域间的旅游资源分布存在一定的差异。例如,在甘堡藏寨的建设中,实际从事旅游业的村民人数不足村民总人数的20%,并且仍然有大量不具备从事旅游产业经营条件的村民,导致一些没有从旅游业的发展中获得实际利益的村民生活仍旧处于贫困状态,但他们在生活中却要同时承受旅游发展带来的一系列变化,例如物价上涨、环境污染等不良影响。以上情况导致了村镇贫富分化现象逐渐加剧,进而致使一些贫困村民因为受到经济发展的影响而被边缘化,最终导致村镇内部发生矛盾甚至群体冲突。

### (三)文化保护问题

在实施旅游扶贫政策时,四川省相关部门曾提出,旅游扶贫是通过发展旅游产业提高居民收入从而使居民脱贫致富。在扶贫工作中,主要涵盖的范围是四川省内的自治区,少数民族聚居区成为重点保护对象。在针对重点扶持地区所开展的旅游产业建设中,少数民族的人口比例需要高于30%、总户数多于50户、特色民居覆盖率高于50%的村镇。同时,扶贫工作中的重点发展村镇需要具备较为突出的民族特色、较高的文化价值以及一定的扶贫工作基础,还需要政府与村民的高度配合。由此可见,在旅游扶贫工作的实施中,其主要的扶贫对象是具有鲜明民族文化特色的民族村镇。但是经过旅游开发的民族村镇,无论是民族文化还是风俗都会受到一定的影响,发生一系列的变化。

从外部文化冲击所产生的变化而言,传统且具有民族特色的旅游区迎来的游客一般都来自较发达地区,无论是生活方式还是思想观念都比较前卫,穿衣打扮较为时尚。大量电子产品的使用让传统村镇受到巨大影响,传统文化对如此强势的通俗文化冲击丝毫没有反抗之力,导致村镇中的传统文化逐渐失传,且部分传统习俗与传统技艺后继无人,文化遗产很可能会逐渐消失。大多数游客是将特色民族村镇当作猎奇的对象,而旅游公司为了加大景区对游客的吸引力,在景区建设中设立特殊的游览项目。例如,在泸沽湖的旅游产业发展中,为促进景区经济的发展,对当地的走婚风俗加以夸大,甚至将一些民俗文化进行歪曲与夸大,制造更多的旅游噱头吸引游客的注意,这种行为对传统民族文化造成了极大的破坏。

从村镇内部文化冲击所产生的变化而言,大量游客的进入对传统而朴实的邻里关系产生了一定的影响。受市场经济的影响,邻居成了竞争对手,导致人情淡薄。除此之外,部分村民为了吸引游客,肆意对当地的民族风俗加以破坏,导致民族礼仪文化消失,相邻村寨关系恶化等。

## 二、四川省民族村镇旅游扶贫模式的探索

### （一）发展目标转变

我国最初在发展市场经济时通过先富带动后富从而达到共同富裕，但是当市场经济的发展进入成熟阶段后，国家为了保持经济的平稳发展，会选择走能够让社会文化以及自然生态和谐共处的可持续发展道路。在此过程中，不同的发展阶段会对发展的目标产生不同的影响。

在旅游扶贫工作实施的初期，中央人民政府、地方政府以及民族村镇的首要目标与发展任务是通过旅游业的发展使贫困人口脱离贫困。在此阶段，为了确保当地旅游业的建设速度，需要加大投入力度，包括对基础设施建设的强化，通过旅游品牌的宣传推广加大民族村镇旅游品牌的影响力，增加民族村镇的知名度。当然，在此发展阶段是无法让所有的居民实现共同富裕的，只有部分居民能够享受资源并先富起来，之后才能带动其他居民实现共同富裕。

当旅游扶贫工作达到成熟时期，村镇旅游品牌已经具备了一定的知名度，整体游客数量相对稳定，此时的扶贫工作发展目标就应该转变为资源的可持续发展。旅游业在发展过程中会对一部分村民产生影响并改变其生活状态，但无法在短时间内将所有村民的生活状态加以改善。与此同时，旅游产业的发展会对文化与环境产生一定的影响，让整体经济的发展依赖于旅游业，借此追求经济效益的长期性，无法确保可持续发展。因此，当旅游发展处于成熟时期时，需要改变发展目标，根据当地旅游业的发展情况与特色的养殖业、手工业与饮食业等相结合，实现共同发展，以此建立绿色生态的可持续发展之路。

### （二）政府角色转变

在四川省实施旅游扶贫工作时，所涉及的区域都是地处偏远的村镇，无论是区域条件、基础设施，还是信息获取、文化制度与人力资源等都受到了不同程度的限制。在实际发展中，民族村镇旅游产业与品牌建设主要依赖于政府管理职能的发挥，因此发展中的民族村镇旅游产业存在一个普遍的问题，即当地居民无法有效地参与旅游发展，并对扶贫效果产生影响。因此，政府在进行旅游扶贫工作时需要根据发展情况适当调整自身的角色定位，根据当地旅游产业与旅游品牌的发展和推广重新定位、拓展思路，做到与时俱进。

旅游扶贫工作初期，需要通过大量基础设施建设带动旅游宣传的力度，在此过程中需要投入大量的人力、物力与资金，缺少资金与人力的支持则无法保证民族村镇旅游产业的建立。因此，在此阶段发展中政府的角色定位应该是旅游开发工作

的主导人，同时在开发过程中需要对民族文化加以保护，对旅游业发展的决策要与村民共同探讨，带动村民积极主动地加入旅游产业开发工作。

当旅游扶贫工作发展至成熟时期，则旅游业发展的规模已基本成形，本地居民已经获得了一定的实践经验，无论是思维方式、管理能力还是生产生活方式都得到了一定的提升，在此阶段当地政府应该将对旅游产业的管理与主导权逐渐下放，让当地的居民成为旅游产业的主导，政府提供辅助决策。村镇是民族文化传承的载体，村民作为民族文化的传承者，在旅游扶贫与旅游开发工作中需要保持初心，不能发生本末倒置的情况，对旅游产业开发重视过度会使得民族村镇成为旅游公司的"摇钱树"，最终忽略旅游扶贫工作的初衷。为确保民族村镇的贫困问题得到彻底解决，需要针对当地的实际情况提高居民的素质，以村民的实际需求与意愿作为出发点，在旅游产业的实际发展中调动他们的积极性，使他们自觉参与到相关产业的发展中。此阶段需要政府坚持"让利于民"的原则，否则长期依靠外部力量的支撑，难以有效促进民族村镇脱贫工作的有效进行以及经济的可持续发展。

### （三）盈利模式转变

在当前四川省的旅游业发展中，民族村镇出现了旅游产品同质化现象，且品种较为单调缺乏特色，产生的经济效益较低，无法对所有村民产生经济效益。以四川省理县的桃坪羌寨为例，该地区的主要经济来源在于门票的收入，且该收入主要由旅游公司直接掌控。除此以外，游客在村寨中的停留时间较短，平均消费较少，难以直接提升经济效益。由此可见，在民族村寨的旅游产业发展中，当盈利方式单一化且收入存在不合理的分配方式时，则当地居民并非旅游开发的直接受益人。在当前通过旅游产业发展实现扶贫的过程中，由于旅游扶贫的发展阶段不同，需要适当改变其盈利模式以达到预期的扶贫效果。

当旅游扶贫在发展的初期阶段时，扶贫工作的展开主要依赖于旅游项目的开发。在此阶段，盈利模式主要是凭借鲜明的民族文化特色将旅游品牌推广出去，根据民族文化特色制定优质的旅游线路，提高景区的知名度与影响力。四川省具有十分丰富的旅游资源，且多数民族村镇都处于风景优美的川西地区，以藏族、彝族、羌族为代表的各村寨具有不同的人文特色，自然资源十分丰富。因此，在旅游扶贫工作开发初期，要将人文风情与自然风光相结合，建立民族特色旅游品牌。例如，四川省凉山州日嘎村与邛海两个特色旅游资源相结合，同类型的资源结合还有桃坪羌寨与毕棚沟建立了一体化的旅游线路，促进旅游产业的快速发展。在这一阶段的发展中需要防止传统民族文化商业化与媚俗化过重，从而影响传统文化的传承。为确保民族特色旅游能够更好地发展，需要明确民族村镇旅游产品的定位，在挖掘其经济价值的过程中保存文化价值，这些有助于宣传民族文化精神，开发更优

质的旅游产品。

当旅游扶贫发展至成熟阶段，则民族村镇会受到旅游业的影响产生一定的品牌效应。在这一发展阶段，政府的职能定位正在逐渐发生转变，因此需要本地居民在旅游发展中努力与旅游产业相融合，要坚持“旅游带动一小片，产业拉动一大片”的发展原则，通过旅游业的发展带动其他相关产业的发展。以四川羌族村寨的旅游产业发展为例，羌族四绝分别是羌笛、羌碉（羌族碉楼）、羌银、羌绣。在旅游开发过程中应该对羌笛与羌碉进行大力宣传，通过羌族歌舞表演对游客产生一定的文化冲击，让游客在鲜明的民族特色建筑中感受到羌族的独特魅力。同时，羌族银饰、精致的羌族刺绣都是展示羌族文化的主要代表产品。可以通过举办民族文化节，借助网络的力量加大对旅游产品的宣传，推广精品手工产品。旅游扶贫工作发展至成熟阶段后，需要通过更多的方式增加利润，单纯的旅游业发展无法确保旅游产业的持久性，要通过盈利模式的变化带动更多产业的发展。通过“一带二、二带多”的模式让扶贫工作效果发挥最大化，这样利益分配不均等问题便能得到有效解决，从而缩小村民之间的贫富差距。

### （四）人才机制转变

在旅游扶贫的发展初期，由于当地多数的村民长期从事传统农业产业，对于现代化的旅游产业并不了解，因此当地的旅游人才较为稀缺，且大多数民族村镇在旅游产业发展初期并没有相应的旅游配套产品。景区缺少导游词，通常由当地的老人为游客带路并兼职导游，但村民长期生活在封闭的环境中，思想观念守旧、经济意识不足、语言不通，从而使得旅游发展受限，无法将本地的历史文化充分进行解说，因此需要政府与旅游公司为其提供更加专业的旅游人才，提供先进的发展观念与致富方式。与此同时，本地旅游人才队伍的建设是极为重要的，这是确保当地旅游产业更好发展的重要环节。四川省民族村镇开展的旅游人才培养工作，主要借鉴贵州黔东南的经验，将民族文化与学校教学计划相结合，从小培养孩子的文化意识，同时在大学增设相关的民族旅游专业，加强对高级知识人才的培养。政府还应加大对当地民族文化的宣传力度，为从事民族文化相关工作的人员提供一定的经济补贴等。

当旅游扶贫发展至成熟阶段后，政府应该改变管理方式，要让利于民，将民族村镇的管理权交给当地居民，通过促进当地居民素质水平及自我发展能力的提升，让其对民族村镇未来的发展做出决定。由此，经过一段时间的人才培养，已经形成了十分完善的人才输出机制，以高级知识人才作为核心，带动群众参加旅游产业开发，提升村民自我组织与自我培养的能力，进而促进旅游村镇的良性发展。

# 第六节　基于数据网络分析的旅游扶贫效率时空差异评价

## 一、旅游扶贫效率时空差异评价——以罗霄山区为例

基于民族村镇精准扶贫与区域发展的背景，本节将以旅游扶贫相关文献及研究成果为基础，以位于湖南省和江西省交界处的罗霄山区视为研究对象，运用数据包络分析（DEA）方法，根据实际情况构建专属于旅游产业的投入产出指标体系，针对2010—2017年区域旅游扶贫效果进行时空差异分析。

通过分析罗霄山区2010—2017年区域旅游扶贫工作中产生的各项信息得知，罗霄山区在区域旅游扶贫工作中所产生的技术效率平均值为0.644，全要素生产率（TFP）变化的平均值为1.005。通过对旅游扶贫效率进行分解，可将其分为纯技术效率与规模效率两种模式。根据旅游扶贫效率计算活动中所产生的各项数值绘制散点图，同时借助散点图对旅游扶贫工作的纯技术效率与规模效率进行分析、强化纯技术效率和规模效率对旅游扶贫工作的影响。

随着社会经济的不断发展，尤其是在世界经济全球化的背景下，旅游产业成为社会发展的三大产业之一，直接影响世界各国的经济发展，旅游业发展与旅游脱贫成为世界经济发展进程中一个极具研究价值的世界性命题。自20世纪80年代开始，旅游业成为能够摆脱贫困的一项新兴产业，在世界发展进程中备受关注。尤其是在我国实施改革开放的背景下，开发区域经济、大力发展旅游业，成为推动我国社会经济，摆脱区域贫困的重要举措之一。旅游扶贫是将旅游产业作为扶贫工作的出发点与落脚点，针对贫困地区或部分经济条件较差地区，将当地贫困人口作为主要发展对象，通过利用当地自然资源和人文资源，深入挖掘本地区特色，大力发展旅游业，通过旅游产业带动当地其他产业的发展，形成一个全新的产业链条，促进当地政治、经济、文化、科技、环境、卫生等的发展与进步。旅游扶贫工作的实质就是凭借旅游经济产生的正效应，带动区域经济的整体发展，使贫困人口能够摆脱原有困境，达到致富的目的。

进入21世纪以来，我国旅游产业高速发展，在民族村镇精准扶贫政策的带动下，我国旅游扶贫工作提升到了新的高度。很多专家学者积极投身到旅游扶贫的研究领域中，通过分析旅游扶贫政策的基本意义，明确政府部门在旅游扶贫工作中的基本职能、社区在旅游扶贫中的核心地位以及乡村在旅游扶贫工作中的基础地位。凭借定性研究，分析旅游扶贫的基本内涵，为旅游扶贫工作的开展奠定理论

基础。

对旅游扶贫工作进行定性研究，主要研究旅游扶贫工作的基本内涵、存在的问题以及战略模式等。而在整个定量研究过程中，则需要将特定地区的旅游扶贫效应作为研究的主要依托，明确旅游扶贫对区域经济整体发展的作用，研究旅游扶贫对区域经济、文化、环境、社会的影响，并对贫困地区的贫困人口在旅游扶贫中所获得的效益进行评估。运用计量方法对旅游产业同经济发展之间的关系实施面板研究，利用 Arc GIS 软件对旅游产业与经济发展之前的关系进行空间格局描绘。

综上所述，运用数据包络分析（DEA）方法对罗霄山旅游景区实施定量分析与定性分析，从而对旅游扶贫的综合效益进行整体性评价，并在此基础上对旅游扶贫效率演变历程进行绘制。借助 Ars GIS 软件对空间格局上所存在的分异现象进行分析，明确旅游业的开发与发展对贫困人口在未来发展中所面临的影响，从根本上解析旅游扶贫进程中存在的实质性问题，在不断探索与发现中寻求符合中国社会现实的区域旅游扶贫发展规律。

## 二、罗霄山区旅游扶贫工作的研究概况

罗霄山集中连片特殊贫困区横跨江西与湖南两个省份，是著名的革命老区，在中国历史发展进程中具有无可替代的作用与价值。罗霄山集中连片特殊贫困区中所涉及的大多数村镇均位于井冈山革命根据地以及中央苏区的范围之内，是国家扶贫建设与发展的主要阵地之一。相关数据显示，2010 年罗霄山区农民人均纯收入为全国人均收入的 53.6%，区域内符合国家扶贫标准的农村人口共计 97.1 万余人。该地区经济发展状况受诸多因素的影响，例如地理因素、历史因素等，人均生产总值是全国平均生产总值的 35.7%。由此可见，对罗霄山区加大扶持力度迫在眉睫，需要从改善各项民生工作入手，通过发扬革命精神，深入挖掘人文资源，使罗霄山区能够摆脱贫困现状，走向致富的道路。工作人员通过对罗霄山区内的革命遗址进行调查，探访到多个革命圣地，其中有作为中国革命摇篮的井冈山革命根据地、中华苏维埃共和国诞生地瑞金等，这些革命圣地拥有丰富的红色文化旅游资源，民族精神和革命精神影响深远。同时，罗霄山区还有丰富的历史文化遗产，例如炎帝陵等历史古迹，拥有巨大的历史文化价值，见证了中华民族源远流长的文化与历史。

## 三、研究方法与数据来源

### （一）研究方法

1. 构建数据包络分析(DEA)模型

对罗霄山区的经济发展情况进行研究分析时，需要选用正确的研究方法，构建与之相匹配的研究模型，确保研究过程的科学性与严谨性，使研究结果具有理论意义与实践价值。在整个学术研究过程中，常用的效率测度方法有两种形式，即随机前沿分析(SFA)与数据包络分析(DEA)。其中数据包络分析(DEA)是一种能够对若干个同类数据实现多项输入与输出的分析方法，对效率与效益方面进行分析具有良好的实践效果与应用效果，尤其是在多项信息输入环节具有极高的应用优势。

在区域经济发展进程中，通过发展旅游产业，能够有效促进区域经济的发展，在区域经济发展中具有较高的应用价值与发展价值。为此，本次对罗霄山区经济发展情况进行分析时，特选用数据包络分析(DEA)方法，将旅游产业作为数据包络分析(DEA)中的输入要素，将经济效益作为数据包络分析(DEA)中的输出要素，将待研究对象视为数据包络分析(DEA)中的基本变量，以此构建与旅游产业经济发展相一致的数据包络分析(DEA)模型。构建数据包络分析(DEA)模型的基本思路在于将每一个评价单位视为一个具有决策性的单元，对比同一时间点下不同决策单元所涉及的投入量以及信息产出量，明确有效生产信息，通过对各个决策单元同最佳生产信息之间所存在的差距进行衡量，对各个决策单元中所涉及的规模效率和技术效率进行总体性判断。同参数方法相比，数据包络分析(DEA)方法不需要基本生产函数就能进行确切的定义，同时对全部生产要素进行分解，对全要素生产的增长情况进行深入研究。

数据包络分析(DEA)模型能够在三种等价计算中得到应用，因此可将数据包络分析(DEA)模型分成三种形式，即以投入为导向的计算方法、以产出为导向的计算方法和以技术可行性为导向的计算方法。对罗霄山区经济发展情况进行研究时，受研究过程的客观条件影响，需要用以投入为导向的计算方法。在整个计算过程中可用数学表达式对其进行表述，具体表述情况如下：

设罗霄山区经济发展规划中涉及 $n(n=1,2,\cdots,n)$ 个决策单元，在整个决策单元中拥有 $m$ 种投入方法以及 $s$ 种产出方式，运用数据包络分析(DEA)模型对罗霄山区经济发展进程中投入方法与产出方式之间的关系进行表示，对第 $n$ 个决策单元实施效率评价时运用数据包络分析(DEA)方法，使其投入、输出能够和与之对应的线性组合相照应。

2. 基于数据包络分析(DEA)的旅游扶贫效率时空差异评价

Malmquist 指数模型是一种被广泛应用于金融、医疗、工业等领域的生产效率测算方法,该方法最初是由瑞典经济学家、统计学家 Malmquist 在 1953 年对消费过程进行分析时提出的。在之后的发展进程中,学术研究人员将 Malmquist 指数模型同非参数线性规划法、数据包络分析(DEA)法结合到一起,使 Malmquist 指数模型在世界各个领域得到广泛应用。随后,研究人员通过将多投入、多产出作为研究条件,构建出了生产率不断发生变化的 Malmquist 指数,并借助 Malmquist 指数对全要素生产率(TFP)进行度量,该做法是借助距离函数对其进行界定的。

此处所提及的"全要素生产率(TFP)"主要是指资本与劳动力之外的其他要素投入后经济增长的情况,在实际应用中该数据通常被视为科技进步的一项重要指标。全要素生产率(TFP)主要涉及组织创新、技术进步、生产创新、专业化等,不仅能够对全要素生产率动态变化(TFPCH)的具体情况进行度量,还能够实现对该变化的更进一步分解,使其转化成三个基本模块,即技术进步变化(TECH)、规模效率变化(SECH)以及纯技术效率变化(PTECH)。

Malmquist 指数中的全要素生产率(TFP)能够被分解成技术进步变化(TECH)指数以及技术效率变化(EFFCH)指数。在不同的技术背景下对两个 Malmquist 指数的几何平均值进行提取,对效率的变化值进行计算。

技术进步变化(TECH)指数是能够对决策单元从 $t$ 时期发展到 $t+1$ 时期之间这一阶段所产生的生产技术变化程度进行衡量的一个指标;技术效率变化指数(EFFCH)是一种相对效率变化的指数,能够将从 $t$ 时期发展到 $t+1$ 时期之间这一阶段决策单元组织管理水平所发生的变化进行反映。

运用此种方法,能够通过计算了解到罗霄山区开发旅游产业实施精准扶贫工作中旅游扶贫效率的变化情况,并将旅游扶贫效率进一步分解成规模效率与纯技术效率,了解到全要素生产率(TFP)的变化情况,从中得到更多有价值的信息。若全要素变化率(TFP)中各个分量数值大于 1,说明罗霄山区旅游产业发展进程拥有正向性、进步性的变化;若全要素变化率(TFP)中各个分量数值小于 1,说明罗霄山区旅游产业发展进程中存在反向性、退后性的变化。

### (二)指标选取及数据来源

在构建数据包络分析(DEA)模型时,应明确投入方式与产出方式。通过阅读与数据包络分析(DEA)相关的文献资料得知,通过构建数据包络分析(DEA)模型,运用能够计算、具有可替代性的指标能够对旅游生产过程的生产效率进行评价,展现旅游生产过程的标准化。在整个研究活动中,其研究对象是贫困地区发展旅游业中的旅游扶贫效率,需要将旅游产业开发作为投入方式,将旅游产业总投入量、接待游客数量等纳入投入指标体系,将农民纯收入、城镇居民可支配收入作为产出指标体系,同时提高对旅游产业与经济发展之间关系的重视。为保证旅游扶贫工作能够均衡发展,需要将贫困地区经济发展的 GDP 纳入数据包络分析(DEA)产出指标体系中。因不同地区情况均有所不同,为确保各项指标之间具有较强的可比性,需要用人均指标数值对投入生产指标进行替换。因此,数据包络分析(DEA)模型中所建立的产出指标体系主要由三部分组成,即农民人均收入量、城镇居民人均可支配收入量以及人均 GDP。为确保产出指标与各项信息之间具有协调的对应关系,投入指标体系由两部分构成,即人均接待游客量和人均旅游综合收入量。

## 四、结果分析

### (一)整体效率分析

在本次研究活动中将罗霄山区主要村镇视为一个整体,通过借助 DEAP2.1 统计学软件,对罗霄山区从 2012—2017 年所产生的旅游扶贫各项效率指标进行调查、统计、输入、计算、分析。从整体发展的视角分析罗霄山区 2012—2017 年旅游业的发展,其旅游扶贫工作所产生的技术效率最高值为 0.638,平均值为 0.566,见表 2-7。

**表 2-7 罗霄山区旅游扶贫各项效率指标**

| 年份 | 技术效率 | 纯技术效率 | 规模效率 | 技术效率变化 | 技术进步变化 | 纯技术效率变化 | 规模效率变化 | TFP 变化 |
|---|---|---|---|---|---|---|---|---|
| 2012 | 0.523 | 0.940 | 0.552 | — | — | — | — | — |
| 2013 | 0.518 | 0.925 | 0.555 | 1.063 | 0.788 | 0.984 | 1.070 | 0.831 |
| 2014 | 0.586 | 0.919 | 0.632 | 1.264 | 0.781 | 0.995 | 1.279 | 0.965 |
| 2015 | 0.638 | 0.931 | 0.679 | 1.093 | 0.799 | 1.013 | 1.079 | 0.870 |
| 2016 | 0.576 | 0.920 | 0.626 | 0.974 | 1.082 | 1.002 | 0.982 | 1.053 |
| 2017 | 0.552 | 0.954 | 0.579 | 0.920 | 0.995 | 1.041 | 0.889 | 0.915 |
| 平均值 | 0.566 | 0.932 | 0.604 | 1.063 | 0.889 | 1.007 | 1.060 | 0.927 |

在 2012—2017 年旅游扶贫开发规模不断扩大,旅游收入总量呈现动态化发展趋势。纯技术效率变化上涨速度缓慢,说明旅游扶贫工作中技术含量不断增加,但是增加量相对较少,技术在使用过程中有效程度相对较低。出现这一现象的主要

原因在于，罗霄山区是一处集中性贫困区，在旅游产业开发与发展进程中，其社会基础相对薄弱，严重缺乏人力资源、技术资源，受地理、气候、历史等因素的影响，先进的科学技术难以向该地区引进，因此只能得益于该地区具有的丰富人文资源、自然资源，旅游业才能够发展起来。从罗霄山区 2012—2017 年整体发展概况来看，技术进步变化中所产生的负面效应远远大于规模效率变化和纯技术效率变化中所产生的正面效应。罗霄山区旅游扶贫技术支撑在后期发展建设中有待提高。

通过对比分析得知，罗霄山区旅游扶贫中所产生的全要素生产率（TFP）所呈现的变化趋势同该地区规模效率变化趋势大体一致，仅有技术进步变化和纯技术效率对全要素生产率（TFP）变化的影响不大。由此可见，规模效率变化对提升全要素生产率（TFP）具有直接影响，拉动效应需要低于技术进步变化中所产生的负面效应。

从时间序列视角分析得知，在 2013 年以前，罗霄山区旅游扶贫中所涉及的技术效率均呈现上升趋势，旅游扶贫工作中所产生的综合效率均有所提升，需要依靠技术效率、规模效率对其起到一定程度的带动作用。在旅游产业发展后期，受技术效率和规模效率下降的影响，旅游扶贫整体效果呈现弱化趋势。旅游扶贫中所产生的全要素生产率（TFP）的变化演变成旅游扶贫中的典型特征。近年来，互联网技术广泛普及，在“互联网 +”战略的引导下，实现了互联网技术与旅游业之间的有效衔接，不断将先进的科学技术引入贫困地区旅游业发展工作中，使贫困地区能够紧跟时代发展的步伐，并在旅游业的作用下落实民族村镇精准扶贫工作，加快区域经济的发展与进步。

### （二）区域差异效率分析

通过将罗霄山区开展的旅游扶贫工作视为基本的、独立的决策单元，凭借数据包络分析（DEA）模型对罗霄山区各个民族村镇的旅游业发展效率指标进行分析、计算，了解罗霄山区各个民族村镇开展旅游扶贫的效率以及各个村镇之间的区域差异。相关调查研究结果显示，2013—2017 年罗霄山区民族村镇所开展的旅游业中，寻乌县平均技术效率最高，其平均技术效率为 1.505。在数据包络分析（DEA）模型的作用下，用效率水平与其他决策单元相比，可将寻乌县所拥有的技术效率视为“1”。现有技术效率并不代表投入资源的潜力已经完全开放出来，需要在后期发展建设中对其进行深入挖掘与探究。

在整个调查过程中，应提高对井冈山地区的重视。尽管井冈山地区的技术效率平均值在众多民族村镇中最低，但是井冈山地区是我国第一批国家级风景名胜区，融自然资源、人文资源、历史资源为一体，该地区在现有的发展条件下能够获得更多的旅游收入。

全要素生产率(TFP)变化对旅游扶贫工作的开展具有直接影响。从该视角分析,在罗霄山区15个民族村镇中,茶陵县、万安县、炎陵县、宁都县这四个村镇在旅游扶贫工作中的全要素生产率(TFP)呈现增长趋势,这些村镇的全要素生产率(TFP)大约占总数的30%,其中茶陵县的全要素生产率(TFP)最高,其年平均增长率为25.5%。从技术进步率变化情况来看,罗霄山区15个民族村镇的技术进步率均呈现负增长趋势,即罗霄山区民族村镇的技术进步率均处于负效应的环境中,在整个建设与发展进程中未能起到技术扶贫应有的作用。从纯技术效率变化视角来看,罗霄山区15个民族村镇的纯技术变化率中只有三个民族村镇的纯技术效率平均值呈现上升趋势。从规模效率变化视角分析,罗霄山区15个民族村镇的规模效率变化中只有七个民族村镇的规模效率变化的平均值呈现上升趋势。由此可见,贫困地区发展旅游业,实施旅游扶贫工作,导致全要素生产率(TFP)呈负增长趋势是受技术进步效率的影响,这种情况主要源于贫困地区与其他地区在经济、科技方面具有较大的差距,可以通过技术模仿促进本地区技术进步。但贫困地区经济、科技等方面的发展水平依旧处于社会发展的最低层,基础设施有待完善,需要在后期发展建设中做好新技术引进工作。

### (三)空间效率分析

1.产出效益所存在的空间分布问题

大量研究显示,发展旅游产业能够促进当地经济、文化、科技、交通、生态等领域的发展,有效提升人们的生活质量。在精准扶贫政策的实施下,通过开发贫困地区的特殊资源,做好旅游资源开发工作,深入挖掘贫困地区的自然资源、人文资源、历史资源,吸引世界各地的游客到此旅游,在发展旅游产业的同时带动当地经济、文化、科技、交通、生态等领域的发展与变革,使当地居民人均GDP能够持续上涨。通过对罗霄山区民族村镇的经济情况进行调查得知,近年来随着自然资源、人文资源、历史资源的不断开发,罗霄山区民族村镇经济指数不断上升,其中经济增长速度最快的民族村镇主要有井冈山市、炎陵县以及宜章县。主要原因是这些民族村镇均属于红色旅游景区,在我国历史发展进程中具有重要的意义与价值。为此,按照罗霄山区民族村镇经济增长速率对其进行划分,可将罗霄山区15个民族村镇划分成五个层次,第一层次所涉及的民族村镇主要是经济增长速度较快的井冈山市、炎陵县以及宜章县;第二层次涉及的民族村镇最少,只有茶陵县;第三层次涉及的民族村镇最多,即瑞金市、寻乌县、赣县、安仁县、万安县;第四层次涉及的民族村镇有四个,即宁都县、汝城县、上犹县、于都县;第五层次所涉及的民族村镇是经济增长较缓慢的石城县和桂东县。从以上经济增长层次的村镇数量来看,五个层次依次为3,1,5,4,2,整体呈现正向分布状态。

随着社会的不断发展，罗霄山区民族村镇的人均 GDP 指数不断发展变化，城镇居民人均可支配收入变化作为能够反映城镇贫困程度的重要指数，在整个经济发展进程中变化相对明显。井冈山市是该地区人均 GDP 增长量最高的一个区域，但其城镇居民人均可支配收入变化不够明显，同其他民族村镇相比其城镇居民人均可支配收入增长量相对较低；城镇居民人均可支配收入变化最为明显，且城镇居民人均可支配收入上升幅度最高的民族村镇是瑞金市和寻乌县；茶陵县、赣县、石城县、于都县的城镇居民人均可支配收入增长仅次于瑞金市和寻乌县，是罗霄山区 15 个民族村镇中城镇居民人均可支配收入增长相对较高的村镇；城镇居民人均可支配收入的增长量依然处于最低位置的民族村镇是桂东县。

罗霄山区 15 个民族村镇中农民年人均纯收入之间的差异相对较小，集中表现在中等数量水平的民族村镇农民年人均纯收入增长量相对较快，极大数量和极小数量水平的民族村镇农民年人均纯收入增长量相对较慢。在罗霄山区 15 个民族村镇中，农民年人均纯收入增长量较高的是汝城县和安仁县，农民年人均纯收入增长量最低的是井冈山地区。

综上所述，自 2012 年以来，在民族村镇精准扶贫政策以及区域发展的背景下，罗霄山区无论是在经济发展方面还是在人们生活水平方面均有所提升。经济发展比较快的民族村镇，人民生活水平提升度相对较低。城镇居民与农村居民在收入提升方面存在一定的差异性，通过对城镇居民人均可支配收入变化、农民人均纯收入变化、人均 GDP 变化等方面进行划分，可将其分成五个等级，即最高等级、较高等级、一般等级、较低等级、最低等级。将该地区经济增长量同收入量之间的关系直观地展现出来，从中能够发现，经济水平增长量高并不代表居民生活水平增长量就高，其中最为典型的就是井冈山市；经济水平增长量低并不代表居民生活水平增长量就低，其中最为典型的就是桂东县。这一研究结果为民族村镇精准扶贫与区域发展的后期研究提供了可靠的理论依据。

2. 旅游扶贫效率的空间分析

上文是从空间视角对罗霄山区在 2012—2017 年整体发展概况进行分析，主要围绕罗霄山区的经济增长情况、人均纯收入情况进行深入研究。旅游扶贫效率是将旅游业发展作为区域经济增长的主要依托，通过加大对旅游业的投入，加快区域经济的发展，实现旅游扶贫的目标。为此，对旅游扶贫政策的实施效果需要从效率视角进行研究，了解旅游扶贫与纯产出效率之间的关系。受自然环境、人文环境、历史环境、社会环境等多种因素的影响，罗霄山区 15 个民族村镇精准扶贫的力度均有所不同，且旅游扶贫效率也有所不同。从技术效率维度分析，自 2010 年开始，罗霄山 15 个民族村镇均发生了翻天覆地的变化，其中寻乌县和于都县的经济发展水平相对比较稳定，且经济发展效率相对较高。从 2013 年开始，茶陵县旅游扶贫的技术效率快速增长；安仁县旅游扶贫的技术效率呈现下降趋势，与其他村镇相比技术效率相对较低。在整个旅游扶贫的全要素生产率（TFP）变化中，只有炎陵县和茶陵县的变化情况相对比较突出，整体上没有太大的差异。通过将全要素生产率（TFP）同效率的空间分异进行对比分析，从中能够发现，并非经济效益相对较高的民族村镇所开展的旅游扶贫工作都是有效的，例如井冈山市的人均 GDP 变化位居罗霄山区 15 个民族村镇中最高位，但是该地区旅游扶贫技术效率长期处于最低状态。经济效率相对较差的民族村镇所开展的旅游扶贫工作并非全是无效的，例如桂东县在罗霄山区 15 个民族村镇中旅游经济效率评价成果并不突出，但其旅游扶贫效率自始至终均处于有效状态。受经济效率的影响，旅游扶贫效率研究成果同经济效率研究成果之间必定存在差异，该差异是衡量旅游效率产出量的一个绝对值，在整个旅游扶贫过程中，旅游扶贫效率是带动旅游产业发展的重要指标。旅游扶贫效率产出绝对值高的区域在旅游产业开发建设中能够发挥对经济增长的带动作用，在开展旅游扶贫工作中，最佳做法就是将效益条件控制在最佳状态的前提下追求更高的经济效率。

### （四）分解效率对总效率的贡献分析

将数据包络分析（DEA）方法中所涉及的效率评价作为效率分析的基本原理，将总效率以及其分解效率之间存在的相互影响和相互制约作为效率分析的基本条件，在此基础上对总效率及其分解效率之间存在的关系和影响进行判断与分析，从中寻找影响总效率的各项因素。为确保在对总效率及其分解效率的研究中能够确切地了解到总效率与其分解效率之间的关系以及总效率的影响因素，需要将罗霄山地区民族村镇作为研究对象，构建该区域的旅游技术效率与旅游纯技术效率、旅游技术效率与旅游规模效率之间的二维有序坐标散点图，通过绘制散点图、观察散点图，对旅游扶贫综合效率的主要影响因素进行分析，从中寻找影响旅游扶贫综合效率的主要影响因素。在绘制散点图时，需要将旅游扶贫技术设定在横坐标上，将旅游扶贫纯技术效率或旅游扶贫规模效率设定在纵坐标上，根据罗霄山区的实际情况，将旅游扶贫技术、旅游扶贫纯技术效率以及旅游扶贫规模效率的各项数据依次在散点图上表示出来。

通过观察总效率与各分解效率之间的关系可知，当散点图中散点所在的位置距离 45°对角线越近，证明该项内容的分解效率与总效率之间的关系越紧密，对总效率的制约能力和影响能力越强；当散点图中散点所在的位置距离 45°对角线越远，证明该项内容的分解效率与总效率之间的关系越稀疏，对总效率的制约能力和影响能力越弱。

通过大量的数据分析得知，旅游扶贫技术效率与旅游扶贫纯技术效率、旅游扶贫规模效率之间差异相对较大。根据旅游扶贫技术效率与纯技术效率的数据关系所绘制出的散点图主要集中分布在45°对角线的左侧，民族村镇精准扶贫有效的村镇数量相对较少，这一现象说明旅游扶贫纯技术效率对旅游扶贫技术效率影响相对较小；根据旅游扶贫技术效率与规模效率之间的数据关系所绘制出的散点图均集中在45°对角线的周围，这一现象直观反映出旅游扶贫规模效率对旅游扶贫技术效率影响较大。

### （五）效率形态类别

对罗霄山区旅游效率评价结果进行研究，主要围绕同一时期背景下相对效率的大小以及不同时期效率的变化程度进行研究，并对旅游效率的评价进行借鉴，分别从旅游扶贫效率全要素生产率（TFP）和旅游扶贫效率大小两个维度进行分析，最终绘制四象限散点图。这项研究主要包括同一时期相对效率大小和不同时期的效率变化程度，因此旅游扶贫的效率评价也借鉴旅游效率的评价，通过旅游扶贫效率大小与全要素生产率（TFP）变化两个维度，划分为四个象限绘制散点图。可将“1”作为判断全要素生产率（TEP）变化的临界值，技术效率的平均值0.566当作判断扶贫效率大小的一个临界值。若全要素生产率（TEP）变化大于“1”，说明旅游扶贫效率呈现上升趋势，若全要素生产率（TEP）变化小于“1”，说明旅游扶贫生产率呈现下降趋势。由此旅游扶贫效率在平面直角坐标系中被分成四个部分，分别位于平面直角坐标系的四个象限中，即第Ⅰ象限、第Ⅱ象限、第Ⅲ象限和第Ⅳ象限。根据罗霄山区的实际情况将旅游扶贫的全要素生产率（TEP）和旅游扶贫效率的实际情况绘制到平面直角坐标系中，在四个象限中绘制散点图，能够将罗霄山区旅游扶贫效率的实际情况直观地反映出来。

通过对罗霄山区民族村镇旅游扶贫的全要素生产率（TEP）和旅游扶贫效率在四个象限中的实际分布情况进行分析，从中了解到，在第Ⅰ象限内罗霄山区民族村镇精准扶贫效率均大于罗霄山区内的平均水平，旅游扶贫效率变化均呈现上升趋势，扶贫效率和全要素生产率（TEP）均相对较高，集约化程度的增长量相对较高，具有较强的可持续发展性。在第Ⅱ象限内，罗霄山区民族村镇精准扶贫效率均小于罗霄山区内的平均水平，该象限内民族村镇精准扶贫全要素生产率（TEP）相对较高，拥有较高的集约化增长程度，可持续发展性相对较强。在第Ⅲ象限内，罗霄山区民族村镇精准扶贫效率均小于整个罗霄山区内的平均水平，且位于该象限内的扶贫效率呈现负增长趋势，旅游扶贫效率需要提升。在第Ⅳ象限内，罗霄山区民族村镇精准扶贫效率均大于罗霄山区内的平均水平，但该象限内的民族村镇全要素生产率（TEP）呈现负增长趋势。

以旅游扶贫效率的各项研究为基础，对2012—2017年罗霄山区民族村镇精准扶贫效率发展变化的形态进行分类演进,仔细观察不同时期扶贫效率大小的变化,以及各个民族村镇在四个象限内的实际分布情况。根据民族村镇精准扶贫效率类型所发生的变化,可将精准扶贫效率发展变化分成四种演变形式,即稳定类型、往复类型、渐进类型、突变类型。其中,稳定类型的精准扶贫效率发展变化具体表现为,民族村镇在旅游扶贫发展进程中效率的大小与变化基本趋于稳定局面,民族村镇在坐标轴上所对应的坐标基本保持不变,且移动范围均是在某一象限内发生。例如,于都县和赣县的精准扶贫效率均稳定在第Ⅳ象限内。往复类型的精准扶贫效率发展变化的具体表现为,旅游扶贫发展进程中效率的大小与变化方向均具有反复性,民族村镇在坐标轴上所对应的坐标在相邻的两个象限内发生来回往返移动。例如,瑞金市的精准扶贫效率一直徘徊在第Ⅲ象限和第Ⅳ象限之间。渐进类型的精准扶贫效率发展变化的具体表现为,旅游扶贫发展进程中效率的大小和变化均具有一定的趋势性,民族村镇在坐标轴上所对应的坐标逐渐朝着某一个象限缓慢靠近。例如,石城县的精准扶贫效率逐渐朝着第Ⅳ象限靠近。突变类型的精准扶贫效率发展变化的具体情况表现为,旅游扶贫发展进程中效率的大小和变化均比较复杂,民族村镇在坐标轴上所对应的位置十分混乱,没有任何规律可以追寻,例如炎陵县。罗霄山区中 15 个民族村镇精准扶贫状态的演变模式中,有 7 个民族村镇的精准扶贫状态属于稳定模式,有 4 个民族村镇的精准扶贫状态属于往复模式,有 2 个民族村镇精准扶贫状态属于渐进模式,有 2 个民族村镇精准扶贫状态属于突变模式。由此可见,罗霄山区旅游扶贫整体发展变化相对比较稳定,变化相对较小。

## 五、结论与讨论

### (一)结论

通过收集各种旅游信息,以旅游效率分析文献作为研究的基础,将罗霄山区集中连片特殊困难地区作为研究对象,通过运用数据包络分析(DEA)方法,从中获取与旅游扶贫效率有关的各项信息,具体情况如下:

1. 罗霄山区民族村镇整体精准扶贫效率相对较低

从 2012—2017 年平均技术效率为 0.566,该水平依然处于较低状态。通过对旅游扶贫效率变化情况进行分析研究,从中发现无论是纯技术效率变化的平均值,还是规模效率变化的平均值均大于 1,拥有显著的正面效应与显著的规模效率。但是整个旅游效率所拥有的技术进步变化平均值依旧小于 1,技术进步变化所产生的负面效应远远超出纯技术效率与规模效率的正面效应,导致罗霄山区民族村镇整体旅游扶贫的全要素生产率(TFP)呈下降趋势。由此可见,罗霄山区民族村

镇的旅游扶贫技术有待提升。

2. 罗霄山区民族村镇整体旅游扶贫效率有待提高

从空间视角来看，罗霄山区 15 个民族村镇中平均技术效率的前三个民族村镇依次是寻乌县、赣县、上犹县，而井冈山作为我国名胜风景区其平均技术效率却是 15 个民族村镇中最低的。从旅游扶贫效率变化情况来看，全要素生产率（TFP）呈增长趋势的民族村镇依次是茶陵县、炎陵县、万安县和宁都县，除这 4 个村镇之外的其余 11 个村镇全要素生产率（TFP）均呈现负增长趋势。

3. 罗霄山区扶贫效率区域性差异相对较大

通过对产出效益空间和旅游扶贫空间之间的差异进行分析与研究，从中发现城镇居民人居可支配收入、农民人均纯收入和人均 GDP 在市场经济发展中的空间变化分布规律存在较大的差异。经济水平增长量同居民生活水平增长量并不相等，经济水平增长量相对较低的地区居民生活水平也有可能出现提升现象。从旅游扶贫视角对罗霄山区扶贫效率进行分析，其结果显示，该地区扶贫效率所存在的区域性差异相对较大，且旅游扶贫效率呈现不均匀分布现象。结合对罗霄山区旅游扶贫工作的产出效益进行研究，从中发现在较高效益条件的基础上对更高的效率进行追求，是一种极为科学的做法。

4. 罗霄山区扶贫效率应继续提升

从旅游扶贫效率形态类型对罗霄山区民族村镇扶贫效率进行分析，从中发现，罗霄山区的民族村镇主要集中在第Ⅲ象限和第Ⅳ象限，从时序演进情况来看，只有一半的民族村镇处于稳定模式。由此可见，罗霄山区旅游扶贫效率变化主要呈现负增长趋势，在整个研究过程中没有太大的改变，发展进程相对稳定，呈现出一种粗放型特征，旅游扶贫效率有待提升。

### （二）讨论

在民族村镇精准扶贫与区域发展的背景下，开发旅游资源、实施旅游扶贫战略的对象均是经济发展欠发达的地区。通过对民族村镇集中连片贫困区所开展的旅游扶贫情况来看，旅游扶贫效率的高低无法将该地区旅游扶贫所具备的整体功能性直观地反映出来。贫困区域内旅游资源开发和利用依然面临诸多困境，且发展难度远远高于经济发展水平良好的地区。因贫困地区拥有丰富的旅游资源，且旅游资源保护的相对比较完整，一旦贫困地区的旅游产业发展起来，将会在短时间内快速提升贫困地区整体经济水平。

为确保贫困地区旅游产业能够快速发展，在开发旅游产业的过程中应注重旅游扶贫工作的持续性与长久性。将党和政府的各项发展政策作为旅游扶贫产业发展的基本导向，对当地旅游资源进行深度开发的同时做好旅游资源的保护工作，树立打持久战的意识,全面落实旅游产业开发中的基础设施建设,在发展中不断对旅游业软性环境进行改善与整合,确保旅游扶贫工作拥有可靠的人力支持、技术支持和环境支持。

除此之外,在旅游扶贫工作中同样需要对旅游扶贫的受益对象提高重视度,明确受益对象的先后性。各行各业在旅游扶贫工作中均需要拥有足够的耐心与信心,齐心协力将旅游扶贫工作落到实处,促进贫困地区发展与进步,提升民族村镇居民的生活水平。

综上所述,民族村镇精准扶贫工作的开展,需要根据民族村镇的实际情况对经济发展水平进行划分,从不同角度、不同层次对旅游扶贫效率进行研究,针对不同群体、不同部门制定相应的投入指标与产出指标。同时,对各行各业在旅游扶贫工作中做出的奉献进行分析与探讨,为民族村镇旅游扶贫工作今后的发展提供可靠的理论依据。

# 第三章 基于生态理论的民族村镇精准扶贫

## 第一节 基于可持续发展理论的聚居区

### 一、生态旅游业发展研究——以四川藏族聚居区为例

在当前四川藏族聚居区的发展中，对生态旅游业的建设与推广是实现其经济可持续发展的重要举措。本节主要是对当前四川藏族聚居区的生态旅游资源展开基本的介绍，通过对可持续发展与生态旅游之间关系的理论分析，发现生态旅游业在四川藏族聚居区经济开发工作中具有重要的影响。同时，深入分析了当前四川藏族聚居区在生态旅游业的发展中存在的困难和挑战，通过对相关问题的深入研究提出相应的措施。

四川省位于我国的西南部，是多民族聚集之地，多彩的民族文化具有极强的古老韵味，当民族文化与自然生态相融合时，四川旅游业的发展便拥有了巨大的生命力与竞争力。由此可知，四川省旅游业主要还是要依靠民族地区旅游业的发展。尤其是全球化的背景使旅游活动形式更加多样化，四川省要成为真正的旅游强省，首先需要保障的便是对民族地区旅游业发展的支持力度，加强对民族地区特色旅游业发展的政策倾斜，将其优势充分发挥出来。四川藏族聚居区具备丰富的旅游资源，无论是雄伟秀丽的自然风光、异域风情的人文景观还是色彩缤纷的民俗风情，都对国内外游客有着极强的吸引力，是四川省旅游产业发展项目中较有发展潜力的区域之一。

所谓生态旅游，是一种对自然环境与人文景观通过生态学的角度进行深入认知与欣赏的游览活动。在生态旅游的实施过程中，需要确保人与自然环境之间的平衡关系，不能对自然生态环境产生破坏，要确保旅游目的地具有长久的可持续发展性。四川藏族聚居区的生态环境具有独特的魅力，且民族传统文化更是独一无二、形式多样，是生态旅游业发展的极佳之地。因此，在生态旅游业的发展过程中

不仅要对生态环境加以保护,同时还要与当地居民的日常生产生活习惯相融合,尽量避免产生不良影响,要将可持续发展贯彻到底。促进生态旅游产业的全面发展,是四川藏族聚居区经济发展与社会文化建设的重要因素,是可持续发展的关键。

党的十八大报告针对精准扶贫工作的展开提出了相关政策,报告指出,生态文明建设是与人民的发展相联系的,是人民建设与发展的福祉,对民族未来发展有着深远的影响。

如今,四川藏族聚居区已经将旅游产业作为地区经济发展的重要推动力与主要的支柱产业。在四川藏族聚居区的旅游产业发展中,生态旅游具有较大的发展潜力,是四川省旅游业发展的主要竞争力。在四川省旅游业的发展中,对藏族聚居区生态旅游业的优先发展与促进,同时构建科学合理的生态化安全保障机制,是与四川藏族聚居区生态旅游业发展理念相吻合的,是促进旅游业可持续发展的重要因素,而对四川藏族聚居区未来的发展而言,同样需要生态旅游业的维持与引导。

## 二、生态旅游可持续发展理论的具体体现与实践

### (一)可持续发展理论的基本内涵

随着社会经济与科技的不断发展,对人类生存环境的保护与改善成为全球发展的主要问题,即如何保障人与自然的和谐相处。社会的发展使得人类的活动范围与活动形式不断对自然环境产生破坏,最终会导致人类的生产生活难以持续下去,需要面临资源危机、环境污染和生态破坏等多种生存危机。

可持续发展又被称为永续发展,是指在对环境实施保护的同时满足人类的发展需求,随着可持续发展理念的不断推广与落实,逐渐演变成了“能够满足当代人实际需求的同时,不对后代子孙的实际需求利益产生影响的发展模式”。

可持续发展是当今人类发展的正确选择,是在各种生存危机的影响下,为了确保未来能够更好生存与发展的关键,是人与自然协调发展理论的引申。可持续发展理论主要分为三大基本原则,即公平性原则、持续性原则与共同性原则。

### (二)生态旅游可持续发展的实践

生态旅游理念的提出是在20世纪80年代,但实际推广与普及是在1992年“联合国环境与发展大会”召开之后,生态旅游的可持续发展原则成为旅游业发展的主要原则之一,并在世界各地展开了相关研究与实践。

生态旅游的概念至今仍没有一个明确的定义。早在1991年,国际生态旅游学会对生态旅游的解释为:“意在对环境实施保护以及对当地人的生活状态进行改善

的旅游形式”,这是迄今为止国际认可的定义之一。国际生态旅游学会的专家认为生态旅游应该具备三个核心标准:具有学习性或教育性、将自然作为基础因素、能够保障可持续性。

围绕生态旅游所展开的相关基础理论的研究,是以可持续发展理论作为基础的。生态旅游作为新型旅游方式的一种,在旅游过程中对游客的生态学习、自然体验以及环境赏析是十分重视的,同时在生态旅游中需要具有一定的自然生态与社会文化可持续发展的因素。生态旅游业的发展与建设需要将生态旅游资源的优势充分发挥,将旅游产业发展引向高层次、高品位的方向,以此促进旅游产业经济效益的不断提高。在旅游业的发展中要始终保持可持续发展理念,避免对自然环境造成负面影响,以此确保社会经济效益与自然生态环境的均衡发展。

在旅游产业的发展中,生态旅游可持续发展实现的基础是旅游资源的可持续使用,生态旅游不仅能够保证旅游资源的充分开发与利用,同时能够确保旅游资源不受到二次破坏。因此,生态旅游不仅能够降低旅游活动对自然生态环境造成的影响,还能保证经济效益与生态环境效益的协调发展,更能确保旅游目的地生态旅游资源原生态被很好地保持,实现旅游资源可持续使用以及旅游产业可持续发展的目的。

## 三、四川藏族聚居区的基本情况

从地理位置来看,四川藏族聚居区主要是指居住在四川省境内的藏族人口聚居区,主要包含:甘孜藏族自治州、阿坝藏族羌族自治州和木里藏族自治县,管辖县有 32 个,管辖区域面积达 24.59 万平方千米,占四川省总面积的二分之一。

### (一)地形地貌非常复杂,气候变化多样

四川藏族聚居区位于四川盆地与青藏高原的交界处,地势主要从西北至东南倾斜,地貌分为高原与高山峡谷两种类型。高原区域位于长江与黄河的发源地,沟壑纵横实际落差较大。众所周知,青藏高原被称为“世界屋脊”,区域内高山众多,平均海拔在 5 500 米,海拔 6 000 米以上的高山屡见不鲜,地形地貌十分复杂且气候多变,形成了四川藏族聚居区雪山冰川、原始森林、高山峡谷、草原牧场等多种自然景观同时存在的现象。四川藏族聚居区各地域之间的环境差异十分明显,在一定程度上对经济发展产生了影响。

### (二)地域面积辽阔,且人口分布不均

四川藏族聚居区地处于川西北高原,北边与青海、甘肃相接,西部与西藏相接,

南邻云南,东南部与四川盆地与四川西南部山地邻近,该区域的经纬度是:东经97°26′~104°27′,北纬27°57′~34°21′。四川藏族聚居区人口总数多达200万人,其中藏族人口占比64%,其藏族人口容纳量仅次于西藏,是我国藏族第二聚居区。四川藏族聚居区的居住特点是:人口密度小且分布不均,甘孜州折多山以西及阿坝州西北部等地区的藏族人口数量较多。而藏族聚居区的实际人口密度与其他民族相比较低,多数聚集在河谷平原或平坝地区。

### (三)宗教文化影响深远

四川藏族聚居区主要信仰藏传佛教,并经过长期的发展与文化积淀逐渐成为四川地区主要的人文特征,藏传佛教的主要法脉得到了极好的保存与发展,并通过不断的丰富与发展使藏传佛教形成了独具魅力的地域文化资源。四川藏族聚居区内的寺庙较多,且寺庙相关人员数量众多,不同的教派在这片土地上共存,传承与发展情况良好,对宗教文化的发展与传承影响巨大。无论是在历史发展中,还是对当前的现实发展而言,宗教文化对藏族聚居区的发展起到了深远的影响,自然、文化、政治都沾染上了浓厚的宗教色彩。

### (四)高品质生态旅游资源众多,吸引力大

四川藏族聚居区的旅游资源具有较高的品质且具备唯一性、不可替代性与不可模仿性,能够对国内外的游客产生巨大的吸引力,是当前四川藏族聚居区生态旅游建设的重点优势资源。四川藏族聚居区的世界自然遗产有3个(九寨沟、黄龙、大熊猫栖息地)、被列入“世界人与生物圈保护区网络”的自然保护区有4个、国家级自然保护区有10个、国家地质公园有4个、国家级风景区有5个、国家5A级旅游景区有3个、国家级森林公园有6个……在众多的自然资源中,世界级与国家级的旅游资源有一半以上位于四川藏族聚居区,这些优质的旅游资源成了四川藏族聚居区生态旅游产业发展的基础与动力。

## 四、四川藏族聚居区发展生态旅游面临的困难与挑战

在当前四川藏族聚居区旅游业的实际发展中,总收入较少,还不足四川省旅游产业总收入的8%,与旅游资源的实际价值不相符。这种情况的产生主要是由于在四川藏族聚居区旅游产业发展中,由于多种因素影响导致旅游基础设施建设薄弱、产业发展缺乏严格管理、市场经济发展较为迟缓,以及民众对于旅游业的发展意识匮乏。但是与国内其他地区的旅游产业发展情况相对比可以发现,四川藏族聚居区的旅游资源十分独特,不论是自然资源还是人文资源都具备十分强大的发

展潜力与竞争优势，这是四川藏族聚居区旅游产业发展的重要基础。因此，为确保四川藏族聚居区生态旅游可持续发展理念的有效落实，需要充分挖掘生态旅游资源的优势，提高民族传统文化在旅游发展中的优势，创建符合旅游者需求的旅游精品。

### （一）生态旅游业发展受自然环境的制约

随着我国旅游产业的不断发展，四川藏族聚居区生态旅游业的发展对社会经济发展、城镇化建设以及社会就业等方面起到了重要作用，但同时也对当地原有的自然生态环境造成一定的破坏。旅游产业的发展，一般会对土地、水源、森林以及矿产等自然资源造成一定的影响，导致原有自然状态发生变化，对整体生态环境产生影响。例如，旅游产业的发展需要景区具备配套的基础设施，在旅游开发建设中会使用大量的土地资源，导致土地的利用方式发生改变，对原有的地形地貌与森林植被造成破坏，而基础设施建设占用过多的土地会导致绿化覆盖率逐渐降低。同时，交通基础设施建设同样会让当地的地形地貌发生改变，导致交通沿线的植被被大量破坏，甚至过度占用农田与林地。因此，在建设过程中，如果对基础设施建设缺乏合理性、技术缺少科学性，则会产生难以挽回的后果，最终将难以实现旅游产业可持续发展的建设目标。

### （二）旅游发展投入不足，基础设施投资明显受到资金制约

就当前四川藏族聚居区的旅游产业建设发展而言，交通信息网络的建设仍需改善。大量的旅游景区较为集中，但是缺少机场支持，导致游客需要采取“行长游短”的方式进行游览，同时还缺少航空中转交通枢纽，对航空线路的设计较为局限，需要加强对基础设施的建设。

一方面，旅游基础设施的投资较大，但是投资的回收期较长且回报率较低，难以对民间资本产生吸引力。就资金的安全与资产的收益而言，金融机构需要通过长期信贷等方式对资金实施总量控制。且在旅游业的发展中结构性矛盾长期存在，即旅游业发展所需资金与社会资本的实际供给量不匹配，二者难以保持平衡状态。

另一方面，四川藏族聚居区的整体经济发展较为落后，经济消耗与经济收入不成正比，导致财力受限，当地政府难以提供足够的资金支持旅游产业的开发工作。并且在当前的旅游建设中存在着大量景区建设不完善，投资与融资的渠道较为单一，旅游公司没有实际的资金引入政策，无法增加实际收入，导致企业自身发展受到严重的限制，甚至招商引资力度不足，难以实现有效的资金回流，最终导致丰富的旅游资源无法得到有效的开发。

### （三）生态旅游专业人才匮乏

旅游作为当前社会发展中极具潜力的产业，专业人才是促进其实际发展的重要因素，生态旅游产业的发展需要高素质人才与专业技术的支持。在四川藏族聚居区的旅游产业建设中，大量丰富的旅游资源需要有效的开发推广。西部大开发战略是我国为了促进西部发展而提出的政策，藏族聚居区旅游业快速发展，对旅游专业人才需求量极大。但是在四川藏族聚居区旅游产业的实际发展中，人才较为稀缺，尤其是高素质旅游人才十分罕见，导致旅游产业中的规划人员、行政管理人员以及其他相关产业的一线服务人员数量严重不足，特别是在科技发展的今天，大量新兴行业人才更为短缺。当前，四川藏族聚居区在编的旅游从业人员无论是专业技能、服务意识、服务质量还是实际工作效率都与内地发达地区存在着差距。加上四川藏族聚居区在发展中对教育资源无法提供有效的保障，导致中高等学校较少，教育资源的稀缺使得旅游专业人才的输送渠道更为单一，人才流失现象十分严重。生态旅游的发展需要专业人才的支撑，而生态旅游的发展对人才的需求通常要求其对生态学、旅游学的基本理论与基本知识掌握度较高。同时在自然保护区的规划、管理，生态旅游的规划、设计等方面也需要有专业人才的支撑，但是受多种因素的影响，虽然四川藏族聚居区对于生态旅游专业的人才需求量较大，但现有人才数量仍难以支撑生态旅游的实际发展需求。

## 五、四川藏族聚居区加快生态旅游业发展的对策与建议

### （一）坚持树立可持续发展的旅游资源发展观

在当今社会的发展中，随着可持续发展战略的提出，人类对发展观的认知受到了冲击，自身的认知随着时代发展在不断转变，对于资源环境与社会发展二者之间的关系展开了重新思考，这是人类在社会发展中不断进步的表现。在自然状态中，生态系统具有较强的自我恢复能力，当其作为旅游资源进行开发时，需要对生态环境与各类资源实施保护措施。四川藏族聚居区大部分区域是禁止开发的，因此生态旅游产业的发展需要时刻保持可持续发展理念，在开发建设中不能对生态环境造成大规模的破坏与浪费，尤其是旅游基础设施建设以及旅游线路的规划，应该事先将所涉及的生态脆弱敏感区加以保护。在旅游资源开发建设工作中，要时刻牢记以“保护性开发”为发展前提，尊重自然、爱护自然、合理开发自然资源、科学规划自然资源，确保可持续发展理念在开发与建设中得到充分体现，达到永续利用的目的。

### （二）提升旅游基础设施的资金投入，加强旅游承载力和接待能力

当前，四川藏族聚居区的经济发展受到了严重的制约，其中的主要因素是交通发展状况。中央、四川省政府以及地方政府对藏族聚居区的实际发展状况以及民众生产生活的稳定性十分重视。在地区经济建设与发展中，首要任务就是提高藏族聚居区内民众的生活条件、强化藏族聚居区基础设施建设以及服务设施建设，将藏族聚居区的长治久安以及跨越式发展作为主要工作内容，时刻以西部大开发战略为指导，制定一系列促进藏族聚居区经济发展的政策，为藏族聚居区经济发展与旅游产业的建设创造更好的发展条件，落实政治保障与政策的支持。在面对巨大的旅游发展前景时，政府应该抓住机遇，提高对交通建设的资金投入，通过国家对民族地区经济发展的支持，提高四川藏族聚居区旅游产业的实际发展，带动基础设施建设。

目前，四川省交通建设已经有了极大的发展，以康定机场、稻城亚丁机场为代表的机场已经建成并通航，以川青、川甘、川藏铁路为代表的陆路交通已经通车，且大量的高速交通网络正在建设中，未来的藏族聚居区交通条件同样能够得到很好改善与发展。根据四川藏族聚居区的地形地貌与区域经济相结合，建立起陆空立体旅游交通运输网络，将稻城、木里、丽江与迪庆等城市相互连通，在旅游产业覆盖的范围内建立旅游环线，为藏族聚居区旅游产业的发展创造条件，让长期受空间距离与交通瓶颈限制的四川藏族聚居区能够更好地发展旅游业。

### （三）健全和完善生态旅游环境影响评估与监测机制

根据《全国主体功能区规划》中所述，将四川藏族聚居区确定为国家重点生态功能区之一，原因是该地区的生态区位十分重要，是长江、黄河流域生态安全的关键保护屏障。为避免旅游产业的开发与建设对自然环境产生破坏，需要对旅游产业发展中存在的危险与不恰当的旅游行为及时整改，必要时应该加强景区的旅游环境监测管理机制。环境影响评估体制的建立与完善是确保四川藏族聚居区发展生态旅游、实现可持续发展工作目标的重要条件。同时，应该根据景区的环境发展要求建立对应的保护管理监测机构，针对生态旅游景区中的旅游行为展开实时监督管理，监督的内容主要是污染物的排放、废物回收利用情况以及植被的保护情况，使景区中的植被景观得到更好的保护，促进环境友好型生态旅游业发展。监督管理工作的开展，首先需要对自然环境的容量进行估算，即确保生态旅游活动将限制在自然环境与生态系统的发展中，同时将游客的数量限制在景区所能承受的范围内。其次要根据自然环境建立智能化的生态检测系统，对自然环境采取实时检测，对水文、地质、森林、空气等实施可视化监控，确保所有的状态变化均在管理范

围内,同时对各种灾害信息能够准确地掌控,能够及时检测出不安全因素并发出安全预警。

### (四)鼓励藏族聚居区民众参与生态旅游开发,实现经济收益共享

在四川省藏族聚居区生态旅游的发展中,民众的支持是促进发展的重要因素。生态旅游发展应该以民众对旅游经济效益的相互分享将对旅游发展的贡献充分展现出来,调动民众对生态旅游开发的参与热情。生态旅游的建设中同样包含了民众在旅游发展中的参加模式,主要目的是确保旅游发展与当地的实际需求相符合,确保能够通过行销、旅游经营等行为增加收入,同时为地区旅游资源与生态环境提供良好的保障。

生态旅游产业的发展会产生大量的就业岗位,因此政府应该大量招揽人才创造就业机会,同时应率先满足当地民众的就业需求。民众积极参与到旅游开发中,这是促进生态旅游发展、实现旅游产业可持续发展的基础,当民众的生态意识提高后才会更好更自觉地保护四川藏族聚居区的生态环境。因此,在当地的生态旅游发展中,政府应该加大民众对旅游知识与生态保护的知识普及,增强民众的生态旅游意识。藏族聚居区的民众在生态旅游的发展中需要具备极强的参与意识与环境保护意识,在生态旅游业的发展中积极参与旅游活动,以此促进生态旅游产业化、市场化与专业化建设。

### (五)加强生态旅游专业人才的培养

四川藏族聚居区为了促进生态旅游更好的发展,实现生态旅游产业跨越式发展目标,在开发、建设、管理与发展等多环节工作中都需要人才的支持,需要政府加强对"人才战略"的贯彻落实,将人才培养与旅游服务工作相连接,有针对性地培养与建设生态旅游人才队伍。生态旅游是旅游方式的新发展,不仅是休闲旅游的一种,更是知识与文化的旅游,能够有效提高人们的旅游品位。人才是确保生态旅游业良性发展的重要因素,是保障生态旅游开发工作良好实现的重要条件,生态旅游产业的发展离不开高素质的专业管理人才与服务人才的支撑。首先,应该加强政府对人才的重视,通过政府的引导加强旅游管理人才与行政人才的培养,同时提高生态旅游产业发展意识与服务意识,以此达成对生态旅游更好发展的共识。其次,采取因地制宜的方式培养有针对性的高素质旅游人才,与当地高校相结合,采取定向招生提高储备人才的数量,特别要与当地的民族学校相结合,充分利用学校的教学资源。最后,采取"走出去、引进来"的人才发展战略,定期组织当地旅游人员参加国内外的各种旅游培训,学习更多更好的生态旅游工作经验。

### 六、结语

四川省作为我国主要的旅游扶贫地区之一，在旅游建设与发展中拥有大量的世界级与国家级旅游资源，且一半以上的旅游资源集中在藏族聚居区，唯一性、不可替代性与不可模仿性的资源较多，这是四川藏族聚居区旅游产业发展的主要资源优势。在近年来旅游产业的建设中，四川藏族聚居区的经济得到了一定的发展，并将旅游业作为当地发展的主要产业。藏族聚居区的主要发展优势是生态旅游业，且具有较大的发展潜力，因此在藏族聚居区的旅游业发展中，对自然旅游资源的充分挖掘与利用需要坚持可持续发展理念，将其作为藏族聚居区旅游开发工作的原则之一，同时应该加大对当地旅游产业基础设施建设的力度，增加旅游项目建设投资，与旅游市场更好地交流合作，强化人才队伍建设。四川藏族聚居区在发展旅游产业的过程中，将生态旅游发展模式作为主要的发展方向，对旅游景区进行分配与管理，通过旅游收入分配机制的不断更新，提高藏族居民对旅游产业的参与度，通过政府的政策扶持与项目资金支持，加大对生态旅游的开发力度，让四川藏族聚居区的生态旅游业成为经济可持续发展的主要推动力。

## 第二节　国外移民开发的经验教训及对我国生态移民的启示

世界历史的发展趋势是有迹可循的，移民历史同样如此。在各国的历史中，美国、加拿大、俄罗斯等国家均发生过大规模的移民，且都是在本国境内展开的。由于导致移民的原因不同，实际的移民经过也各不相同。即使是在发达国家，其移民工作不仅有成功的经验，同样也包含失败的教训。当前，我国以脱贫攻坚发展致富为背景，为促进经济与社会的更好发展，在移民工作的开展中需要认真研究国外的移民经验与教训，通过借鉴学习为我国扶贫工作的展开提供更多的实践经验，以促进生态移民的可持续发展。

通过对世界历史的研究可知，每一个国家的经济发展都离不开大规模的人口迁移。除了国际移民之外，通常情况下移民都是在国内迁徙且规模较大，又被称之为国内移民开发。历史上大规模的移民开发主要集中在美国、加拿大、俄罗斯等国家，但是发展中的可变性因素较多，导致各国的移民开发工作实际成果各不相同。发达国家的经验是我国发展的“镜子”，在“精准扶贫”以及“脱贫攻坚”的双重影响下，我国的移民工作应该吸取国外移民开发的经验教训。

## 一、美国西部地区的移民开发

美国在1783年独立战争结束之后，西部地区有大片的土地等待开发。为了将广大民众吸引到西部，激发民众对新生活的热情，美国联邦政府与各州政府联合制定了产业、科技以及环保等方面的相关政策与法规，从此开启了向西部移民的拓荒时代，百年后被称为“西进时代”。

经过长期的移民开发，如今美国的西部由荒芜的土地变成了世界经济中心，不仅引领了美国经济的走向，更对国际经济的发展产生了积极影响。美国当年西部移民措施主要包含下列内容：

### （一）大力实行开垦土地政策

由于美国有大量的未开发土地，因此其在1862年通过了《宅地法》。此法律规定，凡是美国公民年满21岁，或者是宣布自愿成为美国公民的人，只需要缴纳10美元的手续费就可以在无人居住的政府所有土地中免费获得160英亩①，如果在此定居与开垦足够五年则土地的使用权归其所有并且可以出售，或者在居住满六个月之后可以根据当时的最低价格将土地购买为己所有。类似这样的法律在当时的美国颁布了许多，除此之外美国联邦政府采取了多种优惠政策，主要目的就是激励民众到西部去开发并创造新的生活。

### （二）实施对农业的援助政策

美国联邦政府开始对农业进行援助是在1862年，当年《莫里尔法案》的通过，标志着农业未来的发展方向。此法律规定，国会为支持农业发展，将有偿拍卖公共土地30 000英亩，所得资金作为农业发展基金，用以维持69所农业学院的发展。1887年，美国加大了对农业教育的投入，为各州高校农业实验站的建立与发展投入了大量的资金。美国联邦政府在1889正式设立农业部，开始对农业教育的发展与农业科研提供更为系统与科学的指导与规划。多种措施并举使美国农业的发展得到了大力的支持，对农业科学发展起到了较大的促进作用，农业集约化生产得到了有效的提升。

### （三）基础设施开发政策

在西进运动的开展中，美国对基础设施建设十分重视，尤其是对交通运输设施的建设最为重视。在此基础上，美国政府为了加快交通运输业的发展，提出了“多

---

① 1英亩=4 046.86平方米。

修铁路多得益”的政策。政策规定，铁路公司每修建 1 英里①的铁路，就可以获得铁路沿线相应的土地面积；与此同时，在铁路的建设中，政府为了加大对铁路的支持，规定铁路公司可以根据实际修筑铁路的长度以及修建地形的不同，得到相应的贷款，以此作为政府的资金支持。美国的铁路时代是在 1830 年第一条铁路建设完成且投入运营之后到来的，铁路的发展带动了美国交通运输业的发展，使美国经济发展进程不断加快，带动了全国市场体系的建立，在西部开发中引领了“铁路城镇”的建设发展，这是西部开发成功的重要因素与发展基础。美国铁路发展至 1860 年时，铁路长度已超过 30 000 英里，且大部分都是在西部地区。不仅是在铁路的建设中，在公路的建设中，美国政府同样鼓励私人投资。为解决建设资金不足的情况，美国政府制定了公路收费政策，美国第一条公路的修建是在 1792—1794 年，截至 1830 年美国公路修建总长达到 6 400 千米。当蒸汽机船被发明且投入使用之后，美国政府同时开展了对水运的建设与发展，这一举措使美国成为当时世界上河运最发达的国家。

### （四）扶持教育和科技发展的政策

在西部移民过程中，美国联邦政府对教育发展从不曾忽视。在 1785 年土地法中规定，西部地区的每个州都拥有办学的权利，兴办一所公共学院之后可以获得相应的土地面积。时任美国总统杰斐逊作为移民家庭的代表，为促进西部移民教育的发展，制定了十分详细的教育制度，包含的教学计划从初级学校到州立大学，内容十分具体。在此背景下，美国西部与南部地区州立大学层出不穷，且在初期的教学中采取免费教育方式。美国联邦政府在加强教育工作的同时，对科技的发展与应用同样重现。受到第一次产业革命发展的影响，美国的科技得到了迅猛发展，到第二次产业革命初期，美国便开始由农业国转变为工业国，其主要的转变标志是西进运动都是以发展工业作为主要开发内容的。为了促进西进运动能够更好的发展与建设，美国联邦政府投入了大量的人力与物力，实施了许多优惠政策。

### （五）建立专门机构和配套法规保障政策

美国的西进运动持续了很长的时间，且在 20 世纪 60 年代进入了新的发展阶段。西部地区先后成立了开发署与经济开发署等专门的管理机构，并针对西部开发制定与颁布了大量的重要法规，以此作为对西部地区开发工作的扶持与监管。在所颁布与实施的法规中，涵盖了大量针对地区实际发展需求而制定的规定，同时通过相关机构的建立为西部的二次开发奠定了良好的基础，起到了积极作用。发

① 1 英里 =1.61 千米。

展至今,美国西部地区的经济发展与社会建设已经充分说明了美国西部移民开发工作的效果。

## 二、加拿大西部地区的移民开发

加拿大原是英国殖民地的一部分,但在此最早建立殖民地的并不是英国而是法国。在历史上,英国与法国对北美的控制权进行争夺,最终在1763年英国取得了胜利并占领了魁北克。1867年7月1日,英国正式建立了以魁北克为主的殖民地,并在加拿大的首都渥太华成立了联邦式"加拿大自治领",这是北美第二个独立国家,但是加拿大的最高行政权仍然归属于英国。在加拿大的发展中,其东部地区是最早获得开发的,且在发展中处于领先地位。而西部地区则较为落后,其中最落后四个省被称为"加西四省",包括:不列颠哥伦比亚省、阿尔伯塔省、萨斯喀彻温省、曼尼托巴省。

### (一)加拿大西部的早期开发

加拿大联邦政府成立之后,为了推动西部的发展与内地的开发,采取了一系列有针对性的措施:于1872年颁布了《自治领土地法案》,法案规定只要移民缴纳10美元的注册费就可以获得160英亩的公共土地使用权;同时为了促进太平洋铁路的建设,捐赠了大量的土地;将西部地区400万英亩土地作为办学基金;在1878年开始实行保护性关税,并将进口工业品的关税率进行了一定幅度的提升。通过实施各种开发,不到半个世纪的时间,加拿大西部地区基本得到开发,国家经济有了极大发展。

加拿大的居民自1896年开始大量移民到西部地区,这一情况使西部地区发生了极大的变化,西部地区土地的使用率得到了极大的提升。但是由于加拿大人口较为稀缺,政府制定了有效的移民政策,为来自欧洲与美国的移民提供了极高的福利待遇,吸引了大量外来人口移民至西部草原,为当地农业的建设与发展提供更多劳动力资源。为了吸引更多的人口移民至西部草原,增加居民对加拿大西部的认同感,加拿大政府加大了对西部草原开发的信息化建设。加拿大西部地区最初有60%的人居住在农村,大部分从事农业或服务业。随着移民在农业发展中的促出作用,农作物的实际产量得到了极大的提升。发展至20世纪20年代,农业生产开始使用内燃机,将拖拉机作为马匹的替代物,将卡车作为马车的替代物,传统的农具被联合收割机所取代,农业生产力得到了极大的发展。到1928年,西部草原仅小麦的出口量就已经占世界出口量的一半,获得了"世界粮仓"的美誉。

加拿大的经济在第二次世界大战之前便得到了迅猛发展,随着横贯大陆铁路干线的建设完成,移民开始大量向西部大草原转移。此时西部草原人口数量剧增,农业发展区域逐渐扩大,农作物的实际产量有了一定程度的增长,加拿大西部的草原成为世界较大的谷仓之一。在近代工业的发展中,大量工业部门随着科技的发展而出现,包括采矿业、铁路设备制造业等,加拿大全国交通运输网以铁路为中心开始建设,而铁路沿线也出现了大量的新兴城市,其中蒙特利尔与多伦多更是成了加拿大经济文化的发展中心。

### (二)21 世纪加拿大的西部开发

2000 年,加拿大联邦政府为了增加对西部发展的资源供应量,制订了供货商发展计划。该计划主要是为了向西部企业提供更好的发展机会,通过参加政府采购计划西部得到了很好发展,且在政府的主导之下建立了“加西产业联盟”与“西部商务服务网络”,西部企业在发展中也组成了各种联盟,成为西部企业发展的基础。

20 世纪初,加拿大西部地区的基础设施较为落后,对当地经济的发展造成了极大的影响。随着经济的发展,到了 21 世纪,加拿大政府加大了对西部地区的基础设施建设投入。加拿大联邦政府与各省政府通过对投资项目的选择,采取了联合出资促进基础设施建设的方式。加拿大联邦政府与各省政府分别对实际发展状况进行研究后,各自提出发展建议,并建立管理协调委员会进行论证,根据实际情况对项目的合理性加以考量,选择最优化的建设项目后由两级政府共同投资开发。除此之外,加拿大联邦政府还为西部地区的私营业主与中小企业提供了更多的发展机会。首先,是对私人投资限制的取消,对税收予以支持,对私营公司的税率进行区分,根据企业的规模制定实际税收的缴税率,避免在优惠政策的推广中出现不公平现象,为众多私营业主及中小企业提供更好的发展机会。其次,政府借助金融机构为私营业主及中小企业提供更多的贷款优惠与资金帮助,为其发展提供资金担保等措施,使私营业主及中小企业在金融服务领域得到了更多的发展资源。

加拿大联邦政府对企业发展的扶持是从 2008 年开始的,并将对企业的资金补助与扶持转化为“智力支撑”,简言之是帮助企业吸引与留住更多的人才。例如,中小企业招聘的员工如果是毕业于理科的大学生,则政府需要在三年之内为企业负担该大学生全部工资的 50%,以此作为选择在西部就业的大学生就业福利,将更多的高素质人才留在西部,逐渐缩小西部与东部地区的收入差距,以此促进更多的人才向西部地区转移。

## 三、国外移民开发的经验及启示

由上述可知,在历史的发展中一些国家的发展与经济的建设离不开移民开发,而无论哪一种类型的移民所采用的方式都是不同的,其经验都是值得我们借鉴与学习的。

### (一)合理的人口数量是实现经济开发的重要条件

区域经济的发展离不开人口规模的合理性,当人口的数量与质量达到一定的标准时,就能成为区域经济发展的重要前提与发展基础。人口规模是社会发展的基础,其发展会受到经济的影响,同时也会对经济的发展产生促进作用,推动社会的整体发展进程。尤其是美国、加拿大等国家的发展,在对本国落后地区的经济开发与社会建设过程中,劳动力资源短缺是无法逃避的问题。因此,需要通过向这些落后地区输入大量的劳动力,即通过采取移民措施实现对落后地区的开发。根据美国西部的开发建设经验可知,在落后地区的开发中,人口数量与质量是发展的基础,具有关键作用。当大量移民进入西部之后,不仅为西部开发提供了大量的劳动力,并且对西部经济起到了促进作用,更为东部工业化地区的发展开拓了更加广阔的销售市场,为美国整体的经济创造了巨大的发展前景,对经济建设和社会进步提供了更大的发展空间。美国西部经济中心西移的情况主要发生在 19 世纪,这种情况是由大规模的人口迁移所导致的。

在移民过程中,各个国家为了吸引人口迁徙提出了大量的优惠政策以求能够吸引更多的民众能够主动迁移并在当地安居乐业。美国与加拿大在移民过程中做得较为成功,能够确保开发目标的有效实现。但是对于部分国家而言,在发展中仍存在一定的问题,可能是劳动力短缺,也可能是人口分布不合理等,这些情况都会对开发项目的实际效果产生影响。

### (二)产业发展定位对移民开发成败有决定性的影响

在美国与加拿大进行西部开发的过程中,为确保达到效果,就要对相关产业的建立与发展实施准确定位,这样能够让其随着时代的发展改变自身的供需,提高发展效率。例如,对高新技术产业发展的重视。

随着时代的发展,技术的革新促使人们对产业的需求不断变化,因此需要对传统的产业进行改造。在俄罗斯的发展中,当时的发展水平无论是规模还是效率相比之前都得到了一定的提高,但是在东部地区的开发中却并没有达到实际效果。而无论是在战争之前还是在战争之后,该地区都具有强烈的军事特征,战前能够建立战略后方,战后能够与美国相抗衡。俄罗斯的整体经济发展与战争时期的发展方式相同,即使是在东部的开发工作中,重工业的发展同样得到重视,尤其是在军事工业的影响下,不合理的产业结构与工业部门结构使东部地区的开发呈现粗放低效的发展趋势。这种情况导致俄罗斯的东西部地区社会经济发展水平存在一定的差异。东部地区在经济发展与内在潜力的增长中没有得到实际的提高,并没有

形成持续化的发展，且东部地区拥有丰富的自然资源并没有对经济的全面发展起到实际的促进作用。与西部的经济发展相比，东部地区的农业、轻工业与重工业的发展比例失调，导致经济问题极为突出且典型。东部地区在工业结构组成与发展形势的影响下，重型化与原料化的发展倾向较为严重，促使经济的发展更加偏向军事化。

### （三）基础设施建设在移民开发中有着不可替代的地位和作用

根据实际产业的发展结构分析研究可知，其中存在一定的发展规律，且在第二次工业革命中，交通运输业得到飞速发展。但是美国在发展中西部地区时由于历史条件与地理条件导致发展方向不同，使美国在独立战争后发展滞后。美国联邦政府为了让人民更好地发展，同时促进交通运输行业的发展，对西部的发展进行了重新定位，这成为交通运输发展的基础。美国 18 世纪末开始建设兰卡斯特大道，19 世纪末全国的铁路网基本建成，此时美国交通运输业已经得到了革命性的改变。铁路的建设无论是对西部的开发，还是对美国整体国民经济的发展都存在一定的影响，因此世界将 19 世纪美国的内陆运输史称为“铁路发展的成功史”。俄罗斯、加拿大等国家的移民开发与地区发展中，对基础设施建设十分支持，特别是对铁路的建设规模十分重视，因为这些因素使得移民的成功率得到了较大的提升。在我国当前的移民开发工作中，为确保移民的生态化可持续发展，对基础设施的建设同样需要多加重视。

### （四）作为区域经济增长焦点的城市作用不容忽视

“增长焦点”是一个区域经济的发展概念，是以国外经济学家的多种区域发展理论为基础，主要是将里斯蒂勒的“中心位置”假说、佩洛克斯的“增长极”假说以及弗里德曼恩的“空间发展阶段”假说综合整理形成的。该概念的提出主要是为了对区域经济的发展起到促进作用，使得对应的区域经济在发展中得到一体化的整合以及实际增长，从而形成经济中心区。在增长焦点的建立与实施中，主要的建设要素包含两点：

第一，由于增长焦点结构属性是分层建立，则在不同层次下的增长焦点无论是其实际的产业构成抑或对区域经济的作用各不相同。增长焦点中的最高层称为增长极，中层称为经济中心。

第二，区域性质的不同，则其实际增长焦点与增长数目都是由社会经济的实际发展条件与当地的地理状况所决定的，增长焦点的大小与功能则是通过区域发展的需求以及区域的实际发展规模所决定。

由于区域发展的核心是城市的建设，对区域社会经济的发展起到决定作用，则所谓的增长焦点，简言之就是城市网络，但是其实际的发展规模与城市的大小各不相同。通过对以上多个移民发展国家以及落后地区的移民开发工作相对比可以发现，在实际的发展中，区域经济的建设都需要建立形式不同的增长焦点，其主要表现形式是对区域城市大小的建设。例如，在俄罗斯的地区发展中，为促进西伯利亚与远东的发展，建立了一批规模不同的城市。焦点增长影响了城市的建设，带动了区域社会经济的发展，并在实际发展中对我国的生态移民产生较大影响。

#### (五)移民开发过程中应注重当地的生态保护

在区域建设与发展过程中，为确保建设的实用性，在生态经济学的影响下，工作的实施主要包含两重性：其一，对自然资源的开发与利用过程，使其经济性得到有效的发挥；其二，对原有生态平衡链的适应与打破，以此为基础建立新的生态平衡链，加强对生态的改造。这两方面的实施内容通过生态系统的能量流动与物质循环达到了有效的结合，并在区域经济的发展中得到了实施。在区域开发工作的实施中，对生态环境产生一定的破坏是无法避免的问题，但对生态环境的实际保护关键是将生态环境的破坏程度降到最低，且最快建立新的生态平衡。但是在以往的发展史中，实际的效果与实施结果并非理想状态。如在当年的美国西部开发中，由于美国联邦政府对生态环境的保护重视度不足，导致生态环境的破坏规模与破坏程度较大，且破坏持续时间较长，使得自然环境受到严重的负面影响，对美国之后的经济发展造成了极大的危害。而受生态破坏的影响，美国经济的发展遭受到极大的损失且难以弥补。1934 年，美国西部草原地区发生了一场史无前例的黑色风暴，这次自然灾害让美国三分之二的地区陷入危机，良田被大规模的破坏，庄稼枯萎田地龟裂。至今美国的自然灾害发生频率仍然较多，这对美国经济的发展尤其是中西部经济的发展造成了极大的影响。从某种程度而言，美国经济的发展以及西部地区的开发是以对环境的巨大损害为代价的。作为历史的教训，在我国当前的扶贫工作中，在推动区域经济发展的同时，需要对环境做到有效的保护，这是实现生态移民可持续发展的重要保障。

## 第三节　大扶贫背景下精准扶贫的绿色新动力

### 一、基于毕节岩溶贫困山区石漠化综合防治视角

在我国近年来的生态文明建设中，贵州毕节试验区作为重点的关注区与先行区，是我国实施精准扶贫的主要区域。通过其发展可知，在大扶贫的背景下，精准扶贫的有效实施应该遵循区域发展以及地域分布规律，坚持绿色扶贫的发展方向，

对精准扶贫的区域模式进行有效优化,并对精准扶贫的可持续性予以加强。此工作的实施需要以岩溶贫困山区的石漠化综合防治为基础,通过增强精准扶贫的可持续性,立足于岩溶贫困山区石漠化综合防治。通过区域转型与脱贫攻坚工作的实施达到对供给侧经济发展方式的生态文化培育,以求建立更为全面的目标责任制与考核奖惩机制,达到对人口“控量提质”的目标,促进新型经济发展模式的重构与融合。针对产业技术的发展,根据时代的需求对其进行治理优化,建立多元化的资金保障机制,对生态效益的发展提供有效的保障措施,制定完善的补偿机制,建立绿色扶贫工作实施标准,并对精准扶贫工作的实施制定严格化的工作底线。综合以上,归纳为对绿色扶贫工作道路的重新建立。

在我国当前的社会经济发展中,全面建成小康社会是“十三五”的目标,而脱贫攻坚是全面建成小康社会的最低要求,需要将行业扶贫、专项扶贫和社会扶贫放在一起,形成政府、市场与社会共同作用下的大扶贫发展格局。在全面建成小康社会的建设与发展中,实现对精准扶贫区域模式的优化以及对精准扶贫区域可持续发展的加强具有十分重要的影响。

在大扶贫背景下,精准扶贫工作的实施需要遵循一定的规律。通过对岩溶贫困山区的发展研究可知,区域发展与贫困化存在一定的地域分异规律,通过区域转型,在实施中要对扶贫工作坚持要素禀赋的改善,增强制度厚度,并通过靶向惠及贫困农户。例如,在乌蒙山区的发展中,作为连片特困地区的主要集中地,脱贫攻坚战的实施以及精准扶贫工作的实施需要将绿色发展理念贯彻到底。在精准扶贫工作的实施中,坚持绿色扶贫以及绿色发展理念,通过对贫困山区生态的脆弱性和贫困人口的发展进行相关的生态保护。在岩溶贫困山区的脱贫攻坚工作中,其主要的核心是建立以政府、市场、社会三位为一体的结构,作为对大扶贫工作的实际支撑,并对贫困地区实现精准扶贫,通过将绿色发展与扶贫工作相联系,将精准扶贫工作作为实际工作的增长框架。

我国在实施精准扶贫工作中,将贵州省毕节市岩溶贫困山区作为主要的试验区,这是由于毕节市位于贵州省西部,地处川滇黔结合处,是典型的石漠化防治区。在中华人民共和国的历史上,作为第一个农村改革试验区,岩溶贫困山区是全国贫困消除工作的重要试验区,在扶贫工作中坚持科学发展方式,是全国唯一的喀斯特地貌农村综合改革试验区,对西南岩溶贫困山区的发展具有重要的影响。在试验区的发展中,主要工作是精准扶贫中绿色扶贫工作的有效实施,通过对石漠化综合防治工作,构建“生态文明建设先行区”。在精准扶贫工作的实施中,区域模式的优化以及可持续发展能力的加强,需要以岩溶贫困山区的石漠化综合防治为基础,通过区域转型工作与精准脱贫攻坚工作的共同实施,采取多种有效的措施,在供给侧结构中建立绿色扶贫工作新推动力,并以精准扶贫作为基础,对绿色扶贫工作进行融合式发展。

对生态文明先行区的建立以及绿色扶贫工作的实施,需要以石漠化防治教育活动为基础,通过生态文明意识的提高加强对生态文化的培育,以此提升贫困人群的石漠化防治意识,培育更为积极的健康的生态文化,让实际工作效果与工作效率得到有效提高。在绿色扶贫工作的实施中,人们对自然的正确认知需要通过自身的价值认知以及价值判断,通过对社会生产方式生态化的价值指引,加强人们对健康生活和生态旅游的追求。例如,当人们在生活中产生类似践踏绿地、在生产建设活动中随意弃土、不合理的耕作方式以及过度樵采、开垦等多种不良习惯成为当前生产生活方式的常态化,而在意识形态中出现不以为耻的观念时,则表明在现代化的社会发展中出现了导致石漠化灾难的人为因素。物质基础决定上层建筑,同样的生态文明意识决定着生态文明行为。在生态文明建设中,绿色扶贫工作的推进需要保持石漠化防治中的水土平衡。因此,在绿色扶贫工作的实施中,加强生态文明宣传工作以及文明教育工作同样十分重要。现阶段为了促进绿色扶贫工作的有效实施,需要坚持对绿色扶贫教育理念进行加强,即坚持“宣传教育也是治理”的工作理念,在扶贫工作中为确保生态环境的有效保护,应坚持宁可少治理一平方千米,也要提高宣传教育工作的原则。在工作中坚持实施水土保持,坚持教育活动的实施,通过预防、保护工作,加强全社会对水土流失、环境治理的意识,加强对石漠化防治的关注,提高社会共同参与意识、石漠化防治意识。同时,在实施水土保持石漠化防治工作中,应该坚持推动绿色扶贫意识进校园、进党校、进农户、进工地的宣传教育活动。

## 二、完善水土保持、石漠化防治责任制与考核奖惩机制,加强生态文明建设

随着社会的进步,经济发展促进了生态文化的发展。在当前的工作中,生态文明建设不仅是生态建设部门的工作范围,更是作为社会经济发展的重要内容与各级领导干部的实际工作政绩相结合,与工作考核相挂钩,因此在实施中需要通过完善生态文明制度建立规范化的管理体系。在一定程度上,经济社会行为的产生是社会制度影响的结果,在水土保持石漠化防治工作中,生态文明的建设不仅需要通过简单的行为实施更需要对其施加一定的制度压力,在实施过程中加强制度的约束力能够达到极好的管理效果。

在毕节试验区,水土保持石漠化防治工作具有极好的基础,在实际的建设中对生态文明先行区的建立需要通过绿色扶贫实现,以建立全国水土保持生态文明示范市、成为“全国石漠化防治示范区”为工作目标,毕节市委市政府能够通过统筹工作实现有效的管理。通过活动的创建,加强毕节市对生态文明意识的建立,以及

对政府水土保持石漠化防治工作目标责任制的制定；以对领导干部政绩与绩效的考核，出台相关的工作规定；通过对水土保持工作重点的划分，建立相关的水土保持项目；加强实际设施验收方法、加强对水土保持及生态文明城市的发展，对城市建设指标体系进行有效建立；通过制度的建立与实施加强对城市建设生态化理念的指导；对开山、采石和取土等活动有效监管；对新开发区水土平衡的把控、对雨洪积蓄的利用、通过边坡开挖等行为中的生态防护措施，加强城市透水性基础设施的铺装、水系沿线绿化整治等相关工作；加强城市建设工作，将生态理念落实到各个项目工程中，对各项目工程的建设需要从规划设计、建设实施与竣工验收等多个环节做到严格化与规范化。

在石漠化防治工作中，体制的保障应该以生态文明先行区的实际建设要求作为基础，以加强石漠化防治制度的有效实施，确保在防治石漠化的工作中以制度作为实施基础，将石漠化防治工作的实际年度工作任务以及中长期目标作为经济社会发展评价体系的监管标准，以此构建完善的生态文明先行区建设，作为效益监测体系、考核办法与奖惩机制。针对工作部门的相关领导干部加强在工作中的石漠化防治意识，根据石漠化防治工作的实施，建立追究制度与环境损害赔偿制度并加以完善。提升对环境违法的管理成本，通过有效的调节管理方式对社会行为进行有效管理，以此作为生态文明制度的完善标准，成为生态文明建设的基础。

## 三、采取人口控量提质措施，对人口的增长进行有效的管理把控

随着我国人口增长速度的不断加快，人口密度过大，但实际人口素质水平差异较大，对环境压力产生的实际效果也各不相同。据不完全统计，2016 年毕节市的人口密度已经达到 380 人/平方千米。通过综合数据分析对比发现，毕节市的人口密度与全国范围内同级别行政区域的人口密度相比较高，在全面建成小康社会的道路上，人口密度过大会造成社会经济发展的各项指标受到极大的影响。当人口的承载压力对土地环境负载过大，将会导致石漠化土地的情况更加严峻。再加上农村居民受教育的程度较低，对生态环保的意识薄弱，这导致了社会再生产的活动水平无限降低，从而使石漠化程度不断加剧，造成生态贫困的情况愈加严重。因此，为有效遏制石漠化程度的发展，需要通过采取有效的手段改变现状。

其一，是排除人口发展中存在的影响因素，坚定不移地执行计划生育政策，对人口的总数量进行严格控制，遏制人口数量，将计划生育与社会经济发展相结合，在工作中大量消除贫困、保护生态环境，对区域资源的使用合理且科学，通过统筹一致促进区域经济的发展。

其二，针对现阶段农村人口的实际素质水平加以提高，推动国家对义务教育的

普及范围，扩大职业教育的覆盖范围，实施文盲扫除教育，避免存在青壮年文盲现象，提高区域内劳动力的素质水平。

其三，加大对石漠化地区人力资源的开发工作，提高政府对区域内人力资源工作的重视度，提高劳动力自我发展能力。

其四，大力推动劳务经济的发展，针对当前石漠化区域内的劳动者实施积极有效鼓励措施，动员青年人进城务工。只有当劳动青年积极进城务工才能够提高当地居民对自然资源的重视度，减少对自然资源的破坏程度，以此作为对石漠化现象的有效防治措施，实现经济与生态双赢的局面，使绿色减贫工作落到实处。

## 四、推动区域发展的“四化同步”与“接二连三”，加大对经济结构的重整发展

随着时代的发展，在当前的区域发展中，扶贫工作的实施需要与时代的实际需求相结合，加大对工业化、信息化、城镇化以及山地高效农业现代化的扶持，确保“四化同步”在工作中能够起到有效的影响，通过山地特色“接二连三”的措施加速对新兴经济结构的发展融合。

在区域经济发展的促进之下，毕节市作为主要的喀斯特地貌区，在其发展中经济转型的途径需要通过“四化同步”措施实现，这是生态经济系统优化工作的核心。在党的十八大会议中，针对当前扶贫工作的开展，指出扶贫工作需要与经济转型相结合，在发展中坚持中国特色社会主义工业化、现代化、信息化、城镇化的农业发展道路，在工作的实施中加强信息化与工业化的充分融合，积极调动工业化与城镇化的良好实施，通过城镇化与农业现代化的协调发展，使区域经济在工业化、信息化、城镇化、农业现代化的发展之路上达到协作状态。

“无工不富”，是指在工作中需要加大对新型工业化的发展，要根据石漠化地区三大产业结构的实际发展水平，为社会提供更多的就业机会与发展机遇，帮助政府解决社会的主要民生问题，最大程度将农村的剩余劳动力转移，缓解土地石漠化。

“无商不活”，是指在工作中要加大城镇化发展的力度，对城市群的实际发展规模与建设布局要通过科学合理的规划，促进中小城市与边区小镇产业的发展，提高公共服务水平，提供更多的就业机会，实现人口聚集功能，有效节约土地资源，使更多的石漠化区域得到良好的保护。

“无农不稳”，是指在发展中要与当地的实际情况相结合。在山区的发展中，山地自身的特色是发展农业的有效资源，将国家基础设施建设工作与社会事业的发展相结合促进农村的发展，推动国家与社会对农村建设与扶贫开发工作更好的构建与发展。针对当前农村实际生活条件制定有效的改善措施，建立新型农业经

营体系，以集约化、专业化、组织化与社会化作为农业经济的主要发展因素，以此提高农民的实际收入，从根本上对农业的生产方式加以改变。

由此可知，在区域经济的发展中，农业与山区的结合发展离不开“四化同步”的实施，通过与山地特色高效农业“接二连三”的结合，对当前的农业经济发展结构加以改善。以上多种措施的采取是对石漠化土地防治的有效措施与关键，是确保绿色减贫工作效率的重要内容。

## 五、确定生态修复优先的治理思路，着力优化技术以及产业治理路径

在石漠化土地治理工作开展期间，需要通过采取科学有效的生态治理技术，以此作为石漠化治理的科学实施策略。由于石漠化地区在实际的形成中会有大量的碳酸盐岩，整体地区山高坡陡，山体较多破碎，河谷深切导致地下水位较低，且山体中会有陆地植物生态系统的存在。受地质条件影响，植物生态系统缺少稳定性，一旦受到外界破坏就会造成极大的危害，而实际修复速度较慢，且难以确保实际恢复情况与恢复程度。在石漠化土地治理工作的开展中，可能会有种植经济林、用材林与人工草地，但是由于以上措施所使用的材料与植物树种较为单一，林层结构较为简单缺乏实际的抗逆性，导致植物树种的实际衰退周期十分明显，并非最优的治理措施与保护方式。经过长期的实践证明，在石漠化地区建立防护林体系以及封山育林等措施能够形成长势良好的乔木林与灌木丛，在人工种殖的品种中与天然自然资源最为相近的人工森林植物群落。在当前众多的石漠化治理措施中，使用此种植技术所得的林木具有较强的稳定性与抗逆性，具有十分明显的正向演替作用，在石漠化土地的防治工作中能够有效实现水土保持与水源涵养，将林木的防护作用发挥到极致。

在石漠化土地的治理工作中，产业的发展是提高经济效益的主要路径，但是在产业治理路径的落实中需要与生态型产业相结合，并通过置换方式进行选择。在当前石漠化治理工作的落实中，实际工作效果的保障需要通过特色林业的有效实施与林木经济发展相结合，以此对现代林业产业结构的实际发展进行调整、升级，促进其发展。在石漠化地区的建设与发展中，适合的林木果树种植类型较多，如樱桃、李子、梨、核桃、板栗等，在当前的实际发展中具有较高的市场潜力，具有较大的经济优势，不仅能够改善石漠化土地的生态环境，还对水土流失的情况实现了有效的保护，促进区域经济发展，提高农民的实际收入，达到增收的经济目的。正所谓“黔地无闲草”，在当前石漠化地区的森林生态系统建设中，为了给自然提供更好的生态庇护，不仅要加大对自然的多种保护措施，更要为人类提供较多的绿色林产品，如蕨菜、食用菌等，以及喜阴的天麻、虎耳草、半夏等中药材。在保护自然资源、

防治石漠化的同时,对地区的林果业与林下产业起到了有效的促进作用,不仅能够调动农民对石漠化治理的主动性,更能对当前石漠化地区人民的生活水平加以改善,为市场提供更多的林副产品,同时能够带动石漠化地区的经济发展,达到脱贫致富的目的,确保石漠化治理与区域经济发展的有效统一。以上措施是经过长时间的实践所得,是当前石漠化治理工作中最为有效且直接的生态型种植产业。

## 六、加大石漠化治理项目资金投入,着力构建多渠道的资金保障机制

在我国的发展中,毕节市作为生态脆弱区、生态功能区,其实际的经济发展较弱,属于经济待开发地区,地方的财政预算较少,对石漠化土地的治理工作缺少专项资金,导致实际的治理效果较差。由于毕节市划分区域较大,石漠化土地的面积较大,中央与贵州省政府需要联合治理,并加大对石漠化综合治理的专项资金投入力度。毕节市以获取普惠性的政策项目作为石漠化治理的实施前提与主要支撑手段,争取倾斜性的政策项目支持。在石漠化土地的防治工作中,由于存在陡坡耕地的特殊情况,因此需要对其生态建设的特殊性加以关注,当地理位置过于特殊时难以有效实施造林,则需要享受退耕还林政策的有效补助。

在工作中需要遵守循序渐进的原则,与市场经济发展规律相适应,与实际物价水平相结合,对劳动力资源等因素加以考虑,同时需要与各行业工程建设中相同类型的投资标准相结合,与石漠化土地治理工程的实际性相符合,对实际投资建设规模加以确定,确保其科学合理性,并根据项目的指导性作为投资标准。由于在石漠化土地的实际治理建设中存在一定的特殊性,会受到一些不可抗拒原因的影响,导致造林种草等措施完全失败,因此在实际的实施过程中应该根据建设需求建立一套完善的实事求是且行之有效的报损、核损机制。

政府在资金投入的过程中,为确保中央财经支付力度的转移,需要对补偿资金的实际来源加以探究,在资金的支撑下加大对贵州石漠化山区退耕还林的规模,以此促进生态农业的实际发展。同时能够有效降低石漠化地区所需的工程配套资金。

由于贵州石漠化地区是我国当前经济发展较为落后的地区,区域内的贫困人口较多,实际的财力较弱,为有效解决该情况,中央与地方政府应协同合作加强对石漠化地区相关生态建设工程项目所拨的配套资金。在工程中有些配套资金的使用存在一些无意义性,应适当的减轻财政负担,同时有效促进工程质量的提高,加大建设项目预期建设力度。另外,需要对受益主体加以适当的资金扶持,通过相应的补偿资金加大受益补偿。根据石漠化地区的实际发展状况建立专项管理基金,以此吸收更多的外来资金,当所吸收的资金达到一定额度时,根据来源不同采取股

份制或股份合作制的形式,并通过严格的投资管理措施促进区域产业化的发展。通过促进农民自身的发展,不仅能够推动农业的发展,更能够带动资金投入。加大对生态区域的资金使用管理,推动绿色扶贫更好发展。

## 七、健全和完善生态效益补偿机制,着力探索环境与经济互动机制

毕节市属于两江交汇之处,是两江流域的自然屏障,下游的长江三角洲以及珠江三角洲都是我国当前经济发展最为活跃且富庶的区域,因此该地区的石漠化防治工作是与生态安全相关联的。在治理工作中需要与森林经营理念相结合,根据"谁开发谁保护、谁收益谁补偿"的原则构建完善的补偿制度,加强生态效益的实际收益,根据国家的政策规定设立专项生态补偿资金,充分调动广大林农对生态保护的热情。同时,大力促进绿色减贫产业的发展,建立完善的生态效益补偿机制,这是实现分配公平,全面建成小康社会实现共同富裕的有效途径。

生态补偿机制与森林区域现状相结合,建立多种补偿机制,对国家生态补偿税费施行统一征收与管理,对水资源税与煤炭资源税等适当征收,用于生态环境建设专项使用资金以及生态保护专项补偿资金,为生态环境的可持续发展提供保障。由于享受生态成果的不仅包括石漠化区域,其他受益主体同样受到了成果的影响,因此需要交纳一定的税费。当资源开发项目在实施中对生态环境工程产生一定的影响,则需要根据影响结果收取一定的生态补偿费,用以进行石漠化区域环境综合整治管理。

为确保生态建设的有效展开,应建立专项管理资金,同时在中央与贵州省各级政府的共同努力下将资金的使用作为专项财政预算,由上级部门每年统一拨款。通过专项管理资金的建立与使用,对其实际的收费措施加以明确,并根据情况制定严格的征收标准,提高生态破坏的保证金,通过规范化的制度建立实时税费以及绿色税收制度。在建设中对开发者收取相应的环境资源补偿税,同时对排污者收取相应的排污费,对消费者征收产品税。

加强生态保护立法建设,促进生态补偿与赔偿政策的规范化。环境保护工作需要严格有效的政策管理,因此在实施中需要有与环境保护相适应的法律法规。国家要重视对专项生态保护法的制定,提高自然资源在开发管理以及生态建设过程中的实际保护,通过资金保障、方针政策扶持等措施确保两者的统一协调性。生态补偿机制的建立需要以法制为基础,在建设中可以采取法律手段作为对生态保护的强化,同时对利益主体之间的具体补偿标准加以明确,加强生态系统在立法保护与其他的支持条件下提高实际价值与发展速度,通过立法的完善建立统一的生态补偿机制。

## 第四节　精准扶贫视域下中西部地区生态移民可持续发展

在新时代发展背景下，精准扶贫工作不断深入，对我国中西部地区生态移民可持续发展提出了新的要求与建设目标。中西部地区作为我国移民工作的主要根基地，对我国整体发展与建设具有重要的影响和与价值。然而，从我国现阶段中西部地区生态移民工作的开展情况来看，基础设施建设、移民迁入地规划、移民对象的确定、后续产业发展、移民社会生活适应能力等问题均有待解决。基于精准扶贫的背景，本节将以我国中西部地区为研究对象，深入实地开展调查研究工作，从多层次、多角度出发对我国中西部生态移民可持续发展问题进行研究与探讨。

《中共中央 国务院关于打赢脱贫攻坚战的决定》是中共中央国务院于2015年11月29日颁布的指导我国当前和今后一个时期脱贫工作的纲要性文件，在颁布的当日即开始实施。以我国现阶段社会发展为依托，针对我国在当前和今后一段时间内所开展的精准扶贫工作制定相应的建设目标：到2020年，农村贫困人口在吃、穿、住房、教育、医疗、安全等方面均得到有效保障；确保贫困地区农民人均可支配收入增长幅度高于全国平均水平，基本公共服务能够与全国平均水平相接近；确保我国在现行标准下实现农村贫困人口脱贫，解决区域性贫困问题。2016年全国"两会"上，习近平总书记曾多次强调脱贫工作的长期性与重要性，并在各项会议、决策中对脱贫工作进行了详细的规划，为各地脱贫工作的开展与落实提供可靠的理论依据。

### 一、精准扶贫中开展生态移民工作的重要性与发展性

#### （一）精准扶贫政策的提出

自改革开放政策实施后，对内改革、对外开放工作逐步深入开展，有效加快了我国经济社会的发展步伐，使我国社会在短时间内发生了翻天覆地的变化，不断提升我国在国际社会中的地位与影响力。贫困是困扰我国社会发展的一个长期性问题，在改革开放政策的引领下，脱贫工作从最初在一些地区进行试点，到在全国范围内实施，近年来我国在脱贫方面取得了巨大的成就，成为全球最早实现脱贫目标的发展中国家。但是从我国整体发展水平来看，由于贫困人口基数大，导致我国在较长的一段时期内扶贫开发工作缺乏针对性不够精细化，一些地区脱贫工作目标

产生偏离,为扶贫工作带来巨大的挑战。

从20世纪80年代开始,我国政府部门将县级贫困区设为扶贫对象,并称其为“贫困县”。2001年,以原有贫困县作为扶贫基础,进一步进行细化,将贫困村镇作为扶贫对象,实现“整村推进”。2011年,根据我国整体发展情况,对贫困村镇进行更进一步的细化,在全国范围内划定14个集中连片特困地区,并对其实施重点扶持。如今,全国一共有500多个贫困县、14万余个贫困村、5 500万余名贫困人口。随着社会的发展,我国扶贫工作不断细化,区域瞄准成为我国当前扶贫工作的基本特征。这种贫困扶持模式能够在较短的时间内集中政策、获取充足的扶贫资金,将贫困帮扶工作落实到位,做好贫困地区基础设施建设工作。自2013年精准扶贫政策提出后,各地方政府根据本地区的实际情况,针对本地区的贫困现状进行精准扶贫,提高扶贫工作的针对性、适用性与可行性。

精准扶贫是“以人为本”思想的衍生物,是针对不同贫困地区的具体情况,结合当地的地域优势、人文优势、历史优势,对当地资源进行深度开发,充分发挥不同地区的区域特色,通过多种手段、多种渠道促进当地经济的发展。与以往粗放型扶贫方式相比,精准扶贫是粗放型扶贫方式在不断发展中的衍生物,是扶贫方式发展到一定阶段的必然产物。

2015年6月,习近平总书记到贵州地区开展实地调研工作时,针对精准扶贫做出了更深入的阐释,提出精准扶贫在现代化建设中的重要性,并将精准扶贫与可持续发展理念结合到一起,使精准扶贫工作的每一位参与者和建设者均能够拥有清晰的精准扶贫思路以及强烈的社会责任感。在精准扶贫工作中,要能够根据不同区域的实际情况,制定出相应的扶贫策略,充分发挥区域内的地域优势,提高扶贫工作的针对性、目的性与可行性,使扶贫政策能够带动当地经济、社会、文化的发展与改革。为此,在整个精准扶贫工作中均需要以本地区社会发展的实际情况为依托,以国家规定的各项政策为依据,坚持当地政府的领导,充分调动当地居民参与的积极性与主动性,将贫困帮扶的各项政策落到实处。

在《中共中央关于制定国民经济和社会发展第十三个五年规划的建议》中,以我国当前贫困地区实际发展为依托,习近平总书记就脱贫工作和精准扶贫工作进行了更深入、更系统的阐述与规划。全文主要涉及几个方面的内容,即提高打赢贫困攻坚战的使命感与紧迫感,逐步实现共同富裕;制定脱贫致富的总体目标,坚持精准扶贫基本原则;严格落实精准扶贫工作,加快区域贫困人口精准脱贫;全面加强区域基础设施建设,突破社会发展的瓶颈期;强化各项政策保证制度,构建并完善脱贫支撑体系;创造良好的精准扶贫氛围,为脱贫攻坚工作提供强大的精神动力。

## （二）生态移民是实施精准扶贫的重要途径

精准扶贫工作是一项系统、精确的区域性发展活动，需要根据不同地区的具体情况，制定出相应的发展战略与办法。生态移民作为精准扶贫工作中的一项基本策略，是开展精准扶贫的重要途径之一，在精准扶贫工作中占据着重要的地位，具体表现在以下几个方面：

1. 生态移民是精准扶贫的实现形式

纵观我国多年扶贫战略的实践经验，单纯对贫困村镇实施扶贫往往得不偿失，扶贫投入远远高于脱贫工作中所获得的收益，呈现一种"釜底抽薪"的现象，因此与其"愚公移山"耗时、耗力，不如"移民搬迁"。凭借移民搬迁实施精准扶贫，能够有效保证移民的发展，构建集中产业聚集区，通过发展产业带动就业岗位的增加，使移民能够在产业转移过程获得一技之长，争取掌握脱贫致富的技能。中西部地区生态移民工作的开展，证明了移民搬迁在脱贫工作中的重要性，农民从农村走出来进入城镇，有效开阔了农民的眼界，增加创业、就业途径。部分地区实施移民搬迁政策后，发展趋势明显加快，移民群众逐渐从传统农民转型为职业农民、新型农民、产业工人，这些转变均符合精准扶贫的发展趋势，是对脱贫致富途径的创新与改革。

2. 生态移民是精准扶贫的必经之路

2011 年，在我国政府部门规划的 14 个集中连片特困地区中，有 11 个集中连片特困地区位于我国中西部。从区域面积来看，我国中西部地区幅员辽阔，多数地区处于贫困状态，且贫困程度相对较深，不同区域贫困程度各有所不同。在此前开展的扶贫工作中，贫困扶持部门以及贫困扶持人员均将扶贫工作的注意力集中在减灾防灾、扶贫救济工作中，政府每年要为贫困地区发放款项和物资，但是贫困现象依旧存在。由此可见，单纯的扶贫工作无法从根本上解决减灾防灾、脱贫致富的目标，正所谓"授之以鱼不如授之以渔"，运用简单的扶贫办法不如从贫困地区的实际情况出发，从根本上解决贫困地区的贫困问题，促进贫困地区居民的发展与进步。

3. 生态移民是精准脱贫的治本之策

正如上文所提"授之以鱼不如授之以渔"，想要实现贫困地区的发展与进步，解决贫困地区所存在的贫困问题，需要从贫困现象出现的根源入手，针对不同的情况制定出相应的解决措施与办法。"生态移民"就是精准扶贫工作中一项治本之策，具有较强的针对性、目的性与可实施性。例如，陕南地区实施移民搬迁工程，使成千上万名居住在山区的群众能够从根本上摆脱恶劣的生活环境，有效保证山区群众的生活质量，在后期的发展中逐步摆脱贫困现象。移民搬迁政策有效带动了移民迁入地的劳务中介、家居装修、建材、物流、餐饮服务等行业的发展，促进区域经济的发展，加快农村土地流转，实现农村土地规模化经营，使产业大户、家庭农场、农业园区等能够蓬勃发展，实现农业现代化。

## 二、新时期中西部地区生态移民工作所面临的主要问题

在扶贫政策的引导下，生态移民搬迁在我国扶贫工作中拥有多年的实践经验，是一项利国利民的惠民策略，使不少原本处于贫困地区的居民能够摆脱原有恶劣的生存环境。然而，从我国中西部地区生态移民工作的整体实践情况来看，随着社会的不断发展，人们生活水平逐渐提高，对生态移民工作也提出了新的要求与标准，给我国中西部地区生态移民工作带来了诸多新的问题与难点。

### （一）移民对象的精准问题

移民对象是生态移民的主体，直接关系到移民工作在精准扶贫中是否具有扶贫作用与发展价值。中西部地区开展移民工作确定移民对象时，应确保移民对象符合当地政府各项标准与要求，在移民对象的确定上不存在任何偏差。然而，从各地移民工作的实际开展情况来看，不同地区均出现不同程度的偏差。例如，在重庆黔江区开展的生态移民活动中，政府部门拨三万元资金用于移民搬迁，并将该资金作为搬迁户的搬迁补助，但是在实际使用过程中部分贫困户却仍缺乏充足的搬迁资金。除此之外，部分贫困人口是老弱病残，即使政府在搬迁过程对其进行全额资助，但这部分贫困群体缺乏独立建房的能力。搬迁工作需要搬迁人员先自行垫付新房的建设费用，等到搬迁工作完成后方可到政府部门进行“报账”，政府对深度贫困群体给予的补贴在实际应用中无法先行到位。陕南地区开展的移民搬迁工作初期呈现出“村庄精英”的状态，部分真正受到自然灾害威胁的农户以及因贫困无法开展搬迁工作的农户依然居住在原有的居住地，并没有从贫困状态中摆脱出来。由此可见，生态移民搬迁活动中的“精英捕获”现象依然存在。

### （二）生态移民规划问题

在民族村镇精准扶贫与区域发展进程中，生态移民是实施精准扶贫、促进区域发展的重要途径之一，体现出系统性、全面性、延展性等特点。生态移民工程是一项系统性工程，并非单纯的人口搬迁活动。从我国中西部地区生态移民工作开展情况来看，部分地区开展生态移民工作时并没有严格按照国家下发的各项规定，整个生态移民搬迁过程缺乏科学性、合理性、严谨性，项目开展过于仓促，并没有在生态移民工作开展前期做好各项准备工作，对移民对象了解得不够深入，后期移民规划无法与居民的实际情况协调一致，生态移民工作的生态价值与社会价值无法体

现,为移民安居带来诸多不稳定因素。

在中西部地区长期发展与建设中,适合移民安家落户的地区有限,各种自然资源的稀缺导致移民安置难以有效展开,其中水资源的稀缺是最为重要的问题,是民族村镇脱贫致富的重要生产要素,特别是在西部干旱地区尤为明显。有些地方会将“五通”地区作为移民安置点或建立移民社区,所谓的“五通”指的是通水、通电、通路、通电话、通有线电视的地方。但在此过程中,移民安置位置的选择没有将地下水的储量、所选区域的人口承载力以及是否与城镇化布局相吻合等情况纳入考虑范围内,这种移民选址的方式对迁入地的自然承载力没有做到充分的考虑,最终导致移民工作难以有效进行。就当前的发展而言,一部分地方政府工作人员对生态移民的实际认知不足,在政策落实过程中缺少实用的内容,认为生态移民只是需要完成的任务,存在“过场式”的工作态度。且在开展移民搬迁之前,硬件基础设施的准备仍然存在一定的问题,在搬迁之后也没有得到有效的改善,生产生活条件没有得到实际提高,工作目标没有得到实际的落实,群众脱贫致富的目标没有得到实现,且移民之后的迁入地实际生态环境遭到了极大的破坏。

### (三)基础设施建设问题

就当前中西部地区的生态移民发展情况而言,有部分地区在移民过程中存在一定的问题,导致实际移民之后的生产生活情况没有得到有效改善。这种情况的产生主要是由于在初期移民工作开展时,地方政府对移民工作的重视度不足,项目资金投入欠缺,在为移民安置配套生产生活设施设备时由于资金的不足导致硬件条件不完善,移民之后的搬迁效果与之前相比没有多大的差别。当移民安置在新的迁入区之后,需要采取一定的措施促进基本生产生活条件的改善。在中西部地区的迁址过程中,由于部分移民的主业是农业,因此在迁入区中应该保证其具备农业生产条件,且农田的水利配套设施、道路以及供电等基础硬件设施同样需要完善,以此作为移民生活改善的基础。除此之外,通过各地移民的反应可知,在移民之后,农业生产的资金投入、生活费用以及教育费用等高于原居住地,加之搬迁之后土地产出率在初期较低,导致移民搬入后,会再次陷入贫困状态。较为普遍的情况是,在一些有土的移民完成搬迁安置之后,其实际消耗与原住地相比基本没有,而且人均有效的土地资源以及水资源缺乏。就当前发展而言,移民迁出十分容易,但是迁出之后稳定的生活以及生产都是极为困难的。其中特别需要注意的是,提倡生态移民的主要目的是解决当前长期处于贫困区的贫困群众有效脱贫,防止生态环境继续恶化,对社会发展与自然资源之间的矛盾加以缓解。但是在现阶段的实际移民中,一些地方政府对移民项目中认知不足,将生态移民当作是人口迁移,对迁出区的后续生态环境管理工作没有做到位,导致移民工作与治理工作没有达

到同步进行,这种情况在一定程度上与生态移民的目标相违背。

### (四)后续产业发展问题

当移民工作完成之后,促进移民地区的经济发展成为主要工作内容。移民群众的致富之路需要依靠后续产业发展,而后续的产业发展是移民群众未来发展与收入增加的主要保障。在此以陕南移民为例,在移民中多数移民迁入区存在着“人居分离”的现象,迁入后的地区缺少“人气”。在移民工作中移民群众需要购买迁入区的房产,购房后可能会将所有的积蓄花光,甚至会产生一定债务。但是在移民后的地区发展规划中,并没有足够的企业吸纳移民并为其提供就业机会,移民为了挣钱,就必须去外地打工,最终导致留守在移民区的基本都是老人或儿童。而大量的留守老人与儿童导致移民地的实际发展受到影响,后续产业难以得到有效的发展。通过对当前各地移民发展情况调查可知,有些移民地区的种植业仍然是传统的种植方式,现代机械化农业种植方式几乎不存在,因为移民并没有掌握先进的生产方式。虽然政府的建设目标与发展初衷是好的,但是由于移民的种植水平有限,实际种植效率较低,与初期设想的目标相差较大。移民之后会有部分群众从事养殖业,如养牛、养羊、养鸡等,养殖业作为劳动密集型产业,在实际的发展中同样能够吸纳移民,为更多的移民提供就业机会。但是在当前的养殖业发展中,量少质差的养殖问题是限制发展的因素之一,实际养殖规模较小,无法为市场提供稳定的销售资源,有时甚至会出现自我生活都难以满足的情况。由于移民群众在移民之前就存在一定的困难,且实际存款较少自由资金不足,在移民初期生活支出较大,难以在基本生活之外进行资金储存,且偿还能力较弱,没有固定的收入,因此相关金融机构不敢随意借贷。这种情况的存在导致即使有部分移民产生过自建产业的想法,但是由于资金不足,缺少发展条件,导致实际发展目标难以达成。

### (五)移民的社会适应问题

在移民过程中,由迁出地到迁入地,移民的生活环境与生活方式都会发生一定的变化,在此过程中移民面对不同的环境会产生一定的心理变化,可能会有不适应的感觉。且在移民过程中,最终在相同迁入区的移民可能来自不同的地域,不同的生活习惯与风俗习惯让移民需要一个适应阶段,而在此过程中,移民群众能够更好的调节情绪适应环境,是确保移民迁入地良好发展的重要因素。

## 三、中西部地区生态移民可持续发展的路径选择

在生态移民的过程中,其发展的关键不仅是要将移民迁出,更要确保移民在迁出后能够生活稳定且得到发展,加强其可持续发展能力,确保移民能够安居乐业。

经过长期发展实践证明，生态移民作为复杂的移民工程，不仅是经济发展的必然选择，更是社会发展与价值转型的重要过程。在“十三五”发展与建设期间，我国生态移民的计划中，仍然还有1 000万左右的贫困人口需要借此实现脱贫，且大部分都集中在中西部地区。由此可知，在我国当前的社会发展中，对移民工作的可持续发展需要多加重视。

### （一）以精准扶贫要求为标准，更好地完善生态移民规划

生态移民是移民群众从迁出地到迁入地的过程，此过程不仅要将贫困人口进行迁移，更要将生态环境的承载力与经济压力同时输出。因此，对于迁入地的选择必须经过系统科学与合理的判断，通过实地考察以及对相关数据的测算，认真对待生态移民工作中需要注意的事项，并以此作为工作标准确保生态移民工作规范化落实，避免生态移民对迁入地造成生态破坏而引发二次移民。在移民过程中需要多加注意的是，当前14个集中连片特困区主要集中在我国的中西部地区，这些地区的生态环境本身就十分脆弱，且就当前的发展而言，移民方式基本都是省域内移民，以县域内移民居多，这种情况会导致无论移民迁入地在哪里，当迁出地的生态环境压力得到一定缓解的同时，迁入地的生态环境却能形成新的生态压力，尤其是土地资源在利用过程中会存在不合理的现象，最终导致的不良影响以及恶化程度更是不可估量。

### （二）按照“稳得住、能致富”的要求，科学谋划后续产业发展

通过多年来移民工作经验的总结，在生态移民工作的实施中，要确保其实际效果的成功，需要依靠后续产业的发展。因此在生态移民工作的开展中，地方政府需要对移民迁入地的后续产业发展多加重视，为移民群众扩大就业途径提供更多的就业机会，为移民群众未来的发展奠定良好的基础。当迁入地的移民政策包含了土地安置，则地方政府在促进后续产业发展的同时，需要以提高移民收入作为发展目标，加强对水利设施以及农业发展配套设备的建设，大力发展精细化农业。不仅如此，政府为促进移民的农业发展，应该提高农业信息服务，为移民的农副产品销售提供机会，同时加大对动植物防疫以及种植相关的农业结构调整力度，从多方面加强对移民迁入地经济发展的扶持，使其在完成生态移民之后能够确保经济的发展，实现经济结构的有效调整以及经济发展方式的更好转型，以此作为促进生态移民可持续发展目标实现的基础。除此之外，政府对迁入地移民后续产业经济发展的扶持，需要与移民的需求相结合，根据新型城镇化对产业实际发展的要求，加强在生态移民完成之后，对移民进行生产技能培训，为移民根据其自身实际需求提供更多的项目。与此同时，在生态移民过程中要确保精准扶贫与一户一策的实施原

则,对贫困人口予以重点关注。在当前的发展中,实际生态移民的后续产业发展较为落后,部分移民在搬迁后对外出务工过度依赖,导致移民迁入地“人居分离”现象较为严重,这种情况从侧面反映出现阶段中西部地区实际就业现象,而经过长期的发展,可能会造成对移民群众稳定生活的不良影响。特别是当外出务工的群众在外遭遇失业等情况时,会对移民搬迁户产生负面影响,最终导致移民迁入地出现二次贫困现象。为防止该情况的出现,在实际发展过程中,地方政府对移民迁入地的建设工作应该首先确保后续产业的发展,避免“人居分离”和“人气不旺”等现象,让经济得到发展。

### (三)加强移民培训,着眼于其发展能力的提高

当前开展移民工作的主要地区位于我国的中西部,当地居民的实际受教育水平不高,整体的技能素质也较低,对现代化的生产方式以及生产技术的掌握情况较差,在其实际认知中,对于社会发展的意识以及求知欲较弱,导致移民地区经济难以得到有效的发展。由于中西部地区发展受限,导致移民的经济意识较弱、市场意识较差,从而形成了恶性循环的发展模式,改变传统生产方式的意识较弱。当实施生态移民之后,应该对移民的发展意识与经济理念加以增强,为其树立深入且完善的经济发展观,借助有效的培训提高移民专业技能水平以及竞争意识。近年来在移民项目的落实中,大部分地方政府为促进移民工作的开展,针对移民的实际发展情况以及经济条件建立了农业技能培训学校,为移民提供了更多的发展机会,包括农机具修理、汽配修理、暖棚蔬菜生产、养殖技术以及土建技术等,为移民提供了更多的技能培训。但是就当前实际培训效果而言,移民的发展情况与能力的实际运用差强人意。效果不理想的主要原因在于,实际培训时间较短,对技术的掌握不熟练,在实际操作中无法达到要求,难以满足工作需要。比如农机具修理、汽配修理等技术的学习与实践并非一日之功,无法通过简单的培训就能上岗。除此之外,对技术性要求较强的工作缺少实际培训的能力。因此,对移民自身综合素质的发展不仅需要加强教育方法与教育机制的创新,更应该加强对职业教育的普及,将移民素质教育的培养作为工作的重点内容,为移民提供更多的就业机会与创业机遇,培养更多的高素质劳动者。科学技术是第一生产力,因此在发展中需要加快农村职业教育的推广,为更多的农村青少年提供学习的机会,从根本上改善农民贫困落后的发展现状。

在生态移民的落实过程中,不仅需要与我国当前的城镇化发展需求相适应,将移民作为新一代的产业生产力,更应该加强对有土安置移民的现代化意识培训。让移民的农业技术得到更好发展,成为职业化与专业化的现代农民,通过综合素质教育的培训,加强农业知识的学习。移民的后续工作关系到社会的稳定,因此需要

提高移民创业意识与就业意识,为其树立正确的致富观,提高对移民综合素质的培养。随着时代的要求,新型农民要求具备的高素质,不仅是要有足够的文化涵养,更要对农业技术与农业经营达到有效地掌握,因此农民高素质的培养是当前生态移民建设的根本措施。对移民的教育需要极强的针对性与实用性,且为了保障移民生产生活得更好,要为其子女提供良好的义务教育,这是国家发展的基础,是对移民的谋生能力加以确保,为其创造良好的生活环境,营造安居乐业的氛围,最终达到脱贫致富的发展目标。除此之外,地方政府应该对移民的思想文化和道德加以培育,通过采取教育手段为其树立正确的典型模范,提高移民群众的整体文化素养,加强对移民群众的教育。

#### (四)加快移民迁入地社会保障制度的改革和完善

在移民过程中,群众将会受到极大的改变,面临许多挑战。由于移民活动的开展,让其从一个熟悉的区域迁移至陌生的区域,对移民而言所有的一切需要从头开始,因此在以后的发展中,如何更好地生活是移民关注的重点。在移民过程中不仅需要地方政府与相关部门对移民安置工作制定完善的政策,还要从根本上对移民的生活问题进行解决,为移民的生活提供更好的保障。因此,在移民工作的开展中,为确保移民工作的顺利进行以及社会的稳定,需要建立完善的移民社会保障制度。就当前生态移民的实际发展状况而言,移民社会保障制度的建立应该将社会养老保险、医疗保险等多种社会保障包含在内,为移民解决后顾之忧,为其生产生活提供更好的条件,提高生活质量。但是在此过程中,地方政府与各部门的合作需要以群众的意愿以及实际需求为基础,对移民群众加以保护,提高其生活积极性与生产创造性。

## 第五节　生态移民安置方式的减贫效果分析

### 一、以宁夏十个移民新村的考察作为分析基础

对于我国当前精准扶贫工作的实施,以及为促进区域发展所展开的研究,需要有一定的理论基础,在此以宁夏回族自治区的十个移民新村调查数据作为主要分析对象。通过对集中安置与"整村插花"式安置,对移民进行脱贫发展机遇的分析并展开深入研究。

例如,宁夏地区的移民接受安置之后,在附近产业园就近务工,就是在移民之后提高了自身的经济意识。通过贫困测度指数的鉴定,对两类不同安置方式下的移民实际脱贫情况展开相关调查发现,集中形式的移民安置虽然能够降低一定的

经济成本,有利于移民更好生活,但是"整村插花"式的移民通过分散安置,不仅能够帮助移民获得更好的发展,而且能够更快地提高经济收入。

自 2001 年起,我国扶贫工作就从未间断。政府通过投资等方式对我国一些居住环境较为恶劣的地区居民实行易地扶贫的搬迁工程,为大多数贫困地区的群众提供更好的发展机遇。到 2015 年,易地扶贫搬迁工作得到的补助已经累计达 363 亿元,其中涉及的搬迁贫困人口数量约为 700 万人。为了确保居民在搬迁之后生活得到保障,在迁入地区的选择中更加倾向于能够通电、通水、通路的地方,且在实际实施中,安置移民的方式更加倾向将移民单独安置于新的开发区。近年来,随着城镇化建设的不断加快,一些地方政府开始尝试"大点安置"与"上楼安置"的方式,且移民安置区的规模不断扩大。与此同时,多数地方政府在安置工作中常常强调一步到位的安置方式,直接将移民转化为居民,将移民安置区建设为移民新区。例如,在陕西省的移民搬迁中,陕西省山阳县的整体社区搬迁涉及移民数量过多,且棚改房的数量超过 5 000 套,因此需要将其中 10 000 余名居民集中安置在同一个社区内。

在移民搬迁安置过程中,安置的方式从某种程度上对移民搬迁后的实际生活产生重要的影响,移民在搬迁之后需要对新环境进行适应,并通过学习新技术提高其自身能力。从理论上讲,集中安置与分散安置方式各有利弊。近年来的实践发现,随着集中安置移民的数量与规模不断增大,一部分移民安置点人数过多,其原因主要是人们在移民安置过程中认为集中安置的方式更具有发展优势,能够促进经济规模效益的提升,更有利于对移民进行集中社会管理,同时集中安置的方式能够有效解决居民居住过于分散、公共资源与公共服务缺乏等问题。同时,随着中央对易地搬迁投入大量的资金支持,扶贫工作能够更好地开展,地方政府为了获取更多的项目资金便将移民集中安置。但是,集中安置的规模经济效益有一定的边界,将大量的移民集中在同一个小区,不仅无法实现素质教育,更不利于相互之间的学习,即使在良好的生活条件下,也无法确保其生产生活方式能够更好地发展。

自 1982 年发展至今,中央对宁夏回族自治区提供了大量支持,在各级政府的共同努力下,宁南山区贫困人口实现了易地移民搬迁。根据当时该区域的土地面积、水源含量以及人口密度,提供了众多安置方式,而在实施中不仅采取了传统的插花安置方式,更根据地形特点对移民采取了集中安置的方式。

## 二、安置方式对移民减贫脱贫的分析

移民工作大多集中在贫困山区,而由山区转移至平原地区需要改变移民原有的生产生活方式。采取安置方式的不同,对移民的生产方式也产生了不同程度的影响。在村社区层面,整村插花安置的方式与集中大点安置方式对生产方式的发展产生不同的影响，而对移民的个体能力发展而言，安置方式的不同会对其社会联系、技能学习等也会产生不同的影响。

## (一)发展机遇

### 1. 对邻近产业园区的利用

在近年来的扶贫工作中，通过移民工作的实施促进了经济的发展提高了农民的收入，因此中央加大了对土地流转整合的管理力度，引入民间资本作为新兴产业园区的支撑。产业园区发展模式依赖于农民也发展于农民，主要是因为其所使用的土地是向农民征收的，需要向农民支付租金，同时需要雇佣农民从事相关劳动并支付一定的报酬。因此，当移民安置区临近产业园区时能够为移民提供更多的就业机会。例如，在产业园区种植中药材、加大畜牧业的发展力度等，这些提高了农民的经营意识，促进经济效益的提升。

### 2. 就近务工

在当前的发展中，随着农村人均土地面积的逐渐减少以及城镇发展对劳动力需求的不断增加，农民的发展方向逐渐由农业转向了外出务工。外出务工虽然能够提高农民的收入，但同时会造成极大的社会问题，如空巢老人、留守儿童等。在移民安置后提供就近务工的机会，不仅能够提高农民的实际收入，还能够解决外出务工造成的社会问题。在移民安置工作中，当移民安置的位置与城区或产业园区距离较近时，则能够为移民提供更多的就近务工机会，使移民能够享受到城镇发展所带来的便利，提高移民在第二、第三产业中的实际工作机会。

在宁夏中卫市的发展中，通过采取整村插花的安置方式，将移民分散安置于邻近城镇与市区的位置，比如宣和镇的兴海村和海和村，两个村的安置位置与中卫市区距离较近且交通便利，能够为移民提供较好的就业机会，增加移民的收入。

移民搬迁之后所分到的土地面积较少，而宁夏地处于黄土高原和沙漠的交界地区，常年干旱少雨农业收益较低。宁夏中卫市与吴忠市附近的移民为了增加收入只能依靠外出务工。据统计，两市就近外出务工人数具有较大的差异，中卫市的人数高于吴忠市。

### 3. 市场行为与收入结构

由于在移民安置后，移民所得的土地面积较少，实际耕地面积受限，激发了移民更多的生产活动。随着科技的发展，移民对传统农业的重视度逐渐转移至更多的经济作物种植以及市场商业性活动的展开，这促进了多种生产方式的产生，加快了经济的发展。在中卫市和吴忠市移民搬迁之后，受到安置的移民在新社区的生产生活方式也得到了一定的改变，务工方式的多样化使得移民的工资收入逐渐增加。

中卫市与吴忠市的移民搬迁之前原本住在宁夏南部,其原有的生产生活方式具有较多的限制,原因在于地处山区交通不便。由于移民多为少数民族群众,长期的生活方式都是自给自足。在搬迁安置后,移民的生活区域发生改变,生产工具与生产技术发生的改变促使移民的生产行为也发生改变,市场行为更加多样化。但在实际的搬迁安置后,两市的市场行为并没有产生较大的差距。例如,在生产方式与贷款行为方面两市的差距不大。但是,在收入方面存在一定的差距。中卫市的养殖收入与存款在市场行为方面高于吴忠市,因此中卫市的移民收入增长较快,但是与吴忠市相比并没有太大差别,两市在发展中各有优势。

### (二)新社区的社会联系

1. 社会联系的变化

针对不同的移民采取不同的安置方式,这对移民的社会关系产生了一定的影响。尤其是集中安置的移民会将原有社会关系保留下来,使移民更好地适应与融入新环境,加快自身发展。而分散安置方式会适当地增加移民与当地居民的联系,为尽快找到新工作与学习新技术提供了更多的可能。例如,搬迁之后会有当地的居民主动帮助移民,让移民学到较多的生活技能,帮助移民获得更好的发展机会。

2. 思想观念的变化

通过长期扶贫工作的开展可以发现,当贫困人口经过长期的扶持而最终未实现脱贫,其主要原因是贫困人口缺乏积极主动性,也被称之为"精神贫困"。所谓"治穷先扶志"就是指在扶贫工作中需要加强对贫困人口思想观念的转化。贫困人口的搬迁主要是由大山深处向平原地区转移,人们思想观念的转变需要经过一段较长的时期,因此移民的致富理念、生活态度与价值观都需要时间去改变。分散安置方式能够让移民户与当地居民建立起良好的交往,以此获得更多的生活帮助,对其思想观念产生潜移默化的影响。

当移民搬迁完成之后,为了帮助移民提高经济收入、维持生活的稳定,中卫市与吴忠市都展开了相关培训,通过技能培训和参与社会活动提高移民对新地区的适应程度。但是吴忠市在活动的实际开展中并没有过多的移民参加,移民对新社区的认同感没有得到实际的增加。而相同的活动,中卫市的移民参与积极性较高。由此可以看出,不同的安置方式对移民的思想影响程度较大,集中安置方式能够为移民保留大量的社会关系,提高移民对新社区的认同感,思想观念不会发生较大的改变,经济发展较快。同样,分散安置方式能够使移民接触到更多的当地居民,对移民的思想与生活态度产生一定的影响,能够对减贫脱贫工作以及经济发展产生积极的作用。

## 三、结论和建议

在我国当前的发展阶段，随着精准扶贫工作的开展，政府有针对性地提出了明确的工作目标，在2020年要消除绝对贫困，因此国家投入了大量的资金开展大规模的易地扶贫安置工程。近年来，在易地搬迁安置工作中，部分地方政府倾向将移民集中安置在新区，且安置的规模与安置数量不断增大。集中安置能够降低成本，提高规模效益，能够展示出更好的城市形象，虽然也会不可避免地出现一些问题。

上述通过将中卫市与吴忠市的几个安置区进行比较发现，当移民安置区与城镇以及产业园区相临近时会为移民提供更多的发展机会，提供更多的工作岗位，对移民的社会关系、思想观念产生影响。通过对集中安置与分散安置两种移民方式的分析，对其实际减贫脱贫的作用展开研究。总之，在移民安置方式的采用中，集中安置能够降低成本的消耗提高规模效益，提高移民的实际生活水平；插花安置方式能够快速帮助移民恢复生产生活，对其生活方式的改变具有一定的优势。

因此，在我国当前与未来的易地扶贫安置工作中，需要根据地理位置的不同采取不同的方式。例如，通过插花安置方式将移民穿插安置在迁入地居民中，这样不仅能够丰富移民的生活，更为其增加收入提供了更多的途径。

# 第四章　精准扶贫政策的民族村镇实践研究

## 第一节　精准扶贫实践的案例现状

随着精准扶贫工作的不断深入开展,近年来扶贫工作已经逐渐从国家、区域的层面深入到城镇、县区与村庄。随着精准扶贫工作的不断落实,从相关案例可以看出,精准扶贫工作的有效实施对地方的发展具有重要的意义。山西省灵丘县与新疆维吾尔自治区的巴里坤哈萨克自治县都是国家级贫困县,由于特殊的地理环境与历史背景,新中国成立后就成了国家重点扶贫地区。通过对灵丘县与巴里坤哈萨克自治县进行扶贫开发相关内容的研究,并对扶贫工作进行经验总结,为国家精准扶贫工作的开展提供理论支撑。

### 一、发展条件

贫困县的贫困问题主要是由于在发展中受到多种不利因素的影响与制约,这些因素主要来自自然环境、经济发展以及社会建设之中。在客观发展中,制约因素具有一定的共性。例如,地理位置的限制、生态环境遭到破坏等自然条件影响,经济基础较弱、缺少基础设施和基本服务设施等经济条件,以及历史文化、人口规模等多种社会条件的影响,都是对发展构成制约的因素,是造成贫困县经济发展缺少动力、人均收入低的主要原因。在区域发展中,我国的贫困县大多是革命老区、民族地区、边疆地区以及集中连片贫困地区,是实施扶贫工作的重点地区。

虽然制约贫困县发展的因素大致相同,但是不同的地区其发展条件也各不相同。灵丘县地处山西省东北部,与京津冀相邻,行政面积 2 730 平方千米,主要是山地、丘陵,是山西省革命老区、晋察冀抗日根据地之一。灵丘县的农业人口数量在总人口数量中占比较高,这是导致该地区贫困的主要原因之一。2014 年,灵丘县的生产总值为 31.7 亿元。当地拥有丰富的矿产资源,但在当前的发展中,其支柱产业金属矿产业已经呈现逐渐衰败的趋势,经济发展需要通过产业转型实现。

巴里坤哈萨克自治县位于新疆东北部天山山脉的东段边境地区,地域面积十分广阔,超过36 000平方千米。该县位于高寒地带,主要地貌是山地与戈壁。在巴里坤哈萨克自治县的人口组成中,哈萨克族占总人口数的35%。2014年,全县生产总值为46.3亿元。当地拥有丰富的天然草场资源以及矿产资源,其主要的发展支柱是农牧业与煤矿业。该县保存了西汉的西域都护府、清代的屯垦戍边等历史遗存,自然条件、民族文化具有较强的特殊性,是扶贫工作展开的重点。

近年来,贫困地区在国家政策的大力扶持之下,地区基础设施与服务设施建设不断完善,为脱贫工作的展开打下了良好的基础。换言之,在生产生活受到政策的影响下,贫困县区的发展条件、机遇已经今时不同往日。在本章节的调研案例中,灵丘县与巴里坤哈萨克自治县已经逐渐摆脱了经济发展的制约,不断挖掘与发挥自身的特色,凭借自身的多种优势打造了良好的发展前景。

## 二、致贫原因

扶贫工作的扶持对象是绝对贫困人口。灵丘县与巴里坤哈萨克自治县的基本收入大多来自农民的人均纯收入,因此扶贫工作应该采取建档立卡方式展开。在2015年的扶贫工作中,灵丘县贫困村的数量为115个,占整个县城村庄数量的45%,全县贫困人口建档立卡的数量为3.11万人,占总人口数的15%。巴里坤哈萨克自治县贫困村的数量为14个,占整个县城村庄数量的30%,最终建档立卡的贫困人口数量为7 703人,占总人口数的7.3%。两个贫困县都有贫困村多、贫困人口多的特点。虽然在经济较为发达的地区已经有了"相对贫困"的概念,且在扶贫工作中逐渐得到重视,但是在当前的发展中,我国大部分的贫困县仍是以灵丘县和巴里坤哈萨克自治县的情况为主,扶贫工作的开展目标是为了消除"绝对贫困"。

从个体层面上看,贫困形成的原因各不相同。由于发展条件不同,导致存在多种致贫原因,包括因病致贫、因残致贫、因学致贫、因灾致贫等,诸多贫困类型要求扶贫工作的展开要与实际情况相结合。灵丘县贫困村的贫困现象主要原因是因病致贫与因结婚致贫。而巴里坤哈萨克自治县的致贫原因主要是因缺乏资金与生产资料致贫,且该致贫原因对当地青年劳动力的实际脱贫造成了极大的影响。

贫困不仅是收入问题所造成的,其中有多种内在因素需要深入研究。当前,贫困县面临的贫困问题常常是多维度的。当贫困县出现"收入贫困"的表象之后,其伴随着的是地区资源稀缺、人力资源不足等多种"能力贫困"因素。多数年轻人在当地缺少就业机会,这成为当前新时期扶贫工作的主要内容。除此之外,贫困概念的拓展还有许多,比如人文贫困、认知贫困等,在实际调查中并没有展示出来,再比如特殊的文化观念、农村传统思想、年轻人文化知识不足等因素都对脱贫工作的开展造成了一定的影响。

### 三、面临问题

通过调研发现,在贫困县实施精准扶贫工作时会面临多种问题。

传统的观念和思想限制了贫困户的脱贫积极性。灵丘县的脱贫工作中,在针对当地妇女劳务输出的项目中,由于受到传统思想的制约,导致多数贫困家庭不愿意让女性外出工作。在少数民族地区的发展中,贫困人口的市场意识不足,缺少物质生活追求,没有与现代经济发展需求相符合的职业精神,导致贫困人口对国家扶持政策过于依赖。

土地流转等制度受限,需要及时解决。研究人员在调研中发现,农村的土地流转需要法律的支撑,包括抵押、转让、租赁等制度的制定需要不断完善。当前农村土地流转制度还有待完善,农村土地资源的优化配置与高效利用受到一定制约,土地集中经营难以有效实现规模效应,现代经营方式转型也无法有效实现。传统的土地流转存在一定的问题,如租金定价较低和经济收益不稳定等。近年来扶贫工作采取“农户 + 政府 + 企业”的托管流转方式,为农民提供企业托管就业,让其获得分红,增加租金收入,农民收入有了更好的保障。

针对扶贫工作的稳步开展,社会稳定需要协调管理。扶贫工作的开展与社会经济以及生态资源等多领域产生交集,例如在新疆的扶贫工作中,需要将其与“访民情、惠民生、聚民心”工作相结合,扶贫工作的同时需要确保地区稳定。同时,对于扶贫与发展关系的处理需要确保区域的均衡发展,强化对基础设施的建设,提高民众的生产生活质量,共享国家的改革成果。

## 第二节　精准扶贫政策的经验总结

### 一、因地制宜发展特色产业

扶贫工作的展开需要采取因地制宜的方式,向地区特色产业方面发展。灵丘县以往的支柱产业逐渐进入低迷期,因此需要促进产业的转型发展,创新产业形式与产业形态。特别是灵丘县具备较大的农业优势,要将其充分发挥出来,鼓励传统农业转型发展成有机农业与生态农业,与互联网模式相结合促进农业电商的发展。灵丘县的脱贫发展应与地方特色相结合,建设八大产业园区。巴里坤哈萨克自治县则拥有较大的畜牧养殖优势,通过畜牧养殖、食用菌种植与旅游扶贫等方式,借助自身的特色优势带动当地经济的发展。不仅如此,两个贫困县要在扶贫工作中将三大产业进行融合,借助多样化的发展模式促进脱贫工作更好开展。

## 二、开拓创新新思路新模式

### (一)电商扶贫

灵丘县通过政府的帮助将自身的地域优势充分发挥出来,作为京津冀的邻近地区,利用区位优势与互联网模式相结合实现扶贫目标,加强产品服务的拓展。在此基础之上,灵丘县通过发展互联网模式建立了两大平台:其一,是以 C2C 模式为平台的有机农产品销售,促进涉农电商的发展。通过物流流程的建立使农产品的运输时间极大地被缩短,确保灵丘县当地的农产品能够以极快的速度到达京津冀客源地。其二,是以 O2O 模式为平台的家政服务,与当地贫困妇女的发展情况相结合,对其展开职业技能培训,为其提供更多的就业机会,通过劳动力的输出实现脱贫。

### (二)通过财政扶贫促进资金托管分红

“十三五”期间,通过扶贫制度的确定进行土地托管,实现扶贫资金折股量化,确保农村土地的经营权,为贫困人口的资产收益提供保障。灵丘县车河有机社区便是采取整体改造形式促进种植业的发展,同时促进了生态旅游建设,实现了脱贫目标。在项目建设中通过结合当地特色实现托管,以此实现农业产业的有机化管理,为农民的收益提供了更好的保障。在巴里坤哈萨克自治县的财政管理工作中,扶贫资金同样借助了国企托管的形式来提高农民的实际收入。

### (三)实施多种渠道多项工程

随着精准扶贫工作的不断展开,针对扶贫攻坚计划制订了“五种渠道”“十项工程”,为扶贫计划的实施提供了更多的可操作方案。

灵丘县通过与社会力量的结合,拓宽扶贫工作的实施渠道。通过“扶智”政策的实施,解决教育资源不足的情况,改变当地村民的思想观念,提升村民的发展意识,为人力资本提供更多资源。通过与发达地区建立合作关系,推举更多的青年干部到发达地区学习。实施整村搬迁,改变以往传统的生产生活方式,为山区居民提供更好的生活环境。充分发挥领导干部的扶贫带头作用,通过政府的领导与带领,拓展灵丘县的经济发展模式,通过涉农电商、家政服务等多个项目的建设,使其成为扶贫工作的亮点。

巴里坤哈萨克自治县所采取的扶贫方式同样具有当地的特色,内容十分丰富且多样化。针对当地基础设施进行改造,改善居民的生产生活条件,促进对居民房

屋的建设、引水管道工程的实施、三塘湖镇防洪坝、高效节水灌溉工程与高标准农田建设,加强对防渗渠道以及交通建设的工程实施。开展生态扶贫时,由于巴里坤哈萨克自治县中有多数区域属于限制发展区,因此要在草场中提供草原生态补偿,确保国家对生态补偿资金的有效落实。同时,巴里坤哈萨克自治县的扶贫工作还为贫困村的居民提供了大量临时就业机会,为居民的经济收入提供了更好的增加途径。在当前的发展中,巴里坤哈萨克自治县中有7 000个贫困户建档立卡,其中有 5 200 人通过生产方式的改变实现了脱贫;1 113 人通过就业岗位的转移实现脱贫;500 人通过国家生态资金的补偿实现脱贫,94 人通过教育资源的扶持实现脱贫;796 人通过医疗救助和社会保障政策达到了脱贫。

### (四)强调政策执行精准到位

在扶贫工作的实施中,需要确保工作与政策的要求相符合,确保政策实施的精确性以及实施效果,做到因贫施策。贫困县的脱贫工作需要与当地的自然、社会、经济等条件相结合,同时要对贫困户的实际贫困原因做充分了解,根据实际情况采取有针对性的扶贫政策。例如,在巴里坤哈萨克自治县的扶贫工作中,为了促进精准扶贫的实施,将其精确定位在了 52 个“补短板”项目上,通过精准扶贫政策的实施促进扶贫效果的提高。巴里坤哈萨克自治县精准扶贫政策主要就是通过采取菜单式方式实施的,即“一村一法、一户一策、一人一计”,该扶贫方式主要是以每个村的每一户、每一个人的实际情况采取不同的方式,通过不同的方案措施将精准扶贫工作落实到个人。

## 第三节 精准扶贫政策的诉求建议

### 一、完善“建档立卡”识别方式

扶贫工作的实施需要确保相关政策的实际落实,因此需要通过建档立卡的方式对贫困户的实际规模加以确定与完善。

改进建档立卡方式,根据“人均纯收入”标准改变对贫困户的认定方法,同时需要与贫困的实际状况相结合。国务院扶贫办出台了《扶贫开发建档立卡工作方案》,以 2013 年为例,规定农民的人均纯收入 2 736 元/年作为标准分界线。然而对于“人均纯收入”指标的确立无法与其实际情况相结合,对于因生病、残疾、丧失劳动能力等情况所导致的贫困与“人均纯收入”标准相比有一定的操作困难,农民的存量资产与流量收入无法实现有效的统一,因此在识别程序的实施中会有大量矛盾纠纷的存在,解决这些问题需要通过实施全面排查工作,要对所有的贫困状况做到充分掌握。同时,需要建立相关的核算清单,根据扶贫对象与贫困规模建立的清单,能够将其中所有的贫困原因进行充分了解,确保扶贫工作全面开展。

建档立卡方式的实施应该通过分配指标对贫困户进行规模识别,以此为基础改进实施方式,避免将建档立卡的名额作为政策的福利待遇。在当前贫困户规模识别工作中,以符合国家扶贫标准的贫困人数作为基数,与各省实际的统计数目相结合。传统的分配指标方式无法确保精准扶贫工作的精准性,对于贫困人口的分布聚集情况,有些非建档立卡的贫困户问题无法有效解决,特别是有些居民处于贫困人口标准的临界线,生活难以得到有效的保障。因此,可以对贫困户与其规模的实际界定情况进行考虑,同时根据贫困程度将识别标准与扶贫政策结合起来以确保精准扶贫的实施。

## 二、促进政策覆盖的统筹协调

扶贫政策的落实,应该将其政策交叉重复的情况与覆盖面不足的问题进行统筹解决。

扶贫工作的实施应该确保避免相关单位重复覆盖问题的出现。在当前的发展中,将贫困人口分为贫困户、贫困低保户、低保户、五保户四类。扶贫工作采取建档立卡的方式是对贫困户与贫困低保户的识别,即每户年均纯收入低于国家扶贫所制定的标准,有劳动能力与劳动意愿的农户,以及有劳动能力且有劳动意愿的低保户。家庭人均纯收入低于当地的最低生活保障标准,由于老弱病残等情况导致劳动力丧失造成贫困的应归为低保户行列。当前建档立卡的贫困户与低保户的确定标准有指标限制,通常会将低保户与贫困户指标相加进行分配,这有利于为更多的贫困人口提供保障。

我国当前所提供的扶贫资金只够解决重点村的扶贫支出,而非重点村的扶贫资金需要通过自筹的方式解决。目前贫困县大多位于经济落后的中西部地区,且经济活动较少,没有足够的资金支持。巴里坤哈萨克自治县在 2015 年建档立卡时,最终核定的贫困人口有 2 192 户 7 703 人,其中包含的 14 个扶贫重点村通过建档立卡确定的贫困人口为 1 742 户 6 135 人。在建档立卡信息归纳中,非重点村的贫困人口有 450 户 1 550 人。通过对巴里坤哈萨克自治县扶贫工作的调研发现,国家计划投入资金用于扶贫工作的共 28 486.09 万元,最终落实到位的有 22 463.37 万元,占计划总投资的 78.8%,其中用于扶贫工作的财政资金有 1 629 万元,剩下的需要通过多种渠道招商解决。因此,国家需要通过制定相关政策来确定扶贫资金与金额补贴,以此减缓资金自筹的压力。

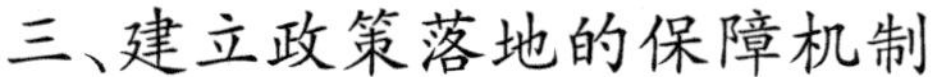

## 三、建立政策落地的保障机制

在扶贫政策的实施中存在一定的困难，例如易地搬迁、金融贷款等工作的落实需要通过对应机制为其提供保障。当前我国扶贫政策中有相关的财政政策，但是在实际实施中，金融政策难以充分发挥效用。以邮政储蓄银行所推出的小额贷款为例，贫困户与企业的贷款额度分别为 5 万元和 20 万元，还款周期为一年。但是农户大多从事的种植业与养殖业需要较长的时间才能够收到投资回报，因此大部分的贫困户与批贷条件不符合，难以通过金融扶贫的方式实现经济收入。易地搬迁工作所消耗的资金过多，但是对于该工程的资金补贴不足，除去国家所提供的扶贫资金补贴之外，还需要地方政府与贫困户自行解决资金问题，在此过程中会遇到一定的困难。建档立卡的贫困户与非建档立卡的贫困户所获得的补贴资金存在较大的差异，且搬迁之后的移民同时会面临就业等生活问题，因此政策的落实、操作执行中所遇到的困难都需要建立相应的机制提供更好的保障，促进扶贫政策更好的发展。

扶贫项目中省级层面缺少顶层设计等情况普遍存在，需要通过验收标准的建立为其提供更好的发展依据。对扶贫工作进行调研发现，评估标准不明确，在工作中对脱贫人口的认定评估标准不清；基层扶贫实施机构与队伍建设缺乏政策的支持，扶贫工作的实际工作人员多为兼职，对组织工作没有充分的保障机制；对资金的管理工作没有确切的来源，对财政工作造成压力。解决这些问题需要省级、市级制定管理工作细则与目标。

## 四、构建后续工作的动态机制

返贫现象极易出现，因此需要针对脱贫人口建立动态追踪机制。党的十八届五中全会中提出，到 2020 年我国现行标准下的农村贫困人口实现脱贫，贫困县全部摘帽。贫困县多受到自然环境与地理位置等多种因素的影响，农民的实际增收渠道较为单一。扶贫政策的实施将致贫现象归于工作范围之内，对贫困人口的脱贫计划加以实施。

贫困县退出机制存在较多的问题，需要后续的扶贫工作对其加以完善。贫困县在发展中受到政策福利的扶持时间较长，但是在退出（贫困县）时没有实际的执行标准，在退出之后没有奖励以及政策的扶持，因此应该对其进行进一步的研究。例如，当 2020 年实现脱贫目标之后的 3 年到 5 年，扶贫相关工作的后续发展应该怎样开展仍是一个未知数。因此，需要建立明确的动态机制，使扶贫政策的实施具有可持续性。

## 五、结论与展望

扶贫工作并非单纯的收入管理问题，而是综合性的问题。因而，应根据地域环境、致贫原因的不同以及脱贫需求的复杂性，采取因地制宜、因材管理、因人而异的方式实施扶贫开发，确保精准扶贫。在扶贫工作中要解决数据不清、情况不明等问题，改善扶贫政策与管理思想，解决项目实施中存在的指向不准与管理不善的问题。这是扶贫工作有效实施的重要途径，是实现全面脱贫工作的关键环节。

但是对于精准扶贫工作的实施不仅仅停留在对数据层面的精准管理，而要更深入地加强精准扶贫工作的实施。

首先，贫困县的脱贫工作需要审时度势，加大对特色产业的发展。"十三五"规划中针对"实现脱贫攻坚"提出了详细的要求，要通过特色产业实现三千万建档立卡的贫困户脱贫。在产业扶贫实施中，最主要的内容是自主造血，以此作为摆脱贫困的根本措施。贫困县应该根据我国在中西部发展中所采取的产业转移措施，实现当地的经济转型，促进宏观经济与产业形势更好地发展，以此确保区域经济的协调发展。同时还应该推动区域基础设施建设与公共服务的均等化，提升居民的生活质量。在此发展背景下，贫困县脱贫工作的实施具有较强的发展机遇，且自身具备较强的发展优势，应该与时代发展要求相结合，突出互联网产业、有机农业与生态旅游等特色产业，加强对人才的培养，以此作为贫困县经济发展与精准扶贫工作实施的主要促进条件。

其次，精准扶贫工作的实施应该加强创新机制与模式，针对其中存在的矛盾加以改善。随着扶贫开发工作的不断深入，当进行至"攻坚期"后，精准扶贫工作将会面临更加艰巨的任务与挑战。在此过程中，要确保与地区经济发展相协调，根据发展情况制定不同的扶贫目标。从案例中可以发现，精准扶贫工作的实施需要采取多种措施，同时对扶贫开发机制与开发模式加以创新。

最后，精准扶贫工作的开展对工作机制的要求更加科学化、健全化，需要严谨的工作程序为其提供实施保障。当扶贫政策发展至执行阶段时，对于扶贫工作中众多环节的落实尤为重要。精准扶贫工作的开展需要巨大的工作量支撑，对于顶层设计的需求较大。贫困县在发展中对科学化规范化的程序要求十分严格，其中包括对政策保障以及制度的出台等，需要通过参与主体的扩大与工作责任的落实为其提供保障。由此可见，扶贫工作的落实需要更加完善的体系作为支撑，与扶贫工作的实际开展相联系，对于精准扶贫工作的贯彻落实至关重要。

# 第五章　新常态下我国政府民族村镇扶贫的创新选择

## 第一节　新常态前我国政府民族村镇扶贫的路径分析

我国当前的扶贫工作面临着巨大的难题，传统的扶贫方式难以与新常态新发展下民族村镇扶贫工作的实际要求相符合。将新常态作为发展节点，对我国民族村镇在新常态下形成的扶贫路径进行实际的分析，对其影响进行深入研究。本章节明确了新常态下我国政府民族村镇扶贫工作的展开，应该通过引导流动与推进升级等方式实现创新。

通过梳理与归纳民族村镇扶贫工作相关的学术文献可以发现，当前我国对民族村镇扶贫工作的研究已经有了较为成熟的经验，无论是对民族村镇扶贫工作的实际认知抑或我国民族村镇扶贫工作发展的演变都已经有了详细的阐述，但是与社会经济发展形势相结合的相关学术文献则寥寥无几，尤其是针对新常态下我国民族村镇扶贫工作所面临的挑战以及精准扶贫与金融扶贫等工作模式制定的研究。

一方面，新常态是我国民族村镇扶贫工作发展中遇到的挑战，无论是实际操作中对扶贫资源的配置管理抑或对精准扶贫工作实施的准确性，都需要与政策的适用性相结合，以此促进民族村镇产业优化升级。

另一方面，以扶贫方式的具体实施内容作为出发点，对于金融服务与金融扶持项目加以创新，与国家相关政策相结合，实现政策扶持与实施，通过对民族村镇扶贫工作的实际落实情况将其发展差距逐渐缩小。除此之外，通过成立扶贫开发小组实时监管民族村镇扶贫工作的实施情况，并定期总结实践经验。

在实际研究中可知，目前民族村镇扶贫工作的实施由于仅依靠政府的影响而导致存在着一些问题，那就是民族村镇扶贫的过程没有动员社会的广泛参与，缺少优化建议。因此，本节内容以新常态作为发展节点，对当前我国在新常态下民族村镇扶贫实际路径的实施状况进行研究,同时对新常态的概念与特点进行总结,以此为依据对其在民族村镇扶贫工作中产生的影响进行分析整理,通过生产要素的引导流动促进产业结构更好发展。

为了促进扶贫工作更好开展,政府建立了专职的工作领导小组,指导大规模的扶贫工作。中共十八大之前,我国民族村镇扶贫工作仍是以政府为主体,因此对政府在民族村镇扶贫工作中产生的实际作用展开研究十分重要。在新常态发展之前,我国民族村镇扶贫工作的路径主要分为以下三方面。

## 一、扶贫资金投入

我国政府对民族村镇扶贫工作一直十分重视,其中最主要的扶持方式就是对民族村镇扶贫资金的投入,且随着时间的推移,到 2015 年仅中央财政扶贫资金投入就高达 460.9 亿元。但是脱贫不能单纯依靠资金投入,还需要其他生产要素的支持,例如生产劳动、生活技术等。缺少相关因素的支持会导致扶贫资金使用率逐渐降低,以此造成政府扶贫资金投入的浪费以及扶贫工作实际工作效率降低。

## 二、工业项目引进

贫困地区大部分是因为农业发展较差,政府通过招商引资的方式吸引工业项目,希望能够改善当地农业产业发展落后的情况,促进脱贫工作的实现。但是在一些工业项目的引进中,因为没有对当地的实际经济状况与自然条件进行充分的掌握与了解,使得一些工业项目不仅无法带动当地经济的发展,最终还导致农村贫困地区生态环境遭到破坏。因此,民族村镇的发展根本是农业,贫困地区发展离不开农业的促进作用,应该适当改变农业产业结构,通过农业结构升级实现现代农业的发展,同时与其他产业相结合促进民族村镇贫困地区的发展,达到脱贫的目的。

## 三、基础教育普及

通过对民族村镇贫困原因的研究可以发现,主要原因是教育的缺失。因此,在促进民族村镇扶贫工作的同时需要加强对基础教育的投入,促进基础教育的普及,提高居民文化水平。但是由于基础教育的投资需要较长的时间才能够得到回报,因此从短期发展而言,民族村镇贫困问题要通过教育普及的方式改善需要相当长的一段时间。

# 第二节　新常态对我国农村扶贫的影响

## 一、新常态的概念与特征

所谓的“新常态”是指经济新常态、社会治理新常态。经济新常态是以发展的速度而言，通过经济增长速度的判断，将其从高速增长转化为中高速增长，经济增长质量与内涵发生质的变化；从结构形成而言，经济新常态是经济结构发生变化的优化升级。社会治理新常态是以依法治国作为建设目标，以系统治理、依法治理、综合治理、多元治理以及源头治理等多方面治理工作作为主要建设中心，展开全面的创新管理。新常态下发展形成的工作形式，更加注重对人民团体与社会组织的作用，以此促进我国扶贫工作形式更好的发展与建设。

## 二、新常态对我国农村扶贫的影响

### （一）经济发展对贫困地区内增长能力的影响

由于在经济发展中受到了积极影响，因此我国近年来对农村发展的促进以及农村扶贫工作投入资金的不断增加，最终实现了较高的总量目标。2015 年中央财政向农村扶贫工作投入资金 460.9 亿元，到了 2016 年资金增加了 200 亿元，2016 年省级财政用于专项扶贫的投入资金共计 400 亿元。多年来政府扶贫资金的投入是实现我国 2020 年脱贫工作目标的重要基础与工作需求，为我国扶贫工作的发展奠定了良好的基础。但是鉴于扶贫工作的客观需要，政府还要通过其他方式引入更多资金，提升农村贫困地区内增长能力。生产要素是经济发展下的主要内增长动力，政府在扶贫工作中需要不断加强对其的重视程度，通过生产要素的合理使用促进农村贫困地区经济的快速增长。

### （二）产业结构的调整对贫困地区人口就业的影响

新常态最为核心的内容就是对产业结构的调整，这种调整不仅升级了传统的产业，也逐步淘汰了污染耗能较高的产业。在产业结构调整的过程中，一些民众会出现结构性失业的情况，尤其是对于农村贫困人口来说，由于其文化水平不高、就业技能较差，只能从事一些对学历及能力没有较高要求的传统产业底层工作，因此受整体经济波动影响较大。

首先，失业情况的出现使农村居民的收入来源被切断，加剧扶贫工作压力。受到人多地少的影响，若只进行单纯的务农是不能保障家庭生活支出的，所以大部分农村劳动力基本都会选择进城务工,而打工的收入也是家庭整体收入的重心。由于整体经济增长速度减缓,产业结构不断升级,城市也降低了对农村务工人员的需求,给农村地区扶贫工作带来不小压力。

其次,失业现象的存在也影响了国家扶贫工作的效率。农村扶贫工作作为当前重要的工作,其中最为有效的扶贫方法,就是要利用一些项目的开展给贫困人口提供充足的就业机会,通过劳动换取收入,提升扶贫效果。而在经济结构调整的背景下,也加大了对于一些已经脱贫的农村人口发生返贫的可能性。

所以,新常态之下开展产业结构调整工作,给农村的扶贫工作带来了极大的挑战,必须要进行足够的重视。

### (三)扶贫工作参与主体的多元化,对监督有效性的需求不断加强

新常态下,提出社会治理要向多元化方向发展,将其应用在农村扶贫工作之中,往往需要企业、非营利的社会组织及贫困人口、政府等充分参与到扶贫工作之中来。但是传统的扶贫工作一般都是政府为主导进行的,政府内部通过完整的体系运营,如中央财政的支持以及政策的制定,地方政府进行人员的组织执行,确保政策的落实等,这一系列的领导及监管都体现了由上到下的整体性,可以及时地掌握与控制农村扶贫工作的实际成果,能够获得良好的扶贫效果。但是,当多元主体共同参与到扶贫工作中时,直接分散了贫困户的主体性,给农村扶贫工作的监督工作带来了极大的困难。所以,政府在提升其监管力度时,还应该通过有效的措施使贫困人口的文化水平与技能水平得到提升,使其积极性与主动性都能够得到充分发挥,能够积极配合扶贫工作,实现对扶贫过程及成果的有效监督。

## 第三节 新常态下对政府扶贫路径进行创新

“新常态”提出之前,我国政府在开展扶贫工作时,主要进行了扶贫资金投入、工业项目的引进以及教育投资等,都属于基本政策供给,在一定程度上获得了杰出成就,但扶贫效率还未达到全部满意的程度。所以,在新常态环境下,政府若要让扶贫工作在短时间内取得成效,就要实施有效的创新扶贫措施,通过对新常态特点及优势资源的利用,实现对扶贫策略的有效完善。

## 一、要使生产要素逐渐流向农村贫困地区

### （一）生产要素流动及农村贫困工作

新古典区域均衡发展理论提出，生产要素主要由边际收益较低的地区逐渐向边际收益较高的地区流动，长期的流动直接导致生产要素的受益向平均层面发展，使得各地区的经济增长保持平衡状态，从而降低城乡收入的差距，实现扶贫的目的。和新古典区域均衡发展理论不一样的是，区域非均衡理论以及新经济地理学等理论提出，生产要素的流动对于农村贫困人口而言是不利的。诺贝尔经济学奖获得者缪尔达尔说过，受到市场作用的影响，区域间会越来越不平衡，且一旦由于某一原因能够实现领先发展，其初始优势就会永久成为其发展的最大优势，随着优势的持续发展会逐渐扩大地区之间的贫富差距出现马太效应。缪尔达尔将之命名为“累积因果循环”，这一理论与微观经济学提出的替代效应及收入效应较为相似，累计因果循环对地区经济的发展也会出现两种不同的效应：回荡效应及扩散效应。其中回荡效应使农村贫困问题更加严峻，扩散效应则能够使农村贫困状况得到缓解。

虽然经济学理论在生产要素流动之中，对城乡收入差距及农村贫困所产生的影响还未形成较为统一性的意见，其主要争论的内容是生产要素的流动，若生产要素发生单向流动，则其流动的方向对于农村的贫困情况有着很重要的影响。在此基础上，我们可以认为生产要素的双向流动使得城乡经济实现了均衡性发展，生产要素在由城乡逐渐流向农村的过程中，可以减轻贫困现象。国内众多学者的研究成果对于此说法也进行了证实。学者舒丽萍对于英国城市化的进程进行了研究，农村大量剩余劳动力持续向城市转移，农业领域在不断地变迁，城市化转移了部分农村人口，农村转移的人口在城市中生活遭遇了极大的困难，导致周期性失业现象发生，由于收入无法保持稳定，导致其仍旧在贫困边缘挣扎，一部分贫困人口连基本的生活都无法保障。若农村人口单向流动到城市，会使城乡的发展差距进一步扩大，导致农村地区更为贫困。学者张传勇研究了 1999—2008 年全国呈现出的面板数据，发现若农村劳动生产率不断提升，且农村劳动流动性逐渐增加，则会让城乡一体化得到更好推进。

所以，想要使农村的贫困状况得到缓解，就要掌握如今城乡生产要素的实际流动情况。尤其是处于新常态背景下，只有了解其所产生的影响，才可以更好地掌握生产要素在农村贫困地区进行流动，让扶贫工作中的优势力量得到更好发挥。

### （二）我国城乡之间生产要素流动变化情况

在 2003 年以前，生产要素的流动具有较强的单向性，主要表现在农村向城市

的流动。这是由于改革开放前,我国优先发展了城市,对于多种资源进行了吸纳,导致农村的人力及资金逐渐向城市进行流动。改革开放以后,大部分农村地区还有着非常明显的资本匮乏情况,这是由于农村的发展机会较少,农村人口的收入及消费能力低于城市地区,导致极多的农村资本向城市流动。并且在农业生产技术水平快速提升的同时,基础农业不再需要大量的劳动力,农村剩余劳动力逐渐涌入城市,农村"空心化"情况严峻,导致农村经济发展更加缓慢,城乡发展差距逐渐加大。

但在2003年以后,城市及农村间的资本边际生产率不断下降,尤其是2006年以后,生产要素实现了城市和农村间双向流动,此时期城市生产要素也逐渐流向农村地区。农村输送到城市的主要是人力及资本,城市流向农村的除了人力和资本外还有信息及管理等多种生产要素。城市资源逐渐流动到农村以后,众多企业通过人才转移等方式开始入驻,加大了资金的投入力度,使大量技术及管理人才转移到农村。

在新常态背景之下,城市更多的生产要素向农村进行转移,这是由于以下几方面的原因:

首先,市场的驱动。我国城市在快速发展的过程中已经逐渐成熟,市场已经实现了饱和,但对于农村地区而言,一部分地区还是处于欠发达的情况,各方面都还不够完善。由于没有建立较为完整的市场,所以农村地区的发展机会及空间是非常大的,这使得企业与投资逐渐转向了农村地区。尤其是在新常态下,我国整体经济的增长逐渐放缓,越来越多的企业关注到企业的增长潜力,越来越多的生产要素向农村流动。

其次,作为市场发展规律的结果,第一阶段农村地区的人力及资本在2003年之前的净流出持续增长并达到了顶点,被称为刘易斯第一拐点,这个阶段农村的剩余劳动力基本全部流向了城市。第二阶段主要处于2003—2006年,农业产业的发展以及农村经济水平的提升,使农村地区的人力及资本不再是净流出,劳动力已经从剩余状态逐渐转变为了短缺,也就是刘易斯的第二拐点。而对于第三阶段来说,2006年以后由于农村劳动力的短缺,人口逐渐回流,同时城市的部分人口也转移到了农村。这种发展情况表明,农村地区经济的发展,使得生产要素逐渐转移到了农村地区,又进一步推动了农村经济发展,从而形成了良性循环。

最后,是项目的推动。中共十六届六中全会对城乡基本公共服务提出了明确的要求,要确保均等化的实现。这不仅使农村基础设施及公共服务得到了完善,更重要的是确保了市场环境的形成。在新常态背景下,中共十八大提出了"城乡发展一体化是解决'三农'问题的根本途径",随着城乡一体化政策的深入,推动了城乡流通性的发展。

### (三)新常态背景下,政府合理引导生产要素的流动

新常态背景之下,城乡一体化的发展使得生产要素实现了双向的自由流动,给贫困区域经济的发展奠定了良好的基础。生产要素在双向流动的过程中,不仅解决了农村当前生产要素单向流出的问题,而且使城市生产要素开始逐渐向农村贫困地区进行流动,给农村贫困地区提供了足够的资本及人力,使农村贫困地区的经济水平不断发展,最终提升了扶贫工作效率。但因为资本及人力具有趋利的特性,农村贫困地区的经济条件不佳,导致生产要素由城市转移到农村时,也会优先转移到经济条件较佳的农村地区。若要使农村贫困地区闭合性的循环得到解决,就要保证政府能够灵活使用多种优惠政策,使一部分生产要素转移到农村的贫困地区,让其基础设施及服务得到有效完善,从而奠定良好的资本及人力基础。这样受到市场驱动的影响,生产要素就逐渐流向了农村贫困地区,提升农村扶贫工作的质量。

## 二、推动农村贫困地区产业结构升级

产业结构的调整是新常态的主要特征,不仅是城市的产业结构,同时也要对农村的产业结构进行调整。

农村的产业结构具体指农村每个产业部门的比例关系。农村产业主要有以下几个类型:第一产业,就是农林牧渔等基础性产业。第二产业,主要是矿物资源开采以及对初级产品的加工和再加工,一般为工业、建筑业以及采掘业等。第三产业,主要是指农村流通等,一般为农村商业、交通运输业以及服务业等。我国农村在很长一段时期内,都属于自给自足的小农经济。新中国成立之前农村只有第一产业,新中国成立以后受到多种因素影响,农村产业开始有了新的发展。改革开放以后,我国的农村产业结构逐渐改革升级,在经过三次调整以后,当前农村的产业结构已经基本健全。但对于总体产业结构来说,虽然已经基本成型,但在很多较为贫困的地区仍旧没有平衡的产业结构,其支柱产业仍旧是农业种植业。这是由于很多贫困地区没有便利的交通,并且自然环境极为恶劣,同时由于生产结构不够完整,使得农业生产的成果只能满足家庭的基本生存需求,导致其仍旧长久处于贫困状态之中。所以,若想此问题得到有效解决,还要对农村产业结构进行调整。

农村贫困地区在进行产业结构的调整过程中,一般都需要进行纵向及横向的调整,使产业结构完整化。纵向层面的产业结构进行升级时,在同一产业中要由低层次逐渐向高层次进行升级。在基础种植业的改革过程中,要进行种植种类的有效选择。例如,安徽省岳西县主簿镇,因为地处大别山的山脚下,水温较低水稻的存活率不高,因此长期处于贫困状态。2015 年以后,由镇政府主导带领农民种植

了茭白,当年人均年收入便高于8 000元,基本摆脱贫困,主簿镇的贫困人口数量也逐年减少,通过种植经济作物获得了极佳的扶贫成果。各种实践经验表明,在农村贫困地区进行产业结构调整,对于扶贫工作来说具有重要的推动作用。

并且,新常态之下城市产业结构的升级也给农村贫困地区的产业结构调整提供了重要的理论依据。

### (一)产业间的对接

城市产业结构在不断升级的过程中,会使相关产业得到更好的发展,同时确保互补服务需求的满足,使得农村贫困地区在进行产业结构调整时有着准确的发展方向,加大了农村产业及城市产业的对接力度。如今,城市产业升级所体现出的最主要特征就是对互联网技术的有效利用,确保“互联网+”产业模式的发展。农村贫困地区也需要紧跟时代发展的潮流,实现“互联网+现代农业”,使得农业生产和农产品加工、物流运输以及销售和互联网技术进行充分的结合,构成适应现代社会发展的产业链。例如,和淘宝结合产生的农村淘宝,和邮政平台结合产生的邮乐购等。

### (二)产业的有效转移

城市及农村贫困区域的产业结构升级是同步开展的,这使得产业与企业各种资源在城市及农村间实现自由的转移及配置,能够打破城市与农村的壁垒,有效地融合农村及城市市场,使生产要素更加有效地在城乡之间流动。

### (三)产业的创新发展

农村贫困地区在进行产业结构调整的同时,除了要对城市的产业发展经验及模式进行有效的学习之外,还要与农村贫困地区特点相结合,从而实现对农村特色产业的发展。国务院办公厅印发的《国务院办公厅关于推进农村一二三产业融合发展的指导意见》中就曾经提到,要使得农业生产性的服务业得到发展,就需要将农产品产地的粗加工补助政策落实到位,实现农产品的深加工,从而使农产品的特色加工业实现更好的发展。另外,还需要掌握农村贫困地区的特色产业。农业生产性服务业的发展主要为两种不同的形式:对于一些拥有成熟条件的地区而言,可以推广农村土地产权承包及转移措施;对于一些土地不能得到统一经营的区域,需要利用代耕代种代收等市场化服务以及专业化的运作,使农业生产专业化得到提升,避免农户重复成本的增加。

## 三、对农村贫困地区的劳动人口开展技能培训教育工作

教育投资的缺乏和人才短缺是农村贫困的主要原因。新常态背景下,农村的

贫困人口仍旧存在着严重的失业问题,这是因为缺乏足够的教育,使得贫困群体的文化水平及工作技能普遍偏低,所以要通过有效的教育培训工作,使其基本知识与技能水平得到提升,减小与城市群体之间的差距,是其实现就业的先决条件。

在将农村剩余劳动力的转移情况进行统计分析后能够看出,65%以上的转移群体都是20~50岁的青壮年,但有接近三分之一的劳动力学历只到初中阶段,证明了作为劳动主体的青壮年贫困人口普遍没有较高的受教育程度。而对于青少年进行教育投资往往需要较长的周期,且回报周期也较长,所以对于青少年进行的教育投资虽然可以获得长期的收益,但在较短时间内确是单纯性支出,很多贫困家庭都是因学致贫的。但若选择对其进行技能方面的培训,则在短期内就能够获得成效,使其变现为经济收入,使得农村贫困地区的家庭不再饱受贫困的困扰。长久以来,我国政府在开展农村扶贫工作的过程中,对青少年的基础教育极为重视,并且已经实现了农村义务教育阶段免费。因为农村教育资源极为匮乏等原因的影响,青壮年农村人口的文化程度基本上较低,若不能接受良好的技能培训,那就基本丧失了竞争就业的机会,只能从事一些不用技术的底层工作,收入水平自然较低。所以,必须重视农村教育事业的发展,对青壮年农村人口开展基本的文化教育及技能培训,确保贫困人口的综合素质水平得到提升,使农村人力资本水平得到提升,提高贫困人口收入。这样不仅能够确保脱贫工作的有效实施,也能够使扶贫效果具有良好的持续性。

# 第六章　民族村镇特色资源产业精准扶贫制度创新研究

## 第一节　民族村镇特色资源产业精准扶贫的原则与路径

### 一、特色资源产业精准扶贫的主要原则

#### （一）目标精准以及对象精准的原则

1. 目标精准的原则

按照精准扶贫提出的要求，要实现经济的发展，就是要利用产业化的扶贫模式，实现贫困地区产业结构的合理调整，使产业经济效益得到提升，实现贫困群众真正的脱贫致富。特色资源产业精准扶贫的目标需要产业项目能够精准落实到每一个贫困户身上。

新一轮精准扶贫的开展需要利用有效的扶贫政策，使全体贫困群众致力于实现脱贫致富工作，避免任何一个贫困群众脱离小康社会的建设队伍。对于湖北省恩施州来说，恩施州管辖的8个贫困县市以及91个贫困乡（镇）和729个贫困村在2020年全部实现脱贫，解决了区域性整体贫困的问题。恩施州在全州开展的产业扶贫已经构成了一种新型的模式，通过项目能够规范到户，贫困群众也在精准脱贫政策实施以后，建立了长效的利益机制。特别是以交通作为核心内容的基础设施建设更加完善，基础公共服务领域的各项指标已经基本达到全省的平均水平，社会保障及服务水平也在不断提高。随着发展差距的不断缩小，区域经济更加协调，城乡统筹发展也更加协调，民族之间更加团结，实现了全面脱贫摘帽。因此，在对扶贫规划目标进行确定的过程中，要进行科学的规划，实现对整体资源的有效整合，重点推进基础设施及特色产业的建设，确保扶贫精准性水平的提升，消除贫困人口，促进经济发展水平不断提升。

2. 对象精准的原则

精准扶贫工作的开展有着极为明确的要求，要确保“一家一本台账、一个脱贫计划、一套帮扶措施”的落实，对贫困对象进行精准识别，逐村逐户进行登记，除了进行分类帮扶还要进行跟踪服务。对于特色资源产业化的扶贫模式而言，其主要针对的是具有一定劳动能力及开发条件的贫困群体，以此确保产业化精准扶贫作用能够真正得到充分发挥。此外，还要开展调查核实工作，对于分类登记的贫困户提供有针对性的扶贫策略，从而实现对于贫困户基本情况的有效掌握，在开展调查摸底、登记造册工作时，同步开展建档立卡及动态管理工作。

## （二）产业精准原则以及保障精准的原则

1. 产业精准的原则

产业精准扶贫工作最为重要的是确保其特色资源产业发展道路的准确性。通过与贫困村实际情况的有效结合，因地制宜地开展特色产业的建设工作。将本地区的特色资源挖掘出来，对现有生产条件进行有效改善，依照“一村一策、一户一业”的基本原则，确保其能够满足本村发展的实际情况，灵活利用贫困村的资源优势，构建能够满足贫困群众脱贫致富的特色产业发展道路。

在精准扶贫政策指导下的恩施州，所开展的特色资源产业扶贫工作就全面贯彻了这一原则要求。根据当地居民种植习惯以及资源优势，在全州范围内大面积开展烟、茶、林果、药材以及蔬菜等特色经济作物的种植，同时通过对产业结构的有效调整，对产业布局进行合理规划。通过对优质农产品基地的建立，创立本地品牌，走基地化、规模化、集团化、市场化的路子，推动中高海拔地区产业发展。实现了劳务产业的有效优化，鼓励农村大学生返乡创业，使贫困群众真正实现脱贫。

2. 保障精准的原则

在产业化扶贫模式的基础上，还需要引进战略投资者以及内部管理机制的有效创新，紧密结合产业化建设的实际需求，与贫困群众实际条件进行有效结合，确保产业化扶贫的精准性和长效性，保证贫困群众可以长久受益，同时促使贫困群众自我脱贫及发展能力的有效提升。精准扶贫工作的最终目标是让扶贫政策真正的给所有困难群众带来便利，受此扶贫政策理论的影响，想要使农业产业化扶贫效果得到提升，还需要实现对全部贫困群众的有效覆盖。积极动员社会组织及社会力量帮扶贫困地区和贫困家庭，使全社会都能够参与到扶贫工作之中。确保帮扶到户机制的有效落实，依照“五个到户”的标准要求，通过对象识别到户、政策宣传到户、措施具体到户、产业帮扶到户以及目标明确到户，帮助贫困群众尽快脱贫，应扶尽扶。

## 二、特色资源产业优化扶贫策略分析

### (一)进行调研识别以及定位

1. 调研识别的分析

想要对特色资源产业进行精准扶贫,达到预定的目标,就需要开展大量实地调研。刚开始的时候,实施的细致化调研主要目的是全面深入了解村情、弄清民情以及找准致贫原因,进而对产业化的扶贫模式有一个科学的选择,并对其不断创新。所以,政府需要全力组织专业高效的工作小组,深入到村户中开展调查摸底工作,以此来对所有村民及家庭成员的情况、联系方式、收入来源以及发展趋势进行了解。需要注意的是,要做好登记工作,不能出现漏户的问题。此外,还要以村民小组作为核心,开展群众大会,宣传精准扶贫。根据扶贫对象的实际情况,有针对性地建档立卡,对贫困户进行精准识别,主要工作流程如下:

一是,由户主进行申请。是指贫困户要填写贫困户申请表,注意填写的内容,主要有家庭具体情况、贫困原因以及农户提供信息的真实性,需要户主亲自执笔填写申请表。

二是,要运用投票的方式进行识别。这一过程需要驻村扶贫工作小组和乡镇党委政府以及村“两委”班子联手完成。其一,中央和地方负责精准扶贫的工作人员需要做好动员大会以及宣传教育工作,对精准扶贫政策进行全面解读;其二,以村民小组为单位,组织群众公开推选,按照实际姓名和家庭基本情况,对小组内所有农户以表格形式进行统计,然后由小组代表根据贫困户标准进行识别并落实现场投票,在投票工作完成之后要当场唱票,宣布最终结果。

三是,民主会审。这一工作主要由党员代表与村民代表和村“两委”成员以及乡镇党委政府代表,还有扶贫工作人员共同完成。第一时间对村民小组的投票结果实施集体会审,做好把关。如果出现与国家要求不符合的农户要立即取消参与资格,及时修改。负责人员通过综合评审,取消与标准不符合的农户识别资格。

四是,公示公告。经过综合评审之后所识别的结果要在公开栏位置进行公告,公告期要大于一周,实时接受群众以及社会的监督。识别时,工作人员与村“两委”和乡镇党委政府需要遵循公平、公正与公开的原则,公示政策和建档立卡的人数。如果有质疑或者举报的情况,要在第一时间深入调查,如果确实存在问题,要在第一时间取消识别资格,做好递补工作。

五是,乡把关。把没有异议的贫困户识别结果上报给乡镇党委政府实行二次审核,没有异议之后需要提交县级部门进行审核。

六是,由县级单位进行复核。这一流程主要是县扶贫开发办审查乡镇汇报的识别名单,没有问题之后提交给县级人民政府进行审批。

七是,为贫困户建档立卡。相关人员要根据县级人民政府的审批结果,开展调查登记会议,实施建档立卡的工作。

2. 产业定位

在湘西土家族苗族自治州视察工作时,习近平同志就提出“因地制宜和发展生产”的指示,这是开展精准扶贫工作以及施行特色化资源扶贫工作的重要措施,也是两者有效结合的重要策略。对于恩施州的扶贫村而言,需要在资源优势与生产条件的基础上,开展前期的考察工作,全面进行产业布局和技术与市场的管理。根据“一乡一业”“一村一品”“一户一计”“一人一方”的扶贫要求,确定产业布局的发展趋势、规模与方式,确定发展烟叶与茶叶、林果与蔬菜等具有特色的资源产业,科学布局并适度发展。要在不同的乡镇分别建立千亩示范园,各个行政村都要建立农民专业合作社,所有乡镇都要创办州级示范社,做好产业带头示范工作。

### (二)特色资源产业论证与模式选择

1. 特色资源产业论证

就特色资源产业论证来说,主要是指对选定的一些扶贫产业的发展趋势展开科学的评估,通过深入分析确定其作用以及意义,实现对农业产业的科学化评估,提高判断的准确性。同时,还能加深在扶贫产业发展趋势方面的理解,第一时间发现阻碍扶贫发展的障碍。主要流程为:对产业链条进行了解—对提纲进行分析和确定—收集资料—制定分析报告—评定结果。论证特色资源产业的具体形式是村民大会和贫困户代表与村干部开会,科学地论证并民主表决本村的扶贫路径。

特色资源产业的论证内容主要包括以下几点:一是,要了解分析对象的目标与要求;二是,掌握论证产业的外延,也就是具体是什么样的产品和服务;三是,了解产业发展的现状以及基础;四是,分析特色资源产业的发展因素,即需求分析、供给分析以及企业分析,还有制度与政策的分析和贫困户的现状分析以及产业发展的环境分析,按照之前的因素对结果进行综合分析,并做出预测结论。

2. 对模式进行选择

受到精准扶贫相关政策和理论的影响,加之贫困村所落实的农业产业化扶贫工作,能够对农业产业结构进行一定的优化调整,促进农产品的附加值与市场竞争力,提高农民的经济收入。科学地选择符合贫困村产业不断发展的农业产业化扶贫模式具有非常重要的意义。需要解决的问题主要是以下几点:

首先,需要清楚以精准扶贫为基础,推动特色资源产业发展,使特色资源产业基地发展越来越规模化,落实高起点规划和大规模推进特色化发展思路,凸显区域内的品种特色,发展支柱产业,进而形成“特色开发和规模种植与标准建设以及产业发展”的格局,在产业化发展的投入层面上需要呈现出多元化趋势。捆绑扶持、扶贫资金和以工代赈资金、农业发展资金以及金融资金,使支柱产业培育朝着标准化和管理精细化的方向发展。

其次,对特色资源产业经营方式进行精准选择。落实龙头企业的带动作用,对龙头企业进行扶持和发展,提升龙头企业对贫困对象所发挥的带动能力。同时,还要落实以市场为导向,指引龙头企业优化产品,塑造特色品牌,提高市场竞争力。要覆盖贫困群众,专业合作社需要优先对贫困户进行考虑,并在此前提下促进农民组织化水平的提高,延伸产业链条。

最后,对农业产业化的扶贫障碍进行精准突破。一是,对政策障碍进行破解,各级党委和政府与职能部门都要为农业产业化扶贫做好清扫工作,使得所有扶贫人员、龙头企业与干部群众能够轻装工作;二是,对要素保障的约束进行破解,并对要素资源进行科学化整合,尤其是对扶贫资金的整合,要对金融贷款进行合理运用,并引进社会层面的资金,给予农业产业化扶贫一定的支持;三是,对管理与技术障碍进行破解,各级党委和政府尤其是县乡两级政府,必须对组织引导的方式进行改进,集中技术和资金,加强业务培训,为精准扶贫培养一批集远见、管理与技术于一身的管理人员,推动产业的进一步发展。

## 第二节　创新精准扶贫合力攻坚与动态管理机制

### 一、精准扶贫合力攻坚体系的创新

#### (一)对驻村帮扶机制进行完善

在对驻村帮扶机制进行完善的过程中,要有效地结合精准扶贫和新农村建设,全面分析贫困村和贫困户的致贫原因,并对驻村的五年帮扶规划和年度方案进行制定。落实“三帮一扶”重点,同时扶贫工作队还需要对思想观念进行转变,做好脱贫致富的规划,提高自身综合素质,扶持支柱产业以及致富项目。按照扶贫的实际投入和帮扶资源,有效地与贫困户思想、身体、文化以及技能素质相结合,明确具体的帮扶目标。政府部门要对驻村帮扶对象合理地安排,确保每个贫困村都会有具体的帮扶单位与驻村工作队,让工作落实到责任人。此外,必须对帮扶保障责任制进行落实,扶贫工作的负责人兼任驻村的第一书记,能够有效发挥主体责任。要

建立帮扶长效机制，制定驻村工作队的管理办法并对保障措施进行落实，做好激励机制的建立，实时监督和考评，使驻村帮扶朝着规范化、制度化与长期化方向发展。同时，要给予工作成绩比较突出的一线驻村干部一定的奖励。

### （二）建立合力性的攻坚机制

在精准扶贫的过程中，需要做好对口支援、定点帮扶、市场扶贫以及社会扶贫的工作，继而使得与社会共同进步的扶贫格局得以形成，同时还需要主动争取更多的帮扶单位，提高帮扶的力度。可以组织并联系大中城市对口帮扶贫困县，对经济发展比较好的县和乡开展区域帮扶。组织开展对口支援活动，为三甲医院、省州名校以及贫困地区的医院和学校建立一个长期有效的扶持与合作关系。此外，还要对驻地部队与武警部队的扶贫成果进行巩固并提高，要充分发挥各民主党派和无党派人士的智慧。对环境进行有效改善，吸引不同的资源要素在贫困地区进行科学配置，使不同市场主体能够来到贫困地区进行投资。利用政府购买等多种方式，激励社会组织召开精准扶贫工作大会。可以引进适合农村贫困户就业的企业，并根据规定享受国家制定的税收优惠和职业培训补贴等扶持政策。激励经济发展比较好的企业建立一个精准扶贫公益基金以及公益信托，对企业与个人的扶贫捐赠税收扣除政策予以落实。探索公益众筹的扶贫新方式，有效开展扶贫帮困的网络直通车系列活动，建立帮扶需求对接平台，达到精准扶贫的目的，促进"大扶贫"格局得以形成。

## 二、加强精准扶贫动态化管理机制的创新

按照脱贫攻坚精神，恩施州全面落实《中共恩施州委、恩施州人民政府关于全力推进精准扶贫精准脱贫的决定》的政策。对于恩施州来说，需要坚持问题的导向、目标的导向与风险防控的导向，把精准扶贫专项改革作为重要措施之一，进一步完善精准扶贫的政策体系，对国家制定的精准扶贫政策进行贯彻和落实，如《恩施州扶贫攻坚精神支撑工作的实施意见》《恩施土家族苗族自治州临时救助实施办法》《恩施土家族苗族自治州医疗救助实施办法》等。规范并解决"扶持谁""谁来扶""怎么扶""如何扶"的问题，并将其运用到具体的工作中，为贫困户的发展做好保障，在此基础上推动州委和州政府在精准扶贫工作上的进步。

所以对于恩施州来说，需要按照 2016 年精准扶贫的考核办法进行改革，同时需要和《湖北省市州党委和政府扶贫开发工作成效考核办法》进行有效结合，将新的考核指标与恩施州本身的"五个一批"要求落实到实际工作中，进一步修改并完善恩施州的精准扶贫考评办法，创新精准扶贫工作和精准脱贫管理，推动该地区的进一步发展，这也是我国精准扶贫和精准脱贫工作效率提高的有效保障。

# 第三节 对精准脱贫的机制和激励机制进行创新

## 一、精准脱贫的标准和程序

根据五年集中攻坚和一年巩固提高与全面建成小康社会的总体思路，结合减贫时间表、作战图与军令状，2017 年恩施州的来凤县和鹤峰县整县脱贫，2018 年宣恩县和巴东县脱贫，2019 年恩施市、利川市、建始县及咸丰县实现脱贫，到 2020 年恩施州的 8 个贫困县(市)和 729 个贫困村全部脱贫。

### (一)农村贫困人口的脱贫标准和程序

1. 农村贫苦人口的脱贫标准分析

一是，有具体的收入来源。对于贫困户来说，如果具备劳动能力，且有大于一项的增收致富产业，能够掌握一门或者是大于一门的创业技能，每年人均可支配收入的增幅高于全省农村居民人均可支配收入，收入水平大于同期国家扶贫标准，就会提高所在地区农村居民可支配收入的平均值。如果贫困人口没有劳动能力，与农村低保和五保户的条件相符合，就要将其全部纳入供养保障的统筹中，确保高于国家扶贫标准。

二是，不愁吃。农民的一日三餐要有所保障，不能出现家庭成员饿肚子的现象。

三是，不愁穿。农民有应季的衣服穿，不缺被子，家庭成员不出现挨冷受冻的问题。

四是，确保教育质量。适龄的家庭成员可以接受义务教育，高中和以上学历(包括高职，不包括研究生和以上学历)没有因为贫困出现辍学现象。

五是，要有一定的住房保障。农民的家庭住房不是危房，人均住房面积要大于 20 平方米，还要有用水用电方面的保障，村庄要有公路和砂石路。

六是，有基本的医疗保障。所有和条件相符的家庭成员能够加入新型农村合作医疗中，出现重大疾病的成员能够享受大病救助政策。

七是，要具备一定的养老保障。与参保条件相符合并且有意愿参与的家庭成员都要参与到社会养老保险当中。

2. 脱贫程序分析

一是,初选脱贫。在每年的年末,贫困村的“两委”和驻村工作队都要根据农村脱贫标准,对脱贫情况进行逐户评估,还要细致地调查拟脱贫户。结合《恩施州贫困户精准脱贫评估验收表》初步形成农村脱贫人口的花名册,还要在本村进行公示,上报给乡(镇)和县(市)级人民政府。

二是,逐级核查。县(市)级人民政府需要组织相关行业部门和乡(镇)级人民政府利用《恩施州贫困户精准脱贫评估验收表》的入户复核方式抽样核查拟认定的农村脱贫人口,抽查的比例不能小于拟认定后脱贫户数量的10%。当县级部门验收合格之后,将其送到州人民政府实施第二次抽样核查,此时的抽查比例不能小于拟认定脱贫户数量的3%。如果州级验收确定合格之后,可以将其上报给省级扶贫攻坚部门,展开第三次抽样核查。要对州、县两级抽样结果通过同级媒体进行公告。实施抽查验收时,验收组需要按照脱贫标准,对该户的脱贫情况进行客观评价,如果抽查脱贫的精准率并没有达到100%,那么就应对该村责令整改。如果出现敷衍了事、弄虚作假或者虚报瞒报的情况,就要严格追究村“两委”和驻村工作队的责任,以此来对精准扶贫工作的开展做好保障,提高精准扶贫的效率。

三是,脱贫销号。通过省级抽样核查之后,形成农村脱贫人口名册,由乡镇级人民政府、村“两委”和驻村工作队按照农村脱贫人口的核定名册,在全国扶贫信息管理体系中进行更新和脱贫销号。

## (二)贫困村的脱贫标准和程序

1. 贫困村脱贫标准的阐述

国家对贫困村的脱贫标准进行了规定,主要表现在以下几点:

一是,在减贫方面获得一定的成效。村内的贫困人口已经获得全部脱贫(不包括当年返贫的农村人口),同时居民人均可支配收入已经高于全省平均水平的70%。

二是,内生动力得到增强。主导产业更加稳定,新型农村的经济组织越来越活跃,同时建档立卡的农村贫困户提高了参与度与积极性,并建立起贫困农户利益连接机制。

三是,完善的基础设施。在交通方面,乡村路面是柏油路或者是水泥路,可以通客车,同时村委会至自然村(主要是指村民大于20户的村落)已经有公路或砂石路;在饮水方面,每家每户都得到了水资源的保障,并且符合国家规定的饮用水安全指标;在用电方面,没有“无电户”,村民和经济组织的生活与生产用电得到有效保障;在住房方面,整个村子没有危房,与扶贫搬迁、生态移民、危房改造等贫困户标准相符合,落实政策帮扶。

四是，比较完善的公共服务。有便民服务中心、卫生室和休闲活动场所，村里已经通了宽带并且具有比较稳定的通信讯号，保障五保户与低保户的生活，提高电视的综合入户率、新型农村建设的合作医疗率、养老保险的参保率以及适龄儿童的入学率等。

五是，成立村级组织。农村在发展过程中要形成有较强战斗力的村级领导班子，不断完善村规和民约，村集体的经济收入超过 5 万元。

2. 脱贫程序的分析

一是，脱贫初选。在每年年终的时候，县级人民政府都会组织各行业各部门和乡镇人民政府根据脱贫标准对贫困村脱贫情况进行逐村评估，还要对拟脱贫村进行《恩施州贫困村精准脱贫评估验收表》填写并将相关信息上报给州人民政府。

二是，逐级核查。这一程序主要由州人民政府负责，需要组织相关行业和县级人民政府，结合《恩施州贫困村精准脱贫评估验收表》验收并复核拟认定脱贫的贫困村。经过验收之后确定合格的，需要上报给省级扶贫攻坚领导小组实施抽样核查。当验收没有通过时，村委会与驻村工作队都要通过书面形式说明情况，还要对原因进行深入分析，思考对策争取限期达标，并将验收结果公告在本级媒体上。

三是，脱贫销号。通过省级抽样核查之后，要建立一个脱贫贫困村的核定名册，由县扶贫部门进行引导，按照脱贫贫困村的名册在全国扶贫管理系统中进行更新并实施脱贫销号。

### （三）涉贫乡镇脱贫标准与程序

1. 脱贫标准的分析

该乡镇当中的所有贫困村都实现了脱贫，同时农村贫困人口（包括非贫困村的贫困人口）已经实现全部脱贫（不包括当年的返贫人口）。

基本公共服务指标符合全省平均水平。

2. 脱贫程序的分析

一是，初选脱贫。在每年年终由县（市）人民政府召开行业部门会议，根据涉贫乡镇的脱贫标准，对脱贫情况进行逐乡评估，建立涉贫乡镇的脱贫名册，并向州人民政府上报。

二是，落实州级核查。此程序需要州级人民政府组织行业部门和县人民政府，结合涉贫乡镇的脱贫标准验收拟认定脱贫乡镇，并在本级媒体中对验收结果进行公告。这些工作的时间安排和扶贫工作的考核时间需要一致。

### （四）贫困县脱贫的标准和程序

一是，脱贫标准。所有县级贫困人口已经实现了全部脱贫（不包括当年的返贫人口),同时贫困村实现了整体脱贫,逐渐完善交通、水利、电力等设施,卫生、教育、文化等公共服务也达到国家规定的平均水平。此外,贫困的发生率和农村居民人均可支配收入也与国家标准相符合。

二是,脱贫的程序。主要按照湖北省《关于建立精准脱贫激励机制的实施意见》开展工作。

## 二、精准脱贫激励机制

### (一)脱贫主体激励政策

1. 激励延续政策

对按计划如期或提前脱贫的贫困县(市)、贫困村、贫困人口,到 2020 年前扶持政策不变、投入力度不减、帮扶单位不撤。

2. 脱贫奖惩政策

恩施州本级财政对按计划如期或提前脱贫的县(市)给予奖励;对 2017 年脱贫的县(市),给予 1 000 万元脱贫成效奖励;对 2018 年脱贫的县(市),给予 800 万元脱贫成效奖励;对 2019 年脱贫的县(市),给予 500 万元脱贫成效奖励。对未能按计划如期脱贫的贫困县(市),进行全州通报批评,并取消其年度党政领导班子和领导干部经济社会发展目标责任考评评先资格。对按计划如期或提前脱贫的贫困村及未能按计划如期脱贫的贫困村,由各县(市)出台具体奖惩方案对村及其乡镇给予相应奖惩。

3. 年度考评奖惩政策

根据《恩施州县市党政领导班子和领导干部精准扶贫目标责任考评办法》,对 2015—2020 年每年年度考评前 3 位的县(市)分别给予 500 万元、300 万元、200 万元绩效奖励,对连续两年排名第一的县(市)党政主要负责同志予以嘉奖,并作为提拔、重用的重要依据,对连续两年排名末位的县(市)党政主要负责同志进行约谈并视情况予以通报批评。根据《恩施州乡镇(街道办事处)精准扶贫暨经济社会发展绩效综合考评办法》考评结果,2015—2020 年每年对考评排名前 2 名的街道办事处、前 3 名的城镇和前 10 名的一般乡镇分别授予"年度优秀城镇(街道办事处)"和"年度优秀乡镇"称号,对当年晋位明显的 10 个乡镇(街道办事处)授予"先进乡镇称号(街道办事处)",并给予一定的奖励。

## (二)帮扶力量激励政策

1. 行业部门激励政策

根据年度《恩施州(县)直单位精准扶贫目标责任考评办法》,2015—2020年每年对考评排名前10位的承担行业扶贫责任的州(县)直单位(B类单位)和排名前10位的承担驻村帮扶责任的州(县)直单位(A类单位)授予"精准扶贫先进单位"称号,对连续两年帮扶效果不明显、排后3位的行业(单位)主要负责人实行约谈,单位在州(县)的上级垂管单位,建议其主管上级部门做出相应告诫。根据被帮扶贫困村的精准脱贫情况,对按计划如期或提前脱贫的贫困村中的州(县)直驻村工作队及日常工作扎实、成绩突出的驻村工作队,根据工作成绩优选出驻村工作队员(含第一书记)授予"驻村帮扶先进个人"称号,并给予一定的物质奖励。对未能按计划如期脱贫的贫困村中的驻村工作队,进行全州通报批评,责令其加大工作力度"不脱贫、不脱钩",并取消其年度州(县)直机关综合目标责任考评优先资格。

2. 扶贫市场主体激励政策

以县(市)为单位建立市场主体扶贫帮带绩效评估机制,根据绩效评估结果对严格履行帮带合同、吸纳贫困户参股、带动增收效果好的市场主体,通过奖励、补贴等方式在财政资金、扶贫贴息贷款及税收等方面给予重点支持,对签订帮带合同但不履行帮带职责的市场主体,在收回其签订的帮带合同的同时,取消当初政府承诺的无偿支持政策、资金政策,两年内不得为其提供各种优惠政策支持,具体评估及激励办法由各县(市)自行制定。2015—2020年恩施州委、州政府每年对每个县(市)扶贫帮带绩效评估排名前3位的市场主体授予"扶贫帮带先进单位"称号,并根据其帮带脱贫贫困户数量按照不高于500元/户的标准给予资金奖励。

3. 结对帮扶干部职工激励政策

2015—2020年,州(县)直驻村工作队每年推荐表彰200名结对帮扶优秀干部职工,由恩施州委、州政府授予"优秀结对帮扶干部职工"称号并给予一定的物质奖励(具体表彰奖励方案另行制订)。对不履行结对帮扶职责、造成不良社会影响的结对帮扶干部职工,予以通报批评。

4. 社会爱心力量激励政策

2015—2020年,州委、州政府每年优选表彰20个扶贫济困事迹突出、爱心帮扶成效显著的社会爱心集体或个人,授予"扶贫济困先进集体(个人)"称号。

## 第四节 完善精准扶贫政策支撑体系

### 一、完善精准扶贫投入政策与土地政策

#### (一)加大精准扶贫投入力度

恩施州严格按照当年地方财政收入增量的15%增列专项扶贫预算,以及各级财政当年清理回收可统筹使用的存量资金中50%以上用于精准扶贫的规定,落实资源整合机制,夯实扶贫投入县级整合平台,落实贫困村产业发展基金、贫困户发展乡村旅游基金、贫困地区"双创"基金、社会救助基金等"四大基金",拓宽精准扶贫资金筹集渠道。中央和省一般性转移支付资金、各类涉及民生的转型转移支付资金和预算内投资重点,要向贫困地区和贫困人口倾斜。农业综合开发、农村综合改革转移支付等涉农资金要明确一定的比例用于贫困村。省直和州各部门的惠民政策、项目和工程要最大限度地向贫困地区、贫困村和贫困人口倾斜。从2016年起,落实湖北省财政支出规模扩大政策,增加对贫困地区水、电、气、路网等基础设施建设,提高基本公共服务水平。严格落实国家在贫困地区安排的公益性建设项目县级配套资金政策,并落实提高省级财政投资补助比例的政策。加大贫困地区以工代赈投入力度,支持农村山水田林路建设和小流域综合治理,增加民族地区重大基础设施项目和民生工程建设投入,实施少数民族地区和特困群体综合扶贫工程。

#### (二)完善土地政策

恩施州全州新增建设用地计划指标有限,要保障扶贫开发用地的需要,专项安排贫困县年度新增建设用地计划指标。省级、州级在安排土地整治项目及下达高标准基本农田建设计划时向贫困地区倾斜。按照"好而快、优则先"的原则,精准地分配土地整治项目,重点向基础相对薄弱的贫困地区和易地扶贫搬迁安置点倾斜,力争实现贫困村土地整治项目全覆盖。使用新增建设用地有偿使用费的土地整治项目,可将不超过20%的项目资金用于项目内村庄整治和农村新社区基础设施建设,与精准扶贫、精准脱贫同步规划、同步建设。将易地扶贫搬迁用地全部纳入土地利用年度计划,实行搬迁用地应保尽保,并向易地扶贫搬迁任务重的贫困县倾斜,下达城乡建设用地增减挂钩指标。支持有条件的贫困地区开展历史遗留工矿废弃地复垦利用、城镇低效利用地再开发和低丘缓坡荒滩等未利用地开发利用试点工程。

## 二、强化金融支持发挥科技人才作用

### (一)强化金融支持

恩施州依托"一县一品""一行一品"的县域金融创新产品评审办法,鼓励和引导金融机构结合贫困地区实际,提供"助农贷""助保贷"等信贷新产品,以及"担保基金+扶贫互助社+银行""产业扶贫担保贷款"等融资方式,有针对性地满足贫困地区各类经营主体的资金需求。推进扶贫再贷款,重点支持贫困地区发展特色产业和贫困人口就业创业。依托湖北省长江产业投资集团,建立省、州级扶贫开发投融资平台,开展农民合作社信用合作试点,支持贫困地区设立扶贫贷款风险补偿金,设立由政府出资的融资担保机构,重点开展扶贫担保业务。积极发展扶贫小额贷款保证保险,对贫困户保证保险的保费予以补助。支持贫困地区开展特色农产品价格保险,有条件的地方给予一定的保费补贴。有效拓展贫困地区抵押物担保范围。

### (二)发挥科技人才作用

恩施州加大了科技扶贫力度,解决贫困地区特色产业发展和生态建设中的关键技术问题。加大技术创新引导专项基金对科技扶贫的支持,加快先进技术成果在贫困地区的转化。强化贫困地区基层农技推广体系建设,做好科技特派员、三区(边远贫困地区、边疆民族地区、革命老区)人才选派、管理工作,支持科技特派员和三区人才开展创业扶贫服务。促进科技成果转化,科学技术同特色资源相结合,加快先进技术成果在贫困地区的转化,培育新的经济增长点,促进农民脱贫致富。以推进区域人才协调发展为重点,大力实施贫困地区、民族地区和革命老区人才支持计划和贫困地区本土人才培养计划。重点引导高等院校、科研院所、大型企业科技人才到贫困地区一线服务,支持省级以下科研项目、人才计划适当向贫困地区倾斜,加大政策激励力度,鼓励各类人才扎根贫困地区基层建功立业,对表现优秀的人员在职称评聘等方面给予倾斜。在贫困、边远地区实施湖北省专业技术人才风险岗位计划,给予政策激励。公务员招录计划进一步向基层艰苦边远地区倾斜,降低基层招录门槛,并创造条件留住队伍。"三支一扶"计划数量上向贫困地区倾斜,适当放宽招募条件。

# 第七章　民族村镇精准扶贫效果评价指标体系

## 第一节　全国贫困地区精准脱贫学术研讨会综述

我国全面建成小康社会进入决胜阶段,贫困地区和贫困人口成为全面建成小康社会的短板,我国的脱贫攻坚已经到了啃硬骨头、攻坚拔寨的冲刺阶段。中央扶贫开发工作会议提出,要坚持精准扶贫、精准脱贫,重在提高脱贫攻坚成效。关键是要找准路子、构建好的体制机制,在精准施策上出实招、在精准推进上下实功、在精准落地上见实效。为了深入研究精准扶贫、精准脱贫中的理论与实践问题,总结精准扶贫、精准脱贫的经验与规律,更好并更有效地开展精准扶贫、精准脱贫工作,由中国区域科学协会和西南民族大学主办的全国贫困地区精准脱贫学术研讨会于2016年9月16—18日在西南民族大学召开。来自国务院扶贫办、中国社会科学院、中国科学院、北京大学、中国人民大学等40多所高校和研究机构及连片特困地区所在省区的研究机构,以及高校及扶贫攻坚第一线的干部等百余位专家学者出席了会议。此次会议由中国区域科学协会民族经济专业委员会、国家民委人文社科重点研究基地(培育)——西南民族大学中国西部民族经济研究中心、西南民族大学经济学院联合承办,并受到文化名家暨“四个一批”人才工程、“万人计划”哲学社会科学领军人才项目、四川省创新团队“民族地区经济发展问题研究”的资助。本次会议紧密围绕贫困地区精准脱贫的主题,收到学术论文101篇,发言交流达58人次,大会如期完成了各项既定议程,取得圆满成功。

### 一、精准扶贫、精准脱贫的现实研判

国务院扶贫办、全国扶贫培训宣传中心主任黄承伟教授对新一轮脱贫攻坚的背景进行了厘定:改革开放以来,中国取得了巨大的减贫成就,贫困发生率从1978年的97.5%下降到2015年的5.7%,但减贫进程和贫困现状体现出显著的区际差

异。从减贫进程来看,2010 年以来东部减贫速度快,西部减贫规模大;从贫困现状来看,有 5 个省市基本消除贫困,有 8 个省贫困人口数量在 300 万人以上,也有 8 个省的贫困发生率在 10% 以上。

中国社会科学院农村发展研究所所长、中国区域科学协会理事长魏后凯教授基于贫困现状和 2020 年减贫目标,对"十三五"规划期间的减贫目标距离和任务进行了分析。要实现 2020 年的减贫目标,在未来 5 年里,中国平均每年减贫规模要超过 1 000 万人,每月减贫接近 100 万人。从过去的经验看,1979—1990 年为 933 万人,1991—2000 年为 1 963 万人,2001—2010 年为 2 966 万人,2011—2015 年为 2 198 万人,按照现行标准平均每年的减贫规模,"未来 5 年我们应该有信心和能力如期实现全面脱贫目标"。但随着扶贫开发进入攻坚拔寨的冲刺阶段,经济发展的减贫效果趋于下降,扶贫开发的难度明显加大。现有农村贫困人口大多数居住在自然条件相当恶劣、交通极为不便、自然灾害频发的山区和偏远地区,尤其是中西部少数民族地区和边境地区。2014 年,贫困发生率超过 15% 的有西藏(23.7%)、甘肃(20.1%)、新疆(18.6%)、贵州(18.0%)和云南(15.5%),贫困人口数量超过 500 万人的有贵州(623 万人)、云南(574 万人)、河南(565 万人)、广西(540 万人)、湖南(532 万人)和四川(509 万人),不少地区还面临保护生态与加快发展的双重矛盾。

中南民族大学成艾华教授强调了特殊生态和地缘政治区位对民族地区扶贫攻坚带来了特性事实。在国家规划的主体功能划分上,民族地区贫困县有很多属于限制开发区域,有的甚至是属于禁止开发区域。并且相比于其他地区,部分民族地区的社会环境相对比较复杂。不仅对民族地区的稳定大局造成影响,而且也增加了其脱贫攻坚的难度。

与会学者基于 2020 年消除绝对贫困目标进行了研究,并对短期和长期减贫目标进行了前瞻性分析。魏后凯教授认为,中国未来的减贫战略要在解决区域性整体贫困的基础上,着手研究 2030 年中国反贫困的长期战略问题,实现从绝对贫困治理向相对贫困治理的转变。

基于扩展贫困内涵的思路,与会学者也探讨了多维贫困问题。汪为博士认为,对贫困的研究不应局限于截面数据基础上静态层面的研究,而应转向在面板数据基础上的动态性研究,同时从单一的收入维度转向多维度(如消费、教育、健康等)贫困的研究。汪为博士在经典指标维度基础上,从收入、消费、教育、健康、生活质量和资产六个维度构建了多维贫困指数,并以湖北省农村调查总队 2005—2010 年的调查数据,对多维贫困指数进行了测度。陈光燕博士则通过改进多维贫困指标体系,使用中国综合社会调查 2006—2013 年面板数据,以西南四省为研究区域,对我国农村妇女多维贫困状况进行了测算和分解。测度过程中选取了收入水平、健康条件、教育水平、工作情况、日常消费、住房条件、社会保障等13个维度。

## 二、精准扶贫、精准脱贫面临的问题

精准扶贫、精准脱贫虽然是我国减贫战略的重要创新,但各地区在实践过程中还面临一些共性和特性问题。四川农业大学的庄天慧教授基于四川省2015年度精准脱贫成效第三方评估的总结,给出了精准扶贫、精准脱贫实施过程中面临的问题,包括:

第一,扶贫政策刚性约束多,基层创新空间受限,还存在着贫困对象识别问题和动态管理问题,并且扶贫干部忙于迎检。因此,应在扶贫改革实践中呼吁建立"容错机制",精准扶贫应给地方留有"因地制宜""相机决策"空间。

第二,贫困户帮扶平均化与贫困村帮扶等级化倾向问题。贫困户帮扶平均化产生了另外一种形式的"大水漫灌",导致极端贫困的贫困户获得的帮扶资源不足而无法精准脱贫。贫困村资源配置等级化表现为突出扶贫亮点、打造脱贫试点村等,导致部分贫困村得到大量的扶贫资源,而不受重视的贫困村得到的扶贫资源相对较少。因此要杜绝贫困村中的相对富裕村,资源密集投入所帮扶的贫困村应是脱贫攻坚的硬骨头。

第三,产业扶贫"三化"现象突出。产业同质化,使得这些产业逐步进入盛产期时,如不前瞻谋划,很可能出现市场风险。选择养猪、养鸡、养鸭等低端化的产业易损害扶贫资金的使用效果,解决这个问题需要外部力量"智力扶贫"。追求绩效的功利化扶贫易助长"等、靠、要"思想,导致扶贫政策对贫困户的"逆向激励",因此应注重设计激励相容的扶贫政策。

第四,"五个一"整体联动较弱。扶贫压力普遍落在"第一书记"肩上,而联系领导、帮扶单位、驻村工作组和驻村农技员的作用发挥不够。亟待加强对帮扶单位的考核,并整合和利用"五个一"帮扶力量,调动村两委班子的能动性,协同开展扶贫工作。重视村民小组组长(社长)在贫困户帮扶中的纽带作用,贫困户帮扶责任人要加强与组长(社长)的沟通。

第五,识别依据相对性与退出参照绝对性的悖论。贫困户以相对贫困标准参照进入,以绝对贫困标准退出存在矛盾,"高进低出"脱贫变得相对较为"容易",但获得感不足、认可度不强、满意度不高。

中国人民大学孙久文教授等通过对灵丘县、巴里坤县两个贫困县的案例调研,深入了解精准扶贫政策在地方的实施效果,总结了精准扶贫进程中贫困县的基础条件、致贫原因、面临问题、关键举措、诉求建议等。他们认为,贫困县的扶贫工作中出现了一些值得学习的新思路和亮点,例如电商扶贫、扶贫资金托管等,但精准扶贫政策在精准性、覆盖面、落地保障、动态机制等方面存在完善空间。

凌经球教授和伍艳教授关注了民族地区的精准扶贫问题。凌经球教授认为，民族地区是我国新一轮脱贫攻坚的主战场，精准扶贫是具有中国特色的治贫方略，其要义是按照统一标准、法定程序和科学方法识别出贫困对象，精确梳理其致贫因素和类型，进而因人因地制宜实施帮扶措施，最终实现现行标准下贫困人口脱贫。当前民族地区推进脱贫攻坚面临着贫困人口指标层层分解与贫困对象识别不精准、脱贫攻坚项目实施资金投入刚性需求与扶贫资金投入供给能力不足、产业扶贫项目脱贫效应的时滞性与年度脱贫目标要求短期性和贫困农村“空心化”与脱贫任务艰巨性等突出矛盾。为此，要抓紧完善贫困人口精准识别机制，建立以目标需求为导向的项目建设资金投入机制，改革精准脱贫成效的考核办法，切实加强贫困村的村级扶贫治理能力建设，才能确保民族地区如期实现脱贫攻坚目标。伍艳教授认为，精准帮扶过程中，民族地区面临城镇化水平落后、贫困户文化程度低，以及贫困村金融抑制等多维约束。为有效解决贫困约束问题，民族地区精准帮扶必须满足贫困者的真实需求，构建按需差异化帮扶机制。具体表现为：根据贫困户的需求进行帮扶；根据贫困户的致贫因素进行帮扶；根据民族地区的生态环境差异进行不同方式的帮扶；创新扶贫开发模式，实施小额信贷扶贫到户项目以及教育扶贫。

## 三、精准扶贫、精准脱贫的影响机制与经验证据

发展是解决贫困问题的关键，区域发展能够为精准脱贫提供可持续的动力依托。与会学者从金融发展、收入分配、产业结构、教育、特色产业、空间相关等不同侧面研究了宏观变量影响贫困减缓的关联机制，并进行了实证研究。

单德朋副教授基于信贷需求内生的视角，引入信贷约束和经济机会构建理论模型，分析了金融发展、经济机会与贫困减缓的关系，并利用门限面板模型对四川集中连片特困地区扶贫统计监测县进行了实证检验，认为金融发展和金融可得性并未体现出显著的益贫性，经济机会对于农村人均纯收入提升和低收入人口数减少均具有显著积极效应。在全面建成小康社会和扶贫攻坚阶段，改善农村经济机会是比盯住金融发展更为精准的减贫目标设定方式。“金融撬动”应该更倾向瞄准对于贫困人口能力和经济机会的撬动，并在金融扶贫过程中从信贷供给和需求两个方面进行疏导和改善，增加贫困人口实际可得的信贷匹配。

陆铭宁教授以凉山彝族自治州为例，通过分析当前民族地区农村金融扶贫现状，运用信贷交易合约模型，深入探究进一步提高当前民族地区农村金融扶贫发展空间。同时，在分析模型中加入“涉农贷款保险”因子，从理论上探寻农村金融扶贫的相关理论依据。李鑫基于信贷模型给出了金融减贫的供给侧（金融机构）机制设计，认为只有具备适宜金融支持的激励机制，精准扶贫才有充足的微观动力。

刘世成认为，贫困群体作为传统金融服务的“长尾市场”，互联网金融的介入

可以大大地提高贫困群体的金融服务可得性,增强金融供给的竞争性,拓展对贫困群体金融服务的广度和深度。但由于贫困人口自身数据信息的薄弱、生产经营能力和抗风险能力的不足,在现有条件下,还很难成为互联网金融的主体。为此,要发挥政府的"看得见的手"作用。短期内,通过成本分担、风险补偿、完善配套等措施促进互联网金融与精准扶贫的更加深入与广泛对接。从长期看,要健全完善贫困地区的金融服务配套设施,如有效的农业保险体系、完善的信用信息数据库、便捷的互联网和支付结算网络等。

熊芳副教授认为,社会资本与微型金融的关系对充分实现微型金融效应具有重要意义。她发现社会资本与微型金融之间存在良性互动关系,并且社会制裁会降低微型金融效应,但和谐的社会关系会提升微型金融效应且影响更大。在影响社会制裁的小组制裁、社区制裁及金融机构制裁这三个因素中,小组制裁的影响因子最大;在影响社会关系的参与、关系网、信任、规范这四个因素中,规范的影响因子最大。同时,微型金融效应越大,微型金融创造的社会资本(规则和信任)越多。微型金融要强化构建和谐的社会关系并慎用社会制裁机制,积极创造更多的社会资本。

彭继权博士和姜泽林研究了收入不平等与贫困减缓的关系。彭继权认为,湖北农村贫困绝大部分原因是由各项收入的不均等造成的,由家庭资本及其配置所决定的家庭经营收入不均等是贫困的主要致因;与城镇化相关的工资性收入不均等是导致贫困的重要原因,而且其效应在不断上升;救济性和养老收入在一定程度上指向了贫困人口,其偏向贫困人口的不均等分配有助于贫困缓解。带有普惠性质的补贴性收入并没有让农村贫困人口获得更多的利益,不但没有缓解贫困,反而在一定程度上加剧了贫困,其指向生产经营能力强的农户激励式补贴方式导致了贫困的上升。姜泽林关注了性别不平等问题,认为鉴于女性在抚育后代、身体素质等方面所具有的特殊性,现实社会生活中经济、政治、文化教育以及家庭生活上的不平等成为横亘在女性脱贫道路上的绊脚石。在西部民族地区,这种抑制作用和负面影响更为明显。为了促进西部民族地区女性脱贫工作的纵深发展,必须将性别意识内渗于政府的扶贫政策,设计易于西部民族地区女性融入的反贫困参与方式以及建立包含女性贫困指标的扶贫考核体系并提高到战略层面上,完善反贫困机制。

廖桂蓉教授使用探索性空间数据分析工具研究了 2007—2013 年西藏和四省藏族聚居区 17 个地(市、州)农牧民人均纯收入的空间分布格局与特征,发现:一方面,存在着全域范围的空间自相关性,并且这种相关性随着时间的推移在减弱;另一方面,局部相关也显示出藏族聚居区局域性的空间集聚特征越来越明显,但相关性随着区域间间隔的增加在逐渐弱化,空间溢出效应是西藏和四省藏族聚居区反贫困中不可忽视的重要影响因素。

产业发展带动脱贫是贫困地区实现可持续减贫的最重要内生动力来源，影响着贫困地区产业发展的政策制定。单德朋从演化经济学视角研究了产业结构专业化、多样化与贫困减缓的关系，认为专业化的减贫效应在产品生命周期的初始和发展阶段趋于增强，并且经济密度更小、距离技术前沿更远的地区，专业化的减贫效果更好；多样化的减贫绩效低于专业化，且相关多样化尤其是第三产业相关多样化比其他多样化结构更具减贫效果。贫困地区在减贫的产业结构选择上，首要目标是改善专业化程度，其次是在多样化的既定前提下，谋求第三产业的相关多样化。同时，辅以改善深度贫困人口自我发展能力和经济机会的政策选择，能够有效改善产业结构的减贫绩效。

在减贫的产业选择上，旅游扶贫是与会学者重点关注的对象。张英教授认为，民族地区旅游资源丰富，拥有大量已开发和还未被开发的独特资源，旅游业成了许多民族地区经济增长点和第三产业的龙头，是推动民族地区经济社会发展的重要动力。但为了提升旅游减贫绩效，政府必须在制度和政策制定上瞄准贫困，精准帮扶。曹兴华博士认为，民族地区旅游扶贫问题研究应立足于贫困人口本身发展与获利的角度，通过对扎尕那村居民对旅游扶贫效应感知及参与旅游意愿等问题的研究发现：扎尕那村居民对旅游扶贫经济效应、社会效应正向感知强烈，而对生态效应的负向感知较为明显，旅游扶贫负面影响初现；当地居民参与旅游发展意愿强烈，但缺乏参与能力。未来应注重从当地居民视角出发，保护与开发并重，实现旅游发展和居民受益双赢。刘天博士认为，四川少数民族村寨旅游扶贫的发展离不开政府的扶持和引导，随着扶贫阶段的不断推进，呈现出不同的阶段性发展特征，这就要求旅游扶贫的模式随之转变。

除了旅游扶贫之外，生态补偿、移民搬迁也是精准脱贫的重要政策。杜洪燕博士认为，生态补偿方式对于提高项目的补偿效率及持续性至关重要，生计补偿主要侧重于拓宽受约束农户的生计来源。丰富的森林资源、活跃度高的非农或农业劳动、较大的家庭规模有利于农户参与岗位型生态补偿项目，贫富程度不是农户参与项目的影响因素。目前的岗位型生态补偿项目存在富裕户和贫困户收益不对等、对贫困户的识别和瞄准机制不完善、没有有效增加劳动活跃度低的贫困户的劳动供给等方面的问题。因此，生态补偿应注重农业生产在农村地区的重要作用，加强项目实施前后的基础信息收集，对劳动活跃度低的贫困户给予有效关照，做好涉农政策普及等。张强教授认为，与生态补偿相互配合的其他政策措施（社会保障、最低社会保障、社会救济、林权改革等）能够有效提升生态补偿的减贫绩效。邰秀军使用在宁夏回族自治区 10 个移民新村的调查数据，比较分析了集中安置和“整村插花”安置移民在脱贫方面的发展机遇，如移民对临近产业园区的利用、就近外出务工、市场行为的增加、与已有居民的社会联系、致富思想观念的变化等。同时,还使用贫困测度指数比较了两类安置方式下移民的脱贫情况,发现:集中安置移民虽然有降低成本的规模效益,有利于移民的生活,但“整村插花”的分散安置方式在帮助移民恢复生产、转变生计方式上有一定的优势。

林科军认为,在产业发展推动贫困减缓的过程中,精准扶贫应遵循区域发展和贫困化的地域分异规律,走绿色扶贫的新路径。优化精准扶贫区域模式、增强精准扶贫可持续性,必然立足岩溶贫困山区石漠化综合防治,在区域转型、脱贫攻坚中从供给侧培育生态文化、健全目标责任制和考核奖惩机制、实施人口控量提质、重构融合发展的新型经济、优化技术和产业治理路径、构建多元的资金保障机制、完善生态效益补偿机制、构建绿色扶贫的新动力、探索以精准扶贫统领的守底线、融合重建绿色减贫新道路。蒋晓俊认为,民族地区实现绿色发展减贫,一是坚持政府主导多元参与的贫困治理格局,提高协作治理水平;二是加强宣传教育,增强绿色发展理念和生态责任意识;三是建立健全农村生态环境治理制度,加强执法力度;四是践行精准脱贫因类施策战略,发展农村绿色经济;五是借鉴国外先进经验,完善贫困村绿色发展制度。

杨一熠关注了农民工返乡创业对贫困减缓的影响,认为返乡创业者参与精准扶贫有着天然的独特优势,因此要大力发挥这群主力军的作用。其研究发现:女性返乡创业意愿高于男性、老年人返乡创业意愿高于年轻人、低学历者返乡创业意愿高于高学历者、高收入者返乡创业意愿高于低收入者。但面临创业机会识别及开发能力不足、创业资源匮乏、缺乏明确的战略导向的制约。因此,应针对农民工返乡创业过程中遭遇的现实困境,结合当前农民工返乡创业遇到的问题进行有效激励和疏导。

王阳重点关注了风险管理与贫困减缓的关系,利用风险分担模型检验了农户家庭层面与村庄层面社会资本能否为遭受收入风险的农户提供非正式保险,并估计了农户的风险缓冲能力,进而建立 Logit 模型研究其对农户贫困的影响。其研究发现:农村家庭未能在遭遇收入风险后获得完全保险,社会资本显著提高了农户应对风险冲击的能力;贫困农户在风险冲击下表现出更大的脆弱性,社会资本缓冲风险的作用对贫困农户更重要;农户风险缓冲能力的提高可以显著降低家庭贫困的概率,社会资本能够通过增强农户风险缓冲能力的渠道减少贫困。黄和平也关注了广东保险业在精准扶贫中的作用,他认为:精准扶贫应充分利用保险产品优势,提供扶贫开发保险产品,在产业保险、医疗保险等方面做出改善。

教育和人力资本是可持续减贫的核心依托,曹正忠分析了四川省凉山彝族自治州昭觉县特殊困难儿童的教育现状,分析了形成原因,发现特殊困难儿童享受的特殊教育补助很少,这主要是由于特殊困难儿童的认定较为困难,因此无法纳入保障体系。相关部门应加强实地调查,尽快确认保障对象,充分发挥政府、社会组织和个人的力量,大力宣传、吸纳慈善机构的参与,增加教育扶持资金,将每一名特殊困难儿童都纳入扶持范围,以“不抛弃、不放弃”的原则,确保每名特殊困难儿童享有生存的尊严和义务教育的权利。并且,由于上学距离较远,年龄较小的儿童独立上学不安全,并有一定的经济压力,因此昭觉县特殊困难儿童一般入学较晚,并且小学期间都存在一定的辍学率。刘松博士利用中国教育追踪调查数据,重点关注了留守儿童家庭经济状况和教育期望的关系发现:农村留守儿童家庭经济状况较差,平均处于中等偏下水平,处于困难和非常困难状况的家庭占样本数的36.3%。在所有留守儿童家庭中,都有较高的父母教育期望和子女本人的教育期望,尤其是经济非常困难的家庭对高等教育有着强烈需求。因此,在精准扶贫的攻坚阶段,应更多地关注留守儿童这一特殊群体,同时发挥教育在扶贫工作中的重要作用。

## 四、精准扶贫、精准脱贫的政策评估

中国科学院赵作权研究员讨论了美国阿巴拉契亚地区的扶贫政策和贫困现状,并讨论了美国扶贫模式对中国的启发。王爽分析了中国农村减贫进程中各阶段扶贫方式的区别和演变的内在逻辑,他认为农村减贫是一个动态的进程,从道义式扶贫到制度式扶贫,从输血式扶贫到造血式扶贫,再从开发式扶贫到精准扶贫,每个阶段都有不同的政策背景及区别。邓阳认为,我国扶贫政策在以保持经济全面较快发展作为扶贫开发主动力的基础上,形成了较为完备的政策体系,无论是专职机构——各级政府扶贫领导小组的成立,还是各时期各项扶贫政策的出台颁布,都是基于高度的政治责任感、使命感,切实致力于解决贫困问题、改善民生、促进发展。灵活多样且富有针对性的扶贫方式是扶贫政策行之有效的重要原因,在具体扶贫实践中,政策的制定不是“凭空产生”,而是基于贫困地区实际情况,通过多种政策落实,以动态发展的态势不断调整政策的重点,以多元合作的方式不断拓宽扶贫的渠道,以综合全面的视角不断推进可持续发展。

郑长德教授基于索洛经济增长模型,分析了集中连片特困地区面临的贫困陷阱,包括低生产率陷阱、储蓄陷阱和马尔萨斯陷阱。发展援助有助于提高贫困地区的生产能力,特别是发展援助直接用于贫困人口的教育和健康,将促进集中连片特困地区的减贫与发展。基于集中连片特困地区县域数据,实证分析了发展援助的减贫效应和发展效应。研究表明,用于改进贫困地区基本公共服务的发展援助具有明显的减贫效应。

安和平认为,以往减贫政策对不同地区的减贫效果不同,产生了减贫的区域差异。因此,未来在实施大扶贫战略行动时,应该贯彻精准扶贫、有效脱贫的政策措施,坚持区域发展带动开发扶贫,开发扶贫促进区域发展,形成科学治贫、精准扶贫、有效脱贫的长效机制。

江帆认为,国家扶贫开发工作的重点县作为区域扶贫开发的"政策试验田",是中国为推动地区平衡发展、实现共同富裕做出的重要战略安排,但其效果究竟如何仍需要验证。他使用双重差分倾向得分匹配法(PSM - DID)研究了扶贫开发重点县的政策效果,发现重点县的确立未能有效推动县域GDP及人均GDP的快速增长,对缩小区域差距作用不显著,县域层面扶贫开发政策出现"失灵"。重点县政策对工业化等驱动因素产生挤出效应,并因产业结构差异等扩大了区域差距。因此,在区域扶贫开发进程中,应以配套体制改革为抓手,破除阻碍"政策红利"发挥的壁垒,释放欠发达县域经济增长潜力,实现区域协调发展。

潘成龙认为,我国农村扶贫工作已陷入困境,传统的政府农村扶贫路径已不再能适应新常态下的农村扶贫工作实际。新常态前我国政府农村扶贫的主要路径包括扶贫资金投入、工业项目引进和教育投资供给,都偏向于基本的政策供给,虽然经过这些年的努力取得了辉煌的成绩,但在实际的扶贫实践中扶贫效率仍然偏低。因此,新常态下我国政府的农村扶贫工作要想高效、高速地完成,就需要对政府农村扶贫的路径进行创新,结合新常态的特点和各种优势资源,在之前路径的基础上进行调整和优化。

王政武认为,精准脱贫是精准扶贫的目标和战略转换,高度体现着经济发展以人民为中心的目标导向,是保证人民共享发展成果、实现共同富裕和全面建成小康社会的具体实践与步骤。扶贫精准度不高、外在"输血"扶贫与内生脱贫能力失衡问题突出等,是中国精准扶贫主要问题的呈现,根源归结于人民主体性的缺失。中国精准脱贫机制再造与优化应以"以人民为中心"发展思想为指导,构建以人民为主体的精准扶贫多元共建模式,完善以制度脱贫为核心的贫困者自主脱贫内生机制和共享成果保证机制,促进精准扶贫政府供给推动机制转向贫困者需求拉动机制。

## 五、我国脱贫攻坚的前沿问题

黄承伟教授提出了十个脱贫攻坚的前沿问题:历史方位、脱贫标准、精准施策、精准帮扶与片区发展结合、扶贫开发与兜底扶贫结合、扶贫开发与生态保护并重、工作格局、资金投入保障、独特优势和能力建设。

第一,历史方位。消除贫困、改善民生、逐步实现共同富裕,是社会主义的本质要求,是我们党的重要使命。我国扶贫开发已进入啃硬骨头、攻坚拔寨的冲刺期。扶贫开发事关全面建成小康社会,事关人民福祉,事关巩固党的执政基础,事关国家长治久安,事关我国国际形象。打赢脱贫攻坚战,是促进全体人民共享改革发展成果、实现共同富裕的重大举措,是体现中国特色社会主义制度优越性的重要标志,也是经济发展新常态下扩大国内需求、促进经济增长的重要途径。

第二,脱贫标准。小康不小康,关键看老乡,核心在仍处于贫困中的老乡能不能脱贫。在实施脱贫攻坚中,制定脱贫标准至关重要。由于国家近年来在城乡全面实施免费义务教育,在农村全面建立新农合和新农保制度,我国现行贫困标准所代表的实际生活水平大致能够达到全面建成小康社会所要求的基本水平。

第三,精准施策。精准扶贫、精准脱贫的核心是精准施策。精准施策关键在于精准配置扶贫资源,对各种不同类型的贫困人口采取有针对性的帮扶措施。精准扶贫、精准帮扶是关键,要逐村逐户分析致贫原因,真正做到“一村一策”“一户一法”,对症下药、开准“药方”。要按照贫困地区和贫困人口的不同情况,分类指导、分类施策,发展生产脱贫一批、易地搬迁脱贫一批、生态保护脱贫一批、加强教育脱贫一批、社会保障兜底一批。各地情况千差万别,要因地制宜,探索多渠道、多样化的精准扶贫、精准脱贫路径。精准扶贫绝对不是简单地给贫困户分钱,扶贫开发的项目依然要坚持下去。在发展特色产业脱贫方面,贫困人口不能受益的主要原因是扶贫项目缺乏有效的机制。一些产业扶贫项目往往因为贫困户的观念、技术、能力和资金等多方面的限制而难以覆盖贫困户。扶贫移民搬迁因贫困户负担不起搬迁成本出现“不搬”的问题。金融扶贫中贫困户由于没有抵押和担保而经常被排除在外。要探索如何将贫困户纳入现代产业链中,解决贫困农户经常面临的技术、资金、市场方面的困难。

第四,精准帮扶与片区发展结合。长期以来,我国扶贫的主要特点是区域瞄准,以贫困地区的区域开发为主要手段。从 20 世纪 80 年代中期开始,国家或省确定的贫困县是主要扶贫对象。2011 年,国家又确定了 14 个连片特困地区。虽然 2001 年开始提出将扶持的重点转向 15 万余个贫困村,但扶贫识别到村到户的机制很不健全。在贫困人口量大面广、分布集中的情况下,区域性扶贫开发瞄准的只能是贫困地区而不是贫困家庭和个人。通过实施区域性开发,改善了贫困地区的基础设施条件,解决了制约脱贫减贫的共性问题,推动了贫困地区发展和减贫,实践证明这是符合贫困特征的正确选择。研究发现,近几年的一些扶贫政策,更多的是改善了贫困地区一般贫困家庭的收入状况,却对极端贫困家庭影响不大。而随着整个宏观经济环境的变化,特别是收入分配不平等程度的扩大,处于收入分配底端的贫困人口越来越难以享受经济增长的好处。这意味着经济增长的减贫效应下降。在经济增长而减贫效应下降的背景下,处理好贫困地区的区域开发与贫困人口精准帮扶的关系,创新扶贫开发路径,由“大水漫灌”向“精准滴灌”转变,直接对贫困人口实施更加有针对性的扶持政策来就显得越来越重要。总的来看,由于这些年来大规模的区域开发,致贫共性因素的影响确实在下降,而致贫个性因素的影响则更为突出。即使在贫困县内,贫困人口所占比例也不高,2012 年低于国家扶贫标准的贫困人口占贫困县农村人口总数的24.4%。针对致贫原因更加个性化复杂化的贫困人口,不能用大水漫灌的方式帮扶,必须进行反思和调整,与时俱进完善扶贫方略,研究区域开发如何与脱贫更紧密地结合。要逐村逐户分析致贫原因,开准“药方”、对症下药,切实把脱贫攻坚转到精准扶贫的轨道上来,真正做到扶贫扶到人身上,脱贫落到人头上,提高脱贫攻坚的针对性、有效性。

第五,扶贫开发与兜底扶贫结合。摆脱贫困,要把提高扶贫对象的自我发展能力放在优先位置,激发内生动力,把能扶的都扶起来。对绝大多数贫困人口,不能靠发钱养人的办法来扶贫,养一时不能养一世,必须让他们通过劳动实现脱贫致富,过上有尊严的生活。假如能扶的不去扶了,把这些人都纳入了低保兜底范围,那就可能会陷入“福利陷阱”,财政难以为继,社会的活力和动力也会受到损害。中央文件提出的要求是,到2020年要使建档立卡的贫困人口中有5 000万人左右通过产业扶持、转移就业、易地搬迁、教育支持、医疗救助等措施实现脱贫。提高扶贫对象的自我发展能力,就要投资于人,通过发展医疗卫生和教育事业,帮助贫困群众提高身体素质、文化素质和就业能力。一是彻底阻断因病致贫、因病返贫,关键是要让农民看得起病,尤其是看大病时要有救助。二是把提高人的素质作为脱贫减贫的治本之策,既扶志,也扶智,阻断贫困代际传递。三是提高贫困家庭劳动力的就业能力,这是帮助贫困人口摆脱贫困最见效的措施。从每个贫困家庭致贫的具体原因看,在做好扶贫开发工作的同时,还必须尽快实现农村最低生活保障制度与扶贫开发政策有效衔接。按照中央文件的要求,有约2 000万完全或部分丧失劳动能力的贫困人口,要通过全部纳入低保覆盖范围,实现社保政策兜底脱贫。

第六,扶贫开发与生态保护并重。贫困地区往往也是生态脆弱地区,许多地区贫困就是因为过去掠夺开发、过度开发,破坏了生态环境。推进扶贫开发,必须牢固树立绿水青山就是金山银山的理念,把生态保护放在优先位置,探索生态脱贫新路子。退耕还林、退牧还草和草原生态保护等生态修复工程,把生态保护建设与带动农民增收结合起来,成为名副其实的生态扶贫工程。加大贫困地区生态保护修复力度,增加重点生态功能区转移支付。创新生态资金使用方式,利用生态补偿和生态保护工程资金使当地有劳动能力的部分贫困人口转为护林员等生态保护人员。完善森林、草原、湿地、水土保持等生态补偿制度,提高补偿标准,让贫困地区农民从生态保护修复中多得实惠。一些贫困地区生态极度脆弱,不具备生存条件。在这类“一方水土养不起一方人”的地区,易地扶贫移民搬迁是脱贫的最好办法,是有效缓解贫困地区生态环境压力的战略举措。

第七,工作格局。脱贫攻坚是全社会的共同义务。需要强化政府责任,引领市场、社会协同发力,鼓励先富帮后富,构建专项扶贫、行业扶贫、社会扶贫互为补充的大扶贫格局。各级政府必须在扶贫开发中发挥主导作用,强化脱贫攻坚领导责任制,实行中央统筹、省(自治区、直辖市)负总责、市(地)县抓落实的工作机制。在切实履行政府扶贫责任的同时,也务必要用好市场这只手,通过建立有效的激励机制,吸引更多的社会资源参与脱贫攻坚,走出一条靠发展市场经济带动群众脱贫致富的好路子。东西部扶贫协作缺乏刚性约束。东部地区要根据财力增长情况,逐步增加对口帮扶财政投入,并列入年度预算。目前,援藏、援疆、援青是按上一年度地方财政一般预算收入的一定比例(援藏为0.1%,援疆为0.3%~0.6%、援青0.05%)安排财政援助资金,考虑到东部地区已承担了援藏、援疆、援青等任务,中央文件对东部地区对口帮扶投入规模没有提出具体量化要求,而是由东部地区量力而行。健全东西部扶贫协作机制,突出两个重点:一是要强化以企业合作为载体的扶贫协作。二是要更多发挥县(市)作用,启动实施经济强县(市)与国家扶贫开发工作重点县"携手奔小康"行动。扶贫济困是中华民族的传统美德,社会扶贫的力量会越来越大。当前社会扶贫缺的不是公益热情而是信任,要树立全社会对公益扶贫的信心,着力打造扶贫公益品牌,及时全面公开捐助扶贫信息,提高社会扶贫的公信力和美誉度。要构建好人好报的社会氛围,让积极参与社会扶贫的单位、企业和个人政治上有荣誉、事业上有发展、社会上受尊重。

第八,资金投入保障。总的来看,与贫困地区和贫困人口的发展需求相比,扶贫资金投入仍显不足。各类涉及扶贫的政策和资金来源渠道很多,分别由不同部门下达和管理,政策目标和资金方向互不相同,部门掌握的资金都是按各自规划分配使用,普遍存在分散、细碎、撒胡椒面的现象,监管难度大,一些扶贫资金的使用对贫困地区和农村贫困人口的特惠倾斜不够,无法形成有效的扶贫合力。"十三五"期间中央财政专项扶贫资金规模每年将保持较大幅度的增长,中央财政一般性转移支付、各类涉及民生的专项转移支付和中央基建投资将继续向贫困地区倾斜。省及省以下各级政府都要相应增加扶贫资金投入,进一步下放资金管理权限,整合资金形成合力。加大金融扶贫力度,金融机构为贫困人口提供的普惠性金融服务不足,针对贫困人口的特惠性金融服务更有限,真正的贫困户缺乏抵押担保、很难得到贷款扶持,贴息贷款等政策优惠难以惠及贫困农户,适应贫困地区实际、贫困人口需求特点的金融服务机制还不健全。为此,设立扶贫再贷款、发行政策性金融债券专项用于易地扶贫搬迁。国家开发银行和中国农业发展银行都应设立"扶贫金融事业部",允许采用过桥贷款方式,建立和完善省级扶贫开发投融资主体等等。以上种种措施,关键是尽快落地。

第九,独特优势。发挥政治优势和制度优势,坚持党的领导,五级书记一起抓,发挥政府的主导作用;落实贫困县主体责任,把主要精力用在扶贫开发上;落实相关部门的行业扶贫责任,把扶贫任务优先纳入行业规划并认真实施;落实驻村工作队和第一书记的帮扶责任,不脱贫不脱钩。

第十，能力建设。加强扶贫开发领导小组决策能力和监督管理能力；提高各级扶贫开发领导小组成员部门的扶贫项目管理监测评估能力；建设基层扶贫部门和相关业务部门、乡镇政府的执行能力；发展村两委、驻村工作队、建档立卡贫困户的参与能力和自我发展能力；增强私营企业、社会组织、公民个人参与扶贫的专业能力。

## 第二节 以人民为中心的中国精准扶贫机制构建逻辑与路径再造

精准脱贫是精准扶贫的目的和战略转换，高度体现着经济发展以人民为中心的目标导向，是保证人民共享发展成果、实现共同富裕和全面建成小康社会的具体实践。扶贫精准度不高、外在"输血"扶贫与内生脱贫能力失衡等问题，是中国精准扶贫的主要问题，根源在于人民主体性的缺失。中国精准脱贫机制再造与优化应以人民为中心，发展思想为指导，构建以人民为主体的精准扶贫多元共建模式，完善以制度脱贫为核心的贫困者自主脱贫内生机制和共享成果保证机制，促进精准扶贫政府供给推动机制转向贫困者需求拉动机制。

人类社会发展的过程就是人类追求自身发展和自我解放的过程，一切经济活动和社会活动都应围绕促进人的全面发展来展开，这是经济发展的前提，也是经济发展的目标。以人民为中心的发展思想强调人民的主体性、人民共建和人民共享，这是中国未来经济发展的导向，旨在通过推进以人民为导向的经济社会改革，构建人与经济、社会、自然协调发展的格局，从更实质层面推进人的全面自由发展。精准脱贫是精准扶贫的目标和战略转换，是中国消除贫困、改善民生、实现共同富裕和全面建成小康社会的国家战略，高度体现了经济发展以人民为中心的目标导向，是落实以人民为中心和保证发展成果由人民共享的具体实践以及重要途径。中国精准脱贫机制和模式要在以人民为中心发展思想的指导下进行新的调整和优化，在如何更好地落实发展为了人民、发展依靠人民、发展成果由人民共享等方面进行机制创新和模式再造，把人民作为贫困治理的最根本推动力、最持久动力和最终受益主体，推动精准扶贫向精准脱贫、科学防贫及有效抗贫转变并在实践中得到贯彻落实。

### 一、中国特色社会主义市场经济发展要坚持以人民为中心

党的十八届五中全会和《中华人民共和国国民经济和社会发展第十三个五年

规划纲要》提到,人民是推动发展的根本力量,实现好、维护好、发展好最广大人民根本利益是发展的根本目的。必须坚持以人民为中心的发展思想,把增进人民福祉、促进人的全面发展作为发展的出发点和落脚点,发展人民民主,维护社会公平正义,保障人民平等参与、平等发展权利,充分调动人民积极性、主动性、创造性。必须坚持发展为了人民、发展依靠人民、发展成果由人民共享,做出更有效的制度安排,使全体人民在共建共享发展中有更多获得感。这与马克思主义政治经济学的特有品质、根本立场、基本原则是相一致的,体现了马克思主义政治经济学的基本原理,是中国共产党领导中国人民在社会主义经济发展实践中形成、总结和提炼出来的集体智慧的结晶。社会主义本质决定了中国经济发展必须以马克思主义政治经济学为指导思想,要把坚持人民主体地位、实现共同富裕和每个人的全面而自由地发展放在第一位。马克思主义政治经济学以生产关系为研究对象,通过研究资本、劳动、价值的关系,揭示了价值规律和剩余价值规律,指出劳动产品是劳动者辛勤劳动的结晶,广大劳动者才是社会财富的真正创造者,人民在社会生产活动中具有主体性地位。

### (一)发展为了人民:以实现全体人民共同富裕和每个人的全面自由发展为最高价值目标

经济发展与人的发展关系核心体现为,经济发展的目的是什么,经济发展与人的发展孰为主体、孰为从属地位。以人民为中心发展思想提出,实现好、维护好、发展好最广大人民根本利益是发展的根本目的;要把增进人民福祉、促进人的全面发展作为发展的出发点和落脚点……使全体人民在共建共享发展中有更多获得感。这是对经济发展与人的发展关系的科学总结和高度提炼。关于经济发展的人民目的性问题,马克思曾指出:“过去的一切运动都是少数人或为少数人谋利益的运动,无产阶级的运动是大多数人的、为绝大多数人谋利益的独立的运动。”“社会生产的最终目的不是财富的增加,社会生产效率的提高是为自由时间的增大,而自由时间是人用于能力与个性全面自由发展的时间。财富的生产只是满足人自身的需要,是手段,人的能力与个性全面自由发展才是最终目的。”马克思主义的相关论述也表明,马克思主义始终把人作为自己理论的出发点和归宿点,人民是历史的创造者,人民创造历史的活动目的在于人的自由而全面的发展。人类社会发展的历史反复证明,人类社会的历史是人类自己创造的,社会实践活动离开了人,就不可能有社会文明发展史,离开人的全面发展也就谈不上社会的全面进步,社会发展必须以人的发展为中心,社会发展只有坚持人发展的目的导向性,才能真正有利于实现人的全面发展。中国共产党带领中国人民之所以能够建立社会主义新中国,创建富强、民主、文明、和谐的社会主义国家,并且跃升为世界第二大经济体,根本原因就在于这一切社会实践活动都是在尊重人、依靠人、发展人的条件下展开的，是为维护和实现最广大人民群众的根本利益进行的，即是为了“让人民有更好的教育、更稳定的工作、更满意的收入、更可靠的社会保障、更高水平的医疗卫生服务、更舒适的居住条件、更优美的环境，让孩子们能成长得更好、工作得更好、生活得更好。”正如毛泽东指出：“我们是以占全人口百分之九十以上的最广大群众的目前利益和将来利益的统一为出发点的。”而且，经济发展为人的发展服务，自人类产生以来就如此，只不过是在不同的生产力水平、不同的经济发展环境和不同的经济发展理论指导下，人的发展和经济发展的本真关系被有意无意地掩盖，或没有被正确认识。或者说，由于社会生产条件和生产力发展水平的制约及相关因素的影响，在不同社会发展阶段、不同区域和不同群体，人所获得的生存、发展的条件和发展水平会出现不同的差异，这并不是对经济发展服务于人的发展的否定，只不过是人在发展过程中阶段性或者特殊性的表现。即使是社会主义市场经济条件下，人依然是市场经济发展的起点、目的与归宿，是市场经济发展的终极关怀，始终是围绕实现全体人民共同富裕和人的全面自由发展来不断推进社会生产活动的。

### （二）发展依靠人民：人民参与社会生产活动是实现以人民为中心发展的最大动力和根本前提

坚持发展依靠人民是马克思主义唯物史观和实践观的核心要旨，是建设中国特色社会主义事业、全面建成小康社会、实现中华民族伟大复兴中国梦的客观要求，也是亿万人民群众共同创造社会主义事业的基础。以人民为中心的经济发展是人民共建共享的过程。人民共建是人民共享的前提，人民共享是人民共建的目的和促进人民共建的基础。劳动、劳动对象和劳动资料是人类进行生产活动必备的三大要素，三者之间并不是平等的关系，人类社会的生产活动也并不是这三个生产要素的简单机械组合，起主导作用的是劳动者这个要素，通过劳动者把其他要素结合起来才能够进行社会性的生产活动。人作为生产力中最活跃的因素，对生产力发展具有决定性作用，离开了劳动者，劳动活动无法进行，社会生产力也不能发展。马克思正是通过发现、揭示资本主义社会靠剥削工人榨取剩余价值，将劳动产品和社会财富的创造归功于广大劳动者，从而确立人民在生产活动中的创造地位。列宁、毛泽东和邓小平也充分肯定了人民在社会生产和历史发展中的作用，他们分别指出，“全人类的首要的生产力就是工人，劳动者”“人民，只有人民，才是创造世界历史的动力”“历史是人民群众创造的”。中国共产党成立以来，尊重人民、尊重劳动、尊重人民主体地位等思想一直贯穿于中国革命和社会主义建设的整个过程，而且逐渐成熟、日臻丰富和完善，成为进行一切社会生产活动的重要理念和指导思想。以习近平同志为核心的党中央结合马克思主义政治经济学和中国特色社会主义实践进一步总结、提升了以人民为中心的发展思想,并正式写入“十三五”发展规划。在中国特色社会主义经济发展实践中,发展坚持依靠人民就是要激发广大人民群众参与生产发展的积极性、主动性和创造性,挖掘人民的巨大潜能,让人民真正成为发展的动力。重点是要进一步建立健全有利于实现以人民为中心的经济发展社会生产关系,深化教育机制体制改革,提升社会成员的知识水平和劳动技能;完善就业制度和收入分配制度,尽可能保证具有就业能力和就业意愿的社会成员都能够相对公平地获得参与社会生产的机会与条件;推进社会公共服务均等化,创造平等发展、才能发挥的公平环境,让广大人民群众有机会、有能力参与社会生产实践,形成广大人民群众个体能动性、自觉性、实践性的高度统一。

### (三)发展成果人民共享:检验以人民为中心经济发展的最高标准

与以人民为中心,经济发展特别是发展成果由人民共享相对立的是以新自由主义经济学为代表的西方经济学所倡导的资本收益最大化。西方经济学把企业获取利润最大化作为进行经济生产活动的根本目的,并把这一目标的实现建立在剥削劳动者劳动力价值的基础之上。以人民为中心的经济发展就是要引导经济发展实现为人的发展服务的本真回归,促进经济发展成果由全体人民共享,把人的综合能力与素质的提高、人的需求的满足、人的生存和发展条件优化与空间的扩大,人与自然、社会、经济、政治、文化协调发展可持续性的增强等作为一切社会经济活动的出发点和落脚点,使人民有更多的获得感,提高人民对经济发展成果的共享度和可持续性,这是衡量以人民为中心经济发展的最高标准。

## 二、精准扶贫是以人民为中心经济发展的具体实践

农村贫困是全球性话题,贫困治理也就成为世界各国长期致力解决的重要问题。中国有计划、有组织、大规模开展的国家扶贫工作始于20世纪80年代中期,先后经历了贫困县扶贫、集中连片特困地区区域性扶贫等阶段。2013年11月,习近平在湘西考察时提出了“精准扶贫”的概念,由此中国扶贫工作开始进入精准扶贫的攻坚阶段。

精准扶贫是一种更精细的治贫方式,它通过对贫困家庭和人口有针对性的帮扶,消除导致贫困的各种因素和障碍,增强自主发展能力,达到可持续脱贫的目标。改革开放以来,虽然中国经济发展实现了快速稳定增长,经济总量位居世界第二,生产力发展水平和人民生活水平日益提高,人民物质和精神需求不断满足,但仍然面临着贫富差距悬殊,城乡差距扩大,人的生存和发展条件破坏严重,不同群体拥有权利、资源差异大等诸多问题。特别是中国仍然有7 000多万贫困者生活在革命老区、集中连片特困地区、大石山区、少数民族聚居区、边境地区或生态脆弱区。

这些地区自然资源贫乏、生态环境脆弱、生存条件恶劣、基础设施落后、产业发展严重滞后、信息闭塞、教育和医疗等社会事业发展程度低,贫困程度深,自我发展能力弱,扶贫开发成本高、难度大,是精准扶贫“最难啃的骨头”。

中国是坚持人民当家作主的社会主义国家,必须大力发展社会生产力,消灭剥削与两极分化,最终实现共同富裕。中国特色社会主义条件下的人民是以劳动群众为主体的,占社会绝大多数且对社会发展起正面作用的社会基本成员的集合。贫困地区的贫困人民群众是人民的有机组成部分,发展依靠人民,发展成果如果不能实现人民共享,那么这样的发展就不是为人民的发展,就不可能实现发展成果人民共享。为了提高精准扶贫成效,党中央多次对此进行部署,习近平提出精准扶贫要做到“六个精准”和实现“五个一批”,即“扶持对象精准、项目安排精准、资金使用精准、措施到户精准、因村派人精准、脱贫成效精准”,以及“通过扶持生产和就业发展一批,通过易地搬迁安置一批,通过生态保护脱贫一批,通过教育扶贫脱贫一批,通过低保政策兜底一批”。

2015 年,党的十八届五中全会提出了从精准扶贫到精准脱贫转变的战略规划;中共中央、国务院出台了《关于打赢脱贫攻坚战的决定》,明确精准脱贫总体要求和具体部署实施方略;习近平在中央工作会议中强调“要坚持精准扶贫、精准脱贫,重在提高脱贫攻坚成效”“坚决打赢脱贫攻坚战,确保到 2020 年所有贫困地区和贫困人口一道迈入全面小康社会”。

由此可见,精准扶贫具有长期性、复杂性和艰巨性,要在原有扶贫开发工作成果的基础上,通过更加精细化的扶贫方式,由原来的“漫灌式”扶贫转向“滴灌式”帮扶、由政府主导转向以政府为主导的多元主体共同参与、由扶贫资金覆盖转向扶贫资源综合治理、由解决经济收入问题转向实现全面建成小康社会,做到不落一村一户,“真扶贫”“扶真贫”“真脱贫”。精准扶贫目标、扶贫方式、扶贫内容的创新和丰富,扶贫机制的完善,扶贫参与度的扩大等体现了中国精准扶贫思路的调整、方式的转变和机制的完善,其最终目的在于改善贫困地区人民群众的生活环境、生活条件,挖掘他们的潜能,调动他们参与社会生产的积极性、主动性和创造性,提高他们的能力素质和生活水平,让更多人实现共同富裕,加快全面建成小康社会的进程。

精准扶贫已经成为解决中国贫困地区人民群众生存和发展问题的国家战略,以及促进人民共享经济发展成果、最终实现共同富裕和全面建成小康社会的关键途径。特别是精准脱贫战略目标的提出,更加强调了脱贫目标的实现性、脱贫措施的有效性、脱贫对象的认同性、脱贫效果的稳定性、脱贫主体的人民性。这表明,精准扶贫是中国特色社会主义经济发展过程中为绝大多数人谋利益、为最广大人民群众实现共同富裕、全面建成小康社会的发展过程和具体实践。这与以人民为中心发展思想的为了人民、依靠人民和发展成果由人民共享的本真及社会主义的本质目的具有高度契合性。它既是实现以人民为中心经济发展需要解决的重要问题,同时又要切实成为真正保障贫困地区人民群众享受发展成果的科学机制,而能不能实现精准脱贫、精准脱贫的效果如何又极大地影响着人民共享经济发展成果的程度,监督着以人民为中心经济发展的实际落实。

## 三、坚持人民主体性:中国精准扶贫有效开展的基础和前提

以人民为中心的经济发展必须坚持共建共享的原则,而共建是共享的前提和保障,不能共建就无法实现共享。精准扶贫旨在消除贫困、改善民生、实现共同富裕,具有长期性、艰巨性、复杂性等特征,需要重点解决好扶持谁、谁来扶、怎么扶、外部扶持与自主脱贫转化、扶贫成果共享等问题,其核心体现为是不是坚持人民主体地位,有没有发挥人民积极性与创造性,能不能让人民共享发展成果。这些问题在精准扶贫过程中有些没有得到有效解决。

### (一)贫困者在精准扶贫中的主体地位

在精准扶贫工作中,人民特别是贫困者应该也应该成为扶贫主体,发挥主体和中坚作用。正如习近平指出的,"脱贫致富终究要靠贫困群众用自己的辛勤劳动来实现。没有比人更高的山,没有比脚更长的路"。从以人民为中心发展思想来看,人民共享必须坚持共建原则并以之为前提,做到人人参与、人人尽力、人人享有。贯彻落实以人民为中心的发展思想必须把贫困者作为实现其脱贫致富的主体和关键,要充分挖掘贫困者的潜能,把贫困者的积极性、主动性、创造性转化为推进精准扶贫的内生动力和实现精准脱贫的根本保证。在之前的扶贫工作中,由于政府承担着发展地方经济、维护社会稳定和实现共同富裕等多重责任,而且拥有丰富的公共权力、行政资源,可以借此调动社会资源开展扶贫工作,政府的职能和社会属性使政府在精准扶贫中形成了极高的话语权,贫困者被置于从属地位,贫困者自身脱贫致富的积极性、主动性和创造性受到影响,容易产生依赖政府或社会帮扶的思想和行为。这些帮扶现象在现实的精准扶贫中相当普遍,比如扶贫区域、扶贫家庭、扶贫人口、扶贫内容、扶贫方式、扶贫资金分配、扶贫进度、扶贫监管、扶贫考核等,政府大多发挥着主导作用。在这样一种扶贫模式下,简单的物质型"输血式"扶贫、扶贫寻租、扶贫精英捕获等问题时有发生,导致扶贫作假、扶贫贪腐等顽疾难以根除。2015 年,轰动全国的广西马山县扶贫造假案发生的重要原因之一,就是忽视了贫困者和社会的参与权、知情权和监督权。主张人民群众特别是贫困者在精准扶贫中的主体作用,是强调要更加重视并更好发挥人民群众在精准扶贫中的各

种潜能，让人民群众在扶贫对象识别、扶贫政策制定、扶贫项目确定、扶贫产品服务供给、扶贫效果考核等方面获得更多知情权、决策权和监督权，构建精准扶贫的良好生态。

### （二）扶贫精准度——精准扶贫成效

扶持谁、怎么扶是考量扶贫精准度的重要方面。扶贫谁就是扶贫对象要精准，要把真正贫困的、符合扶贫标准的贫困者都纳入精准扶贫的范畴；扶什么就是根据贫困地区和贫困者的实际情况及真实需求提供与之相对应的产品或服务，创造脱贫的有利条件，真正做到"真扶贫、扶真贫"。随着精准扶贫战略的深入实施，特别是贫困瞄准单位由大片区、贫困县到贫困区、贫困户的递进，扶贫方式由以贴息贷款为主的信贷扶贫计划到与区域开发计划相结合的拓展，扶贫主体由政府的绝对主导到政府主导下的政府、社会、社区等多元主体参与的延伸，以人民为中心的扶贫元素日益显著，扶贫精准度和有效性较之以前进步明显。但由于多种因素的影响，应扶未扶、扶贫内容与贫困者真实诉求的偏差等问题依然存在。整体上来看，当前的精准扶贫工作实施的是自上而下的模式，扶贫对象识别采用的是规模控制的方式，这种方式主要是各省区市按照 2013 年农民人均年收入 2 736 元的国家农村扶贫识别标准，以及 2013 年国家统计局调查总队发布的乡村人口数量和低收入人口发生率，将贫困者识别规模按到市到县、到乡到村的方式逐级分解。应当说，这种方式具有较强的务实性，但由于精准扶贫工作成效作为地方政府领导干部的重要考核内容，一些地方政府在实际指标分配中往往采取向以往扶贫工作重点村倾斜的方式，如此一来原来的非重点村以及分布在经济基础较好村的贫困户则容易被忽视。另外一个客观事实是，不同区域因经济基础的差异，贫困户的分布率、贫困程度是不同的，如果按照统一的指标分配，一些贫困程度更深的贫困者也可能会因分布在经济水平更落后的地区而被漏出。扶贫内容与贫困者真实诉求的偏差也是影响扶贫精准度的重要方面。精准扶贫的实践表明，政府自上而下的扶贫方式已经使不同区域的扶贫政策、扶贫内容和扶贫力度具有较强的趋同性，产生了一些扶贫内容与贫困村、贫困者真实需求契合性不高的现象。

### （三）外部"输血"扶贫与内生脱贫能力问题

扶贫方式由以贴息贷款为主的信贷扶贫计划到由资金支持、产业发展、农户教育与培训、基础设施建设、公共服务体系建设等的同步推进，彰显出了精准扶贫较之以往扶贫方式的进步和以人民为中心的深化。但对于大部分地区而言，"输血式"扶贫的思维和行为仍然占据主体地位，这是以往扶贫方式惯性思维等多种因素作用的结果。特别是在长期以来以追求经济规模扩大和经济增长效率提高的经济发展思维影响下,对贫困地区、贫困村和贫困者脱贫的内生力、自我发展能力、产业发展条件,以及公共服务建设、教育、医疗、文化、住房等方面重视不足。

## 四、精准扶贫机制再造的逻辑和路径

精准扶贫作为中国扶贫开发的重要战略和改善民生、消除贫困的促进与保障机制,其实施效果与扶贫对象的识别精准度、扶贫对象需求满足度、扶贫对象的扶贫参与度、扶贫资金落实与使用情况、扶贫成效评价监管等密切相关。面对精准扶贫过程中部分地区出现的人民参与度不高、扶贫内容与扶贫对象真实需求矛盾、贫困者扶贫依赖性过强等问题,只有坚持以人民为中心发展思想,真正体现和保障人民群众的主体性,构建贫困者自主脱贫内生机制和共享成果保证机制,促进精准扶贫政府供给推动机制转向贫困者需求拉动机制,精准扶贫才能够获得更好成效,做到“真扶贫”“扶真贫”“真脱贫”。

### (一)构建以人民为主体的精准扶贫多元共建模式

扶贫攻坚离不开广大人民群众的参与,人民群众主人翁意识的增强、潜能的挖掘和创造性的发挥,是精准扶贫有效开展的基本前提;人民群众的行为支持、全面深度的积极参与是精准扶贫机制良性运行的重要保障。精准扶贫必须树立坚持人民当家作主的科学理念,这是落实以人民为中心发展思想、坚持人民共建与人民共享的基本前提;是促进扶贫开发由物质脱贫向物质精神脱贫,外部救助脱贫向自主治贫、防贫、抗贫转变的内生力量;更是实现共同富裕和社会主义本质的根本要求。以人民为主体的精准扶贫模式必须把贫困地区人民群众特别是贫困者作为精准扶贫政策制定的参与者、过程的监督者、成效评价考核的执行者。

习近平提出的精准扶贫“六个精准”对于精准扶贫的有效开展和实现精准脱贫的战略目标至关重要,而如何保证这“六个精准”由思想、理论和战略层面落实到实践层面,包括贫困者在内的人民群众能够参与扶贫工作的广度、深度极为关键。谁是真正的贫困者、贫困程度如何、致贫原因是什么、贫困者需要扶贫什么、怎么样扶贫、扶贫效果如何,贫困者及其所在区域的人民群众最有话语权。脱离了人民群众的参与,扶贫政策难以全面反映贫困者的真实状态,难以做到对象识别精准、项目安排精准、因村派人精准、资金使用精准、措施到户精准、脱贫成效精准。政府在精准扶贫工作中应当根据扶贫的实际需要,利用自身拥有的公共权力、行政资源等制定行之有效的制度政策,处理好政府与社会组织、社区等之间的相互关系,组织、发动、引导、支持各种力量参与精准扶贫,形成政府主导的、多元主体共同参与的精准扶贫工作机制。因此,可以通过选举、推荐等方式把贫困者代表吸纳到精准扶贫政策制定者队伍中来,赋予贫困者扶贫政策知情权,扶贫对象核定权、审批权,扶贫项目选择权,引导、鼓励和支持贫困者发出自己的声音,并认真对待和积极接纳,做到精准扶贫真正对人民负责,确保精准扶贫行为与贫困者基本利益相一致,贫困者早日脱贫、有效脱贫、永不返贫。

精准扶贫政策的实施对象和受益对象是广大人民群众,他们具有对精准扶贫政策实施过程和实施效果进行监督的权利。现实中精准扶贫出现的扶贫寻租、扶贫造假、扶贫贪腐、扶贫空心化等现象与扶贫监管盲区的存在具有极大关系。要构建多元化贫困者信息传播、话语表达、信息反馈等精准扶贫监督平台和通道,引导贫困者等群体对精准识别、精准帮扶、精准管理、精准监督等重要环节开展动态性、灵活性和有效性监督,增强精准扶贫的公平性、公正性、科学性,努力做到找准真贫人口、把准致贫原因、瞄准扶贫需求、看准扶贫项目、提高扶贫成效。

精准扶贫成效的最高检验标准是贫困者的真实受众面和扶贫成果的享受度,而不是简单地以扶贫人数规模、扶贫资金分配额度、扶贫立项数量等为尺度。这就决定了精准扶贫成效的评价、检验和考核,既要让人民群众参与精准扶贫绩效考核办法的制定,又要打通人民群众对精准扶贫成效评价考核的发言通道。精准扶贫是不是真正脱贫到户、脱贫到人,脱贫成效要让群众来算账、让群众认账,这是检验和衡量精准扶贫成效的标尺。

### (二)建立以制度脱贫为核心的贫困者自主脱贫的内生机制和共享成果保证机制

精准脱贫是对精准扶贫的强化和提升,是推动精准扶贫共建共享再度跃进的战略转换。比较而言,精准扶贫是精准脱贫的基础,精准脱贫比精准扶贫具有更深刻的内涵和更高的要求。过度依赖资金救助、外部支持的方式并不是也难以达到精准扶贫的真实目的,这只是农村贫困治理、促进全民共同富裕、实现全面建成小康社会目标的前期基础和具体途径。因此,完全寄托于政府和社会并不能真正实现脱贫,更关键的是要找准致贫根源,增强改变和消除贫困的动力和信心,彻底解决贫困者的能力贫困问题,努力做到习近平提出的“摆脱贫困,一定要找到内生动力”“……要把发展作为解决贫困的根本途径,既扶贫又扶志,调动扶贫对象的积极性,提高其发展能力,发挥其主体作用”。因此,精准扶贫要真正实现精准脱贫的目标,最关键的是要通过完善相关制度,培育和提高贫困者治贫、脱贫、防贫的能动意识和自主发展能力,让他们有机会、有能力参与社会生产,获得保障其生存和发展所需资金和条件,在没有外部资金支持的情况下依然能够通过自身劳动创造出保障自身及其家庭成员生存和发展的条件。这才是真正脱贫,也才能够防止贫困者再次“返贫”,真正享受到经济发展的成果。从贫困者致贫原因和自主脱贫的条件来看,贫困者的贫困最直接的表现就是物质匮乏,而物质匮乏的深层次根源即为获取物质资源的机会、能力以及获取这种能力的权利缺失,再进一步就是没有完善的制度来保障他们获得提高可行能力的权利或者是公平获得提高可行能力的权利。从这个意义上说,在精准扶贫的战略机制中,物质脱贫、能力脱贫、权利脱贫和制度脱贫四者是依次递进和深化的关系,前者贫困是后者贫困形成的基础,解决前者的贫困要从后者脱贫寻求突破。当然,自然资源也是造成贫困的重要因素,但相比而言,对于人的能力、思维观念、生活方式等的影响,社会制度比自然资源发挥着更为显著的作用。事实上,中国农村贫困现象的产生与长期存在,这就需要改革和创新精准扶贫的思维、理念和方式,推进制度创新,建立贫困者自主脱贫的内生机制和共享成果保证机制,实现精准扶贫由外部带动转变为内部驱动。

第一,加强思想宣传教育,增强贫困者治贫、脱贫、防贫的意识和能动性。精准扶贫的治贫方式要由“输血”战略转向“造血”战略,把经济扶贫、思想扶贫和能力扶贫深度结合。要引导和帮助贫困地区人民群众克服长期以来形成的强烈乡土观念、“等、靠、要”的懒惰性思想,教育和鼓励人民群众增强脱贫的意识和信心,发扬自立自强、艰苦奋斗、顽强拼搏的精神,增强贫困群体脱贫致富的积极性与主动性,提高治贫、脱贫和防贫的能动性。

第二,发展贫困地区基础教育和技能培训,提高贫困人口自我发展能力。落后的农村教育及农村群众受教育程度低是导致农村贫困群体发展能力偏低的重要因素,解决这一问题首先是要加强贫困地区的基础教育和技能培训,根据农村、农业、农民发展的需要,鼓励、引导和支持财政资金、社会资本在农村特别是贫困地区开展广泛的农村基础教育和技能培训。为保证此项工作的成效,农村基础教育和技能培训应该比经济扶贫等更具有战略性、长期性和有效性的制度安排,要得到政府和社会更深刻的认可和支持,这是贫困者能力脱贫的重要途径,也是缩小城乡二元结构差距、实现共同富裕的重要问题。

第三,建立健全贫困地区公共服务供给机制,推进城乡公共服务资源配置合理化。加大对贫困地区的财政转移支付力度,增强城乡公共财政支付制度平等性,引导财政资金向农村地区和贫困地区流动,鼓励社会资本流向农村地区和贫困地区,加强贫困地区教育文化、医疗卫生、基础生产、生活设施等建设,促进贫困地区人民群众享受到更加公平公正的受教育权利、医疗卫生权利、养老权利,进而提高他们的知识水平和综合技能等能力,增强治贫、防贫能力。

### (三)精准扶贫政府供给推动机制转向贫困者需求拉动机制

精准扶贫真正落实以人民为中心的发展思想应使贫困者呈现出以下状态:获

得真正参与扶贫开发的机会;扶贫开发过程中具有一定决策权、监督权;扶贫方式和扶贫内容具有自主选择权;能够共享扶贫成果即成为精准扶贫受益主体并实现真正脱贫。中国各地精准扶贫基本实行的是政府主导型的供给推动机制,即扶贫对象识别按照政府的既定标准进行界定,扶贫方式和扶贫项目由政府资助供给,扶贫成效以政府制定的绩效考核标准进行评定……这种政府供给型的精准扶贫机制存在着扶贫资源供给浪费且与贫困者真实需求契合度不够高、贫困者扶贫共建参与不充分等问题。这就需要推进精准扶贫机制由政府供给推动向贫困者需求响应转换,以真正响应贫困者需求并使之成为脱贫主体。贫困者需求响应机制是一种以广大贫困者及其所在社区的基本需求为出发点,能够让贫困者及其所在社区有效参与、扶贫资源供给与贫困者真实需求高度契合并且扶贫方式为贫困者乐意接受、扶贫成果真正普惠于贫困者的精准扶贫制度。

这种需求拉动型或需求订单型的精准扶贫机制优势在于:一是贫困者对扶贫开发的主体意识更强、参与度更深。他们不但是精准扶贫项目的参与者,而且还是项目的决策者、实施者和受益者。在扶贫开发过程中,贫困者对于实施什么项目、以什么方式实施、实施的时间和进度安排、项目如何管理、项目成果如何分配等具有较高的选择权和决定权。二是扶贫精准度更高,有利于提高精准扶贫资源配置效率。由于贫困者需求响应机制本身就是把贫困者作为扶贫开发的主体,他们对谁是真正的贫困者、贫困程度、致贫原因等具有更高的话语权。精准扶贫过程中所要解决的主要困难、问题或者项目由贫困者及其所在社区提出并确定,这能够更准确地反映贫困地区的实际困难和贫困者的真实需求,体现出了不同贫困者及其社区需求的差异性和边缘贫困群体的兼顾性,有利于避免政府供给推动机制下可能产生对贫困者及其社区多样性和需求差异性的忽略,以及对边缘贫困群体的排斥等问题,进而有利于提高精准扶贫资源的配置效率并由此降低扶贫成本。贫困者需求响应机制的建立要达到以下条件:

第一,贫困者要充分、准确了解精准扶贫的政策、贫困条件界定、贫困指标分配、产品与服务信息供给、成效评价考核机制等内容,这是贫困者根据精准扶贫政策提出自身需求的前提。这就需要建立从中央到省、市、县、乡镇、村屯、组(社区)的垂直一体化的信息传递和宣传通道,保证政策和相关信息的准确、快速宣传、共享,这也是强化精准扶贫监管的重要方面。

第二,建立贫困者与精准扶贫资源出资主体信息反馈与需求响应的双向通道。贫困者及其社区要有能够进行需求表达的有效平台,精准扶贫资源出资主体要能够及时、迅速地掌握贫困者的真实需求,以便形成更多主体参与的精准扶贫格局。

第三,建立贫困者需求的评估论证机制。对于重大或特殊项目,政府和有关部门要组织相关专家进行专项论证和评估,确保项目实施的可能性和价值。

## 第三节　中国农村减贫进程及效果评价分析

中国农村减贫进程是一个动态的进程,从“道义式”扶贫到制度式扶贫,从输血式扶贫到造血式扶贫,再从开发式扶贫到精准扶贫,每个阶段都有不同的政策背景及区别。本节从这六大阶段不同的扶贫特征入手,研究减贫的演变原因及各阶段扶贫方式的区别,分析其演变的内在逻辑,并利用客观数据,来证实各阶段的扶贫效果。从理论和实证两个方面,全面把握各个阶段的减贫经验,并从精准识别贫困对象,精准确定贫困程度,精准分析致贫原因三个方面为最终实现精准扶贫提供政策建议。

### 一、贫困现状

由于自然状况、历史条件和社会经济发展等多方面因素的影响,我国经济发展整体上呈现出明显的地区不平衡特点。改革开放以来,我国经济社会发展取得了举世瞩目的成就,人民生活水平有了显著提高,但仍然有较多的贫困人口。从贫困人口分布来看,主要集中在农村,尤其是在深山高寒、干旱缺水、资源匮乏、交通不便、信息不畅的中西部地区,这里自然环境恶劣、教育水平低下、医疗保障匮乏、资金严重不足、政府公共服务能力弱。针对农村地区的贫困状况和贫困人口,我国政府从建国初期便采取了一系列的措施进行扶贫帮贫工作,这些政策的实施有效降低了农村贫困人口数量和贫困发生率。随着扶贫的不断深入,扶贫方式也逐步由“输血”型向“造血”型转变,由单一层次的救济式扶贫向多层次、综合型开发和整体推进转变。

### 二、中国农村减贫进程

通过对具有代表性的纲领性文件和具体政策分析,中国的减贫进程大致可分为以下几个阶段:

#### (一)“道义式”扶贫阶段(1949—1977 年)

中华人民共和国成立之初,我国还处在一种普遍贫困的状态。中华人民共和国成立之后,全国实行计划经济,集中人力、财力、物力解放和发展生产力以改善人民的生活状况。在此期间,由于贫穷是一种普遍现象,政府没有出台解决贫困问题的专项政策,而是通过对因灾致贫和战争伤残人口进行救济来进行扶贫,以社会救济、自然灾害救济和优抚救济等方式为主。这些形式只是出于道义上的考虑,是暂时性的救济,并不能从根本上提高贫困地区的自我发展能力,这一时期的农村扶贫救济后来被专家称为“道义式”扶贫。从总体上来说,这一时期的反贫困是基于在计划经济体制下,我国较低的经济发展水平和普遍贫困的宏观背景下而采取的扶贫战略,这种“道义式”扶贫虽然满足了大多数人在普遍贫困状态下的生存需要,但是并不能真正缓解贫困问题。因为“道义式”扶贫具有救助性、临时性的特征,不侧重提高贫困地区的自我发展能力,因此不能从根本上最终摆脱贫困。但是,“道义式”扶贫是适应了当时计划经济体制下普遍贫穷的特定历史环境,还是有其存在的合理性,当时确实发挥了重要作用。

### (二)制度式扶贫阶段(1978—1985 年)

中国农村的贫困问题,在 20 世纪 70 年代中后期进一步加剧,按照当时中国的贫困标准测算,8 亿农村人口中超过 30% 的人属于贫困人口。伴随着经济体制的改革,我国开始对扶贫政策进行了改革。表现在党的十一届三中全会以后,中国转变农村扶贫思路,第一步首先确定贫困人口数量。1978 年,按中国当时所确定的贫困标准,中国农村的贫困人口为 2.5 亿人,占农村总人口的数 30.7% 。第二步,寻找造成农村贫困的根源。通过一系列调查研究发现,导致这一时期农村普遍贫困的原因是多方面的,但最根本的原因是农业经营体制不适应生产力发展的需要,农民生产积极性不高。第三步,实行土地经营体制变革,推行农村家庭联产承包责任制。与此同时,还配套推出了多项改革措施,如逐步提高农产品收购价格、大力发展乡镇企业、初步允许农村人口流动等。这些举措使广大农民的生产积极性得以提高,使农村生产力得以解放,使土地产出率大大增加,最终增加了农民的收入,缓解了农村的贫困问题。

统计资料显示,1978—1985 年的 8 年时间内,中国农村居民人均年收入从 133.6 元上升到 397.6 元,年均增长率接近 17%;农村绝对贫困人口数量由 1978 年的 2.5 亿人减少到 1985 年的 1.25 亿人左右,减少了一半,平均每年减少绝对贫困人口数量约为 1 786 万人。相应的贫困发生率由 30.7% 下降到 14.8%。另外,城乡差距逐渐缩小,城乡居民人均年收入之比由 1978 年的 2.57 倍缩小到 1985 年的1.86 倍。中国农村经济从整体上呈现出良好的发展态势,中国农村扶贫方式也由改革开放前的“道义式”扶贫逐渐向制度式扶贫转变。

### (三)开发式扶贫阶段(1986—1993 年)

20 世纪 80 年代中期,贫困问题主要表现在部分农村地区由于自然资源和环境条件较差、交通不便等原因导致发展相对滞后。因此,中国农村发展不平衡的问题日益突出，不同农村地区在社会、经济、文化等方面的差距日益增大。在这一背景下，政府根据农村发展形势的变化，及时变动了扶贫方式。首先，1986 年国务院成立“贫困地区经济开发领导小组”作为国家专门的反贫困机构，统一规划和指导全国的农村反贫困工作。该机构直接负责制定全国性的扶贫规划，针对贫困地区的不同特点制定专项改革发展措施和专门的优惠政策，有组织、有计划的扶贫工作在全国范围内展开，中国农村的反贫困工作也从此进入一个新的阶段。同年，全国人民代表大会六届四次会议又把扶持“老、少、边、穷”地区尽快摆脱经济文化落后状况作为一项重要内容，列入国民经济“七五”（1986—1990 年）发展计划。其次，考虑到贫困分布的区域性，政府提出以重点贫困区域为扶贫对象的反贫困思路，逐步确定了以县为单位的国家扶贫重点地区，为今后的区域反贫困打下了坚实的基础。1986 年，列入“七五”计划的国家重点扶持贫困县有 331 个。最后，提出“对口帮扶”的口号，号召社会各界积极参与到农村贫困地区的发展建设中来。重点发展方向是解决大多数绝对贫困人口的温饱问题，提高农村贫困地区的“造血功能”，即自身积累能力和自我发展能力，逐步实现发展商品经济的能力，从而确立了开发式扶贫的方针。

从 1986—1993 年，经过 8 年的不懈努力，国家重点贫困县农村居民家庭人均纯收入从 206 元提高到 483.7 元，年增长率在 13% 左右；农村绝对贫困人口继续减少，由 1.25 亿人减少到 8 000 万人，平均每年减少绝对贫困人口约为 640 万人；相应的农村贫困发生率由 14.8% 进一步下降到 8.7%。不过，同制度式扶贫阶段相比，这一时期贫困人口减少的幅度有所放缓，脱贫速度有所降低。

### （四）扶贫攻坚阶段（1994—2000 年）

在经历了“道义式”扶贫、制度式扶贫和开发式扶贫阶段之后，中国农村的绝对贫困人口逐年减少。农村经济的发展虽然仍在持续，但东部和西部经济发展的差距仍在拉大。而且，贫困人口主要集中在自然条件恶劣、基础设施薄弱等地区，体现出显著的地缘性特征。这就从客观上决定了必须实施扶贫到户政策，把攻坚的对象从侧重于一个区域到侧重于一家一户。因此，1994 年 3 月以《国家八七扶贫攻坚计划》的公布实施为标志，中国农村扶贫开发进入了攻坚阶段。以进一步解决农村贫困问题，缩小东西部地区差距，实现共同富裕为目标的《国家八七扶贫攻坚计划》明确提出，要集中人力、物力、财力，动员全社会各界的力量，力争在七年左右的时间内，到 2000 年底基本解决农村贫困人口的温饱问题。从这一时期开始，更加明确了扶贫到户开发式扶贫战略，除继续增加扶贫投入外，还拓展了多种扶贫方式。

到 2000 年底，《国家八七扶贫攻坚计划》所确定的目标基本实现，农村贫困人口的温饱问题基本得到解决。农村居民家庭人均年收入从1 221元提高到2 253.4元,年增长率11%左右;中国农村绝对贫困人口由1994年的7 000万人左右减少到2000年的3 000万人,平均每年减少667万;农村贫困发生率由7.7%降低到3.4%。其中国家重点扶持贫困县的贫困人口由1994年的5 858万人减少到2000年的1 710万人。在改革开放后的20多年里,经过以上几个阶段不懈的努力,中国农村反贫困工作取得了巨大成就。但是,我们也应该清醒地注意到在这些扶贫方式中存在的问题。这期间,因为政府扶贫战略是一种区域经济带动战略,其思路是在区域经济增长中带动区域内贫困人口脱贫和自我发展能力的提高,着力实现贫困地区整体经济实力的增长。因此,扶贫资金无法有效瞄准贫困人群,也就无法有效地减少贫困人口。这种以区域经济发展为主的扶贫战略,对于贫困地区的整体经济发展,特别是对各级政府财政收入的增长发挥了推动作用,但对贫困地区特贫人口生活状况的改善作用却较小。在贫困地区区域性贫困缓解的同时,阶层性贫困愈加突出。

### (五)基本消除贫困阶段(2001—2010年)

2001年5月,政府制定了《中国农村扶贫开发纲要(2001—2010年)》,就未来10年的农村扶贫开发进行了全面部署。我国2001—2010年扶贫开发总的奋斗目标是:尽快解决极少数贫困人口温饱问题,进一步改善贫困地区的基本生产生活条件,巩固温饱成果,提高贫困人口的生活质量和综合素质,加强贫困乡村的基础设施建设,改善生态环境,逐步改变贫困地区社会、经济、文化的落后状况,为达到小康社会创造条件。显然,同过去相比在进入扶贫攻坚阶段后,我国农村扶贫开发的战略重点和战略格局发生了重大变化,即由过去集中全力解决大量贫困人口的脱贫问题转向解决少数绝对贫困人口的温饱问题,解决已脱贫人口的不再返贫问题,为农村小康社会建设创造了条件。近年来,中国不断加大对中西部地区支持力度,出台了一批新的政策,支持贫困地区的经济社会发展。西部大开发战略通过基础设施建设、产业结构调整、生态环境改造、发展科技教育等措施,提升了贫困地区的整体发展水平。中西部地区“两基”(基本普及九年义务教育、基本扫除青壮年文盲)攻坚计划的实施,普遍提高贫困地区劳动力的基本素质。对农村贫困人口的医疗救助制度和新型农村合作医疗制度的建设,将从根本上解决贫困人口“看病难”“看不起病”的问题。村村通公路、村村通广播电视等工程,将极大地改善贫困地区社区环境。但2003年出现的全国贫困人口不减反增现象,不仅印证了扶贫开发战略重点和战略格局需要变化,而且也对新时期的扶贫攻坚提出了新的警示。

在党中央、国务院的直接领导下,通过各级地方政府和部门的积极努力,经过多年的反贫困实践,通过设置专门的组织机构,制定减缓贫困的政策、计划措施,充分调动各种财政资源、信贷资源和社会资源，形成了具有中国特色的扶贫组织体系。从以上对中国扶贫的回顾和分析中可以看出，中国扶贫组织制度是比较典型的以政府为主导自上而下的组织结构。它具有权威性、统一性、持久性等优点，但也存在着不足之处，例如使市场作用弱化和贫困人口参与度不足等。从总体上来看，我国政府扶贫政策遵循了一个由外在机制推动到内在能力提升，由实施重点项目、重点工程到实施家家能干的具体项目与计划，由整体区域增长带动到扶贫到户这样一条轨迹。从效果上来看，由贫困人口的迅速缩减到稳步减少，但在 2003 年左右还有所反弹，可以看出扶贫政策在缓解贫困方面的确起到了积极作用，但扶贫政策的创新过程还跟不上经济社会发展的要求，扶贫政策是有效的，但也需要不断加以改进。

### （六）精准扶贫阶段（2011 年至今）

1978 年以来，我国的扶贫工作取得了阶段性成果，农村贫困发生率从 1978 年的 30.7% 下降到 2015 年的 5.7%。但是，贫困问题并未得到根本性解决，截至 2015 年，我国农村仍有 5 575 万贫困人口。为全面建成小康社会，实现“两个一百年”奋斗目标，必须打赢脱贫攻坚战，其核心是“两个确保”，即到 2020 年确保农村贫困人口全部脱贫，确保贫困县全部脱贫摘帽。“十三五”时期，国家全面实施脱贫攻坚工程，精准扶贫、精准脱贫是脱贫攻坚的基本方略。

精准扶贫，更形象地来说就是“点穴式”扶贫，扶贫要扶到点上、根上，看真贫、扶真贫、真扶贫。包括精准识别、精准帮扶、精准管理和精准考核四个方面。

## 三、中国农村减贫方向

中国的减贫是一个动态的过程，扶贫方式实现了由“道义式”扶贫向制度式扶贫转变，由“输血式”扶贫向造血的开发式扶贫转变，由扶持贫困地区向扶持贫困人口转变，因此“精准扶贫”就应运而生。“精准扶贫”能准确识别贫困人口最终实现减贫目标，为有效实施精准扶贫，要努力实现三个方面的精准，一是精准识别贫困对象，二是精准确定贫困程度，三是精准分析致贫原因。

### （一）扶贫对象精准，建立完善的识别机制

精准扶贫的前提是精准识别贫困对象，要通过民主、科学的程序识别出最贫困、最需要扶持的人，使扶贫资金的使用由大水“漫灌”变为精确“滴灌”。按照社会福利理论，社会福利可以看作是个人福利的总和。精准识别贫困对象，用有限的资源帮助真正贫困的人脱贫，这样会使贫困群体的个人福利水平得到提高，从而增加社会总福利。如果对象识别错误，并非真正贫困的群体掌握了较多的扶贫资源，

会导致贫困群体的生活得不到改善，个人福利水平得不到提高，而并非真正贫困的群体本身社会福利水平也相对较高，因此扶贫资源所带来的效用是递减的，难以实现社会总福利效用的最大化，从而导致扶贫资源的浪费。

要实现贫困对象识别的精准化，有效区分收入差异人群，做到扶贫对策真正瞄准贫困对象，可以从三个方面采取措施。

第一，严格按照收入水平来确定贫困对象。要合理确定贫困的收入认定标准，对生活在贫困标准以下的个人和家庭进行救助，管理机关要进行严格的收入核查，从“养懒汉”转变为“扶真贫”。但是，有些家庭因为重大疾病、子女就学、突发事件等原因，导致家庭支出超出其承受能力，从而陷入贫困。针对“支出性贫困”增多的现象，也要将“支出性贫困家庭”纳入救助对象之中，并进行严格审查。

第二，按照消费行为来确定贫困对象。通过观察贫困群体在实际生活中的消费类型及档次，来判断其属于真贫还是假贫，如观察他们是否拥有摩托车、小汽车，穿衣档次等。需要注意的是，判断标准要合情合理，如具将判断标准定为是否养小猫小狗等宠物、孩子是否有条件接受教育等，则属于对个人权利的忽视，违背了精准扶贫的初衷。

第三，不管是按照收入水平，还是按照消费行为来确定贫困对象，仅仅依靠相关机构是不够的。考虑到当地群众与贫困对象接触时间更长，对其实际情况更加了解，可以采用自下而上的参与式贫困群体识别办法，让群众代表参与到贫困群体识别过程中来，并加强群众监督，完善投诉举报制度，杜绝“人情户”“关系户”等现象，增强贫困对象识别的精准性。

### （二）扶贫力度精准，实施差别化扶贫政策

扶贫力度精准，就是要精准确定贫困程度，根据不同的贫困程度，制定有针对性的帮扶措施。从全国范围来看，我国存在明显的区域差异，各地经济以及社会发展状况不同，贫困发生率较高的区域集中分布于中西部。从各省内部来看，不同市县的贫困状况也存在差异。按照福利的边际效用递减理论，如果对所有贫困地区采取统一性扶贫政策，则会造成扶贫资源的浪费或者社会福利水平下降。

从整个社会来看，如果对贫困群体采取现金救助的方式，则要根据贫困程度的差异给予适度的救助资金，实现资金和人群的对等，同时实现每个单位资金效用的最大化，利用有限的扶贫资金实现整个社会福利的最大化。假设按照贫困等级，将一个社会中的所有社会成员分为甲、乙两类，甲类群体的贫困等级较低，乙类群体的贫困等级较高。再假设没有按照贫困等级来分配救助资金，导致甲类社会成员得到的救助资金超过其贫困程度应得资金，乙类社会成员得到的救助资金与其贫困程度对等，则甲类社会成员得到的救助资金每单位所带来的效用是递减的，从而

造成救助资金的浪费;相反,如果甲类社会成员得到的救助资金与其贫困程度对等,乙类社会成员得到的救助资金低于其贫困程度应得资金,则乙类社会成员获得的社会福利水平低,从而造成社会总福利水平低下。这两者都难以实现社会福利的效用最大化。

## (三)致贫原因精准,减缓权利贫困

粗放式的扶贫政策将贫困原因同质化,粗放输血,大水漫灌,浪费了政府的扶贫资源,影响了扶贫效果。要实现精准扶贫,就要精准分析致贫原因,做到因贫困原因施策。具体来说,导致贫困的原因主要包括自然原因、社会原因和个人原因。阿马蒂亚·森提出了权利贫困理论,他认为贫困的根源在于权利的被剥夺。研究结果显示,经济增长对减贫做出了巨大贡献,然而近年来经济增长的减贫效应放缓,权利式扶贫显得更加迫切和重要。

从自然原因来说,有些贫困地区自然条件恶劣,交通不便与外界隔绝,既有资源得不到开发,经济发展落后,农民主要以从事农业生产为主,非农就业机会缺乏,收入水平低,同时也存在一些高素质的劳动力从贫困地区流向发达地区,形成贫困循环累积效应。对于这种情况,一方面,要加强政策和资金支持,利用当地优势发展经济,增加非农就业机会;另一方面,要打破贫困地区的封闭状态,推进户籍制度改革,引导贫困人口外出就业,保障公民自由流动的权利。

从社会原因来说,贫困家庭特别是农村贫困家庭的抚养负担和赡养负担重。农村家庭受到传统观念的影响,倾向多生育子女,子女接受教育所需的费用使整个家庭陷入贫困。另外,随着人口老龄化进程的加快,老年人口数量迅速增加,而且高龄老人数量庞大。预测显示,2050 年我国 60 岁及以上老年人口总数将超过 4 亿人,高龄老人达到 9 500 万人,且农村老年人口比例远超城市。老年人生理功能退化,疾病频发,照顾老年人给收入水平不高的家庭带来很大负担。对于这种情况,要加快贫困地区公共保障的落实,扩大教育、医疗、养老等公共服务的覆盖面,提高服务水平。同时,根据子女受教育的阶段以及老年人的年龄、生理和活动能力等,给予贫困家庭差额化补贴,保障贫困人口基本的受教育、医疗、养老等权利。

从个人原因来说,目前仍有一些贫困人口"等、靠、要"的思想严重,缺乏改变自身贫困生活的信心和勇气,缺乏劳动的积极性和主动性。从经济学的角度来看,观念是一种初始禀赋。根据福利经济学第二定理,改变贫困群体的个人观念要比采取其他措施(如解决资本短缺问题、增强贫困群体的能力等)更为重要。因此,对于这种原因导致的贫困,应该将拥有进取心和缺乏进取心的贫困群体区分开来,对于拥有进取心的贫困人口,要分析他们贫困的原因,优先采取措施进行扶持,如提供培训教育以及就业的机会,为其脱离贫困创造条件;对于缺乏进取心的贫困人口，政府应采取措施鼓励其到城市中去，了解城市发展现状，开阔眼界，激发他们改变自身生活状态的意识。

了解中国农村的减贫进程，研究扶贫政策转变背后的逻辑，最终落脚于“精准扶贫”。从精准识别贫困对象，精准确定贫困程度，精准分析致贫原因三个方面走中国特色的“精准扶贫”道路。

## 第四节 扶贫开发工作重点政策：驱动增长、缩小差距

国家扶贫开发工作重点县作为区域扶贫开发的“政策试验田”，是我国为推动地区平衡发展、实现共同富裕做出的重要战略安排，但其效果究竟如何仍需要验证。本节首次采用我国1992个县1999—2010年的面板数据，使用双重差分倾向得分匹配法（PSM－DID）研究了扶贫开发重点县政策效果。发现重点县的确立未能有效推动县域GDP及其人均GDP的快速增长，对缩小区域差距作用不显著，县域层面扶贫开发政策出现“失灵”。进一步研究显示，重点县的政策对工业化等驱动因素产生挤出效应，并因产业结构差异等因素扩大了区域差距，为国家区域扶贫开发制度的完善与其他相关政策的设立提供了启示。

改革开放以来，全国范围内进行了有计划有组织的大规模开发式扶贫，贫困地区面貌发生了显著变化，现阶段扶贫开发任务依然十分艰巨而繁重，已进入啃硬骨头、攻坚拔寨的冲刺期。出于促进不同地区协调发展、消除贫困、改善民生、实现共同富裕的需要，中央明确了592个贫困人口集中、自然条件恶劣、基础设施薄弱、扶贫难度大的县（市、区、旗）为国家扶贫开发工作重点县（以下简称扶贫开发重点县），对其提供财政支持和政策倾斜。然而无法回避的事实是，扶贫开发重点县确立后，其经济社会发展各项指标相比之前虽有好转，但并未打破重点县与非重点县之间区域内部不均衡的发展格局，且差距不断扩大。那么，扶贫开发重点县政策在过去的十余年间实现了哪些预期效果？有哪些良好经验值得推广，又存在哪些问题和不足值得在今后扶贫开发进程中引起重视？为此，在践行《中国农村扶贫开发纲要（2001—2010年）》的这十余年，如何准确地认知和评价国家扶贫开发工作重点县政策的实施效果，不仅对政策本身的执行和完善具有重要意义，而且能够对不同层面扶贫开发政策制定起到借鉴作用。

已有文献从不同方面评价了扶贫开发重点县政策的绩效，与小型化、差异化的精准扶贫不同的是，区域扶贫开发采用的“自上而下”模式，主要试图通过大中型

项目的推动和资金带动促进地区整体发展。然而,一方面现有研究关于扶贫开发重点县政策对推动经济发展、缩小区域差距的作用究竟如何并未达成一致看法,扶贫开发重点县政策效果究竟如何仍存在诸多争议;另一方面,在数据和评价方法上,不少文献往往通过选取部分省市少量扶贫开发重点县样本(样本数据有限),直接对比政策实施前后的差异而得出结论。但即使没有重点县政策实施,其他驱动因素也会对欠发达县域发展有所贡献,仅仅使用单差法难以准确识别政策的净影响。想要有效识别重点县政策带来的净效应,则必须剔除其他因素造成的影响。为了克服上述方法的局限性,学者们逐渐采用双重差分法(DID)对政策效果展开研究。处理组和控制组满足共同趋势假设是使用双重差分法(DID)进行识别的重要前提,但由于不同县域发展存在较大差异,这一前提在相关研究中并未得到满足。而且,现有文献在双重差分法(DID)的使用过程中仅选取部分省域或地市范围内的数据,样本选取有限,对结论的稳健性容易产生影响。

鉴于此,这里尝试使用我国县级面板数据和快速发展的双重差分倾向得分匹配法(PSM - DID)对重点县的政策效果展开研究,其边际贡献主要为:首次采用1999—2010 年 566 个国家扶贫开发工作重点县与 1426 个非重点县的数据来进行验证,扩大样本容量,以便更全面系统地探讨扶贫开发重点县的政策效果;通过将倾向得分匹配法(PSM)应用于双重差分法(DID),避免已有研究中可能存在的估计偏误,使双重差分法(DID)的应用前提能够得到满足;厘清重点县政策对区域发展的影响机制,并在考察政策对不同驱动因素作用的基础上,明确今后区域扶贫开发中亟待完善的领域。

## 一、政策背景与理论假说

"国家扶贫开发工作重点县"是中央对其实施政策倾斜和财政扶持的经济欠发达县级行政区域的特定称谓,也是《中国农村扶贫开发纲要(2001—2010 年)》中对之前国家级贫困县的新提法,利用"开发"思维创新传统扶贫机制。从政策的实施效果来看,扶贫开发重点县政策既有可能驱动所在区域经济增长、缩小地区差距,也有可能存在"政策失灵"的问题。

就促进经济增长、缩小发展差距的效应而言,国家为推动欠发达县域快速增长,实现东部、中部、西部协调发展,给予重点县多方面的政策倾斜。通过发放专项财政扶贫资金、以工代赈资金、扶贫贴息贷款、专项退耕还林还草资金等,直接加大了对重点县的财政投入力度。同时,重点县在教育、科技、劳动力转移等领域,甚至行政编制方面都享有特定政策优惠,如主要针对重点县劳动力制订的"雨露计划",大型企业和公益组织等优先在重点县开展的"社会扶贫",针对重点县贫困学生出台的"知识脱贫",面向西部重点县的"东西扶贫协作"等。除此之外,地方各

级政府对重点县也给予了大力支持。因此,重点县政策可以通过增加财政投入、加大金融信贷支持力度、劳动力技能培训、对口社会化帮扶及相关配套措施为欠发达区域提供初始资本保证、吸引投资和提升劳动力素质等,以实现驱动经济增长、缩小地区差距的政策效应。

从现实来看,确立国家扶贫开发重点县后,重点县的经济增长率明显超过全国平均水平,但这并不意味重点县政策绩效显著,主要有三个原因:

按照索洛增长理论,某个经济体初期如果人均产出水平处于低位,其增长速度往往更快,这也符合边际效应递减的经济学原理。自重点县确立以来,欠发达区域快速增长与其初始产出水平不高关系密切,这就无法全部看作是重点县政策的推动效应。给予扶贫开发重点县扶持和优惠政策对驱动当地经济增长、缩小区域差距可能有正向作用,但随着时间变化和工作重心转变,该作用可能逐渐变小,政策效果愈发减弱。自重点县政策实施以来,贫困地区与发达地区差距扩大的趋势未得到有效遏制、逆转,区域内和区域间不均等现象依然存在。

在国家大力推进县域层面扶贫开发的同时,不能忽视与之相伴的政策"失灵"的可能。重点县的政策效应得以发挥,离不开强有力的制度保障,虽然国家一直未能以法律形式规范扶贫开发进程以及提供强有力配套支撑。此外,不同部门制定的其他区域性政策与区域扶贫开发间若缺乏协调合作,则会存在所谓区域政策的"叠罗汉",导致政策效应有限。由于动态、综合绩效考评体系的缺失,地方发展时往往更为重视区域短期 GDP 的增长,而过度强调基础设施投资则会导致已有集聚的加强,扶持欠发达地区衰退产业也势必造成大量资源浪费;另一方面,重点县"认退"机制缺失,极易滋生"等、靠、要"思想。欠发达县域无法回避其面临的软实力约束,产权、劳动力流动和社会保障等软性公共服务制度的缺失以及思想观念的束缚,制约着资本等的驱动作用和政策红利的有效发挥。将县域作为"瞄准对象",通过限定区域和投资方向来确定受益者,容易造成本应受益的人口"漏出",同时受可使用资源的约束,政策难以覆盖到所有区域和人口。

上述因素都使得重点县政策所带来的政策红利易演变为政策"失灵",驱动欠发达县域经济增长、促进区域协调发展的预期效应是否充分发挥出来也充满了不确定性。

## 二、模型与估计方法

国家扶贫开发工作重点县的确立,可看作一项在中国欠发达地区开展的"准自然实验",对于此类政策的效果,可以采用双重差分法(DID)进行评价。国家确定的 592 个扶贫开发重点县(市、区、旗)位于河北、山西、内蒙古、吉林、黑龙江、安徽、江西、河南、湖北、湖南、广西、海南、重庆、四川、贵州、云南、陕西、甘肃、青海、宁夏、新疆在内的 21 个省份(自治区、直辖市)。

因此,从上述重点县中数据可得的 566 个县(市、区、旗)作为处理组,而将未纳入到扶持范围的 1 426 个非重点县(市、区、旗)作为控制组。进一步将 1999—2010 年我国 1992 个县(市、区、旗)分为 4 组子样本,即扶贫开发重点县政策实施前的处理组、扶贫开发重点县政策实施后的处理组、扶贫开发重点县政策实施前的控制组以及扶贫开发重点县政策实施后的控制组。

共同趋势假设是双重差分法(DID)的应用前提,要求两组样本具有较小的异质性,即若国家未确立扶贫开发重点县,重点县与非重点县的发展趋势随着时间推移不会出现系统性差异。但根据经济收敛理论或者重点县和非重点县的发展现实来看,双重差分法(DID)的这一假定可能并未满足。因而,为使双重差分法(DID)满足共同趋势假设,本节选择了双重差分倾向得分匹配法(PSM - DID),该方法的特点是能够控制不可观测但未随时间变化的组间差异。

## 三、数据、变量与描述性统计

本书首次选择使用 1999—2010 年中国 1992 个县的面板数据来评估国家扶贫开发重点县政策的效果。数据来源于历年《中国县域统计年鉴》、各省(自治区、直辖市)各地市和各县统计年鉴。按照研究设计的需要,本书选择的数据时段为 1999—2010 年,主要基于以下考虑:受到《中国县域统计年鉴》等资料指标完整性、数据可得性的限制;1998 年全国有 29 个省(自治区、直辖市)均遭受严重洪涝灾害,长江更是发生全流域特大洪水。因此,为避免因特大自然灾害而造成的估计误差,能更有效地评估重点县政策的效应,本书拟采用 1999—2010 年数据。

另外,本书对其他影响县域经济水平的因素予以分析,还选取了一系列变量,来研究其他因素可能造成的影响。政府支出对特定阶段的县域经济发展的作用不可小觑,政府规模与经济增长、地区差距相关度高,本书通过设置指标规模来度量政府对县域经济的影响力。投资是推动区域发展的重要动力,固定资产投资规模通常对所在地经济增长贡献很大,需对其加以控制。经济结构差异也是造成地区差距的重要因素,工业化程度和第三产业比重这两个指标将被用来检验结构性因素对驱动增长和缩小差距的作用。

## 四、实证结果分析与稳健性检验

### (一)国家扶贫开发重点县政策对驱动增长、缩小差距的初步检验

作为国家推动欠发达地区经济增长、促进区域协调发展的重要战略安排,扶贫开发重点县政策相当于一个准自然实验,因此我们可以专门研究重点县驱动增长

和缩小差距的政策净效应。

扶贫开发重点县是国家为促进区域协调发展而做出的战略安排,其效应发挥往往又与政策配套及地方具体执行高度相关。政策的执行和完善均具有长期性,各级政府、不同部门对扶贫开发政策的理解和实践也是渐进的,很难一蹴而就。因而,重点县政策对促进经济增长、缩小地区差距的效果可能随时间推移而逐渐显现。

将政策发挥作用的实质性纳入考虑,结果表明,扶贫开发重点县政策对驱动欠发达区域经济增长的动态效应不明显,缩小地区差距的政策效应不稳定。加入控制变量后的回归结果显示,重点县政策对推动欠发达县域 GDP 和县人均 GDP 增长仍不显著,缩小地区差距的趋势不明显。这意味着需进一步深化针对欠发达地区的扶贫开发思路,解决暴露出的问题并及时调整相应政策措施,才能使区域扶贫开发战略取得预期效果。

为了满足双重差分法(DID)所必需的前提假设,即重点县与非重点县的发展趋势保持一致,并不随时间推移而存在系统性差异,我们使用双重差分倾向得分匹配法(PSM - DID)进行稳健性检验。在使用过程中,根据虚拟变量和控制变量,使用 Logit 模型获得倾向得分,回归结果表明,几个控制变量都对被解释变量作用显著,扶贫开发重点县的政府支出规模、工业化水平和第三产业比重均较低,重点县的确立是基于区域发展的实际情况,因而需要使用倾向得分匹配法(PSM)进行匹配。为进一步确保双重差分倾向得分匹配法(PSM - DID)估计的有效性,这里一并进行了系列检验,Logit 模型回归结果表明,各协变量对于处理变量具有较强解释力。接着,检验了进行匹配后不同变量处理组和控制组间是否存在明显差异,协变量的检验结果显示,匹配后协变量的均值在处理组与控制组间未出现显著差异,不同变量在处理组与控制组的分布更为平衡,进一步支撑了双重差分倾向得分匹配法(PSM - DID)的应用。本书采用基于倾向得分匹配法(PSM),对国家扶贫开发重点县政策效应进行了稳健性检验。

回归结果表明,在应用双重差分倾向得分匹配法(PSM - DID)对政策效应进行稳健性检验后,双重差分法(DID)变量仍未能通过显著性检验,说明被确立为扶贫开发重点县对推动所在区域 GDP 和人均 GDP 的增长、缩小地区差距等作用仍不明显,进而验证了前述分析结果。

### (二)国家扶贫开发重点县政策的机制检验

从以上系列检验结果可以看出,国家扶贫开发重点县政策对推动欠发达县域经济快速增长、缩小地区差距贡献并不明显。那么,究竟是哪些因素制约了扶贫开发重点县政策效应的有效发挥?本书将进一步探讨重点县政策对不同驱动因素所发挥的作用,分析深层次原因。

## 五、结论与启示

为扶持发展相对滞后特别是中西部地区的欠发达县级行政区,国家确立592个县(市、区、旗)为扶贫开发工作重点县。自扶贫开发重点县政策实施以来,欠发达县域大都取得了丰硕的发展成果,但同时存在着很多不足,如何对政策效果做出客观评价更是各方关注的焦点。本书首次使用1999—2010年我国1992个县的面板数据,评估了国家扶贫开发重点县对推动县域经济增长、缩小区域差距的政策效应,并使用双重差分倾向得分匹配法(PSM-DID)对结果进行了检验。结果发现,重点县的确立对推动县域GDP和县域人均GDP增长、缩小地区差距作用不明显。进一步识别其制约因素后发现,重点县政策虽有助于当地投资规模提升,但过度集中于基础设施投资和资源开发,县域经济增长已形成对政府投资的依赖,阻碍了产业结构调整和合理布局,加之配套措施及软环境的缺失,政策的预期效果难以显现。

根据前述实证结果分析,在区域扶贫开发进程中,应以配套体制改革为抓手,破除阻碍“政策红利”发挥的壁垒,释放欠发达县域经济增长潜力,实现区域协调发展。

构建扶贫开发宏观利好环境和微观措施支撑制度,充分考虑不同区域发展的异质性。区域扶贫开发具有长期性、艰巨性和复杂性,其进程离不开法律的推动、规范和保护。此外,政策实施离不开微观配套措施支撑,否则各类扶持优惠例如扶贫贷款贴息等极易演变成无效补贴,并滋生徇私空间。因此,一方面扶贫开发立法势在必行,促使扶贫开发制度化,另一方面需尊重各地文化的多样性和发展的异质性,因势利导制订出具体行动方案,确保政策顺利落地。如改变“一刀切”式扶持模式,制定不同层次、类别的措施,出台相应土地、税收、金融等激励政策,充分调动社会各方面力量参与的积极性。

创新扶贫开发政策体系设计,提高政策瞄准度。以区域为瞄准对象的扶贫开发模式尽管取得了一定成效,但还存在发展不均衡和应受益人口“漏出”等问题。因此,需牢固树立人本理念,细化扶贫单元,积极创新扶贫开发模式:一方面,由静态视角向动态视角转变,由单一经济维度向多维度拓展,促使扶贫开发由“大水漫灌”向“精准滴灌”转变,由“输血”向“造血”转变;另一方面,打破现有行政区划藩篱,准确把握连片特困地区开发与扶贫攻坚的关系,统筹并集中利用片区优势资源。

深化绩效考核机制改革,建立可持续发展的考评体系和绩效追索机制。在以往政绩考核机制中,由于侧重对短期目标的考核,投资往往存在“偏向性”,基础设施建设、资源开发利用等投资占比居高不下，虽然其短期拉动效果明显，但根据前述分析，出现了产业升级、科技创新等长期驱动因素。因此，应按照区域协调发展目标和“数量”与“质量”并重原则，以设计科学、系统的评估指标体系为着力点，选取不同的评估方法，实地考核是否做到“真发展”和“真扶贫”，并基于考核结果进一步完善扶贫开发体制机制。

以优化产业结构和转变发展方式为突破口，寻求区域“绿色化”发展。欠发达县域在发展过程中往往忽略了自然生态文明、社会文明建设，在产业结构调整、科技创新、城镇化推进等多领域表现滞后。首先，需改变重经济增长而轻社会发展的导向，转变重视见效快产业而忽视周期长见效慢产业（例如农业）的观念；其次，依据区域资源禀赋，鼓励发展科技含量高、资源消耗低、环境污染少的特色产业，主动降低经济增长对资源摄取的依赖；最后，加大对科教创新、产权制度和社会保障等公共服务的投入，提升地区软实力，使区域扶贫开发政策能够真正助推我国欠发达地区跨越式发展，最终实现共同富裕。

## 第五节　专业化、多样化与产业结构减贫效应的动态异质表现研究

产业结构与贫困减缓的关系影响着贫困地区产业发展的政策制定。基于专业化和多样化视角，利用 2004—2014 年中国省际面板数据，对专业化、相关多样化、不相关多样化与 FGT 贫困指数的关系进行了“门限回归”。检验结果确认了产业结构减贫效应的动态异质表现：专业化的减贫效应在产品生命周期的初始和发展阶段趋于增强，并且经济密度更小、距离技术前沿更远的地区，专业化的减贫效果更好，多样化的减贫绩效低于专业化，且相关多样化尤其是第三产业相关多样化比其他多样化结构更具减贫效果。贫困地区在减贫的产业结构选择上，首要目标是改善专业化程度，其次是在多样化的既定前提下，谋求第三产业的相关多样化。同时，辅以深度贫困人口自我发展能力和经济机会的政策选择，能够有效改善产业结构的减贫绩效。

全面扶贫攻坚阶段集中连片贫困和插花式贫困并存，精准扶贫是应对插花式贫困的重要制度创新，但对于集中连片特困地区而言，经济不发展依然是其最大的共性贫困事实，产业发展带动脱贫是贫困地区实现可持续减贫的最重要内生动力。无论是大力发展特色产业扶贫，还是推动东部产业向西部梯度转移的协作扶贫，均体现了政策层面对产业扶贫的关切。但在贫困地区产业发展“做什么”和“如何

做”的问题上，现有理论研究尚未给出具有共识且具有操作性的思路。何种产业发展策略更有助于减贫，也成了政府层面制定减贫策略时的重点所在，因此从理论层面研究产业结构与贫困减缓的关系具有重要现实意义。

现有研究主要从三次产业的角度识别了贫困增长弹性在农业和非农部门的区别，这样研究通常认为农业部门比非农部门具有更强的减贫绩效，第三产业比第二产业更有助于贫困减缓。然而，从三次产业角度展开的研究至少存在三点不足：

第一，从三次产业视角展开的研究忽略了行业部门间的产业关联，第一产业和第三产业都与第二产业的发展密切相关，因此非农部门减贫弹性更低的现有结论低估了非农产业尤其是第二产业的减贫绩效。

第二，从三次产业角度展开的研究不能解释产业结构与减贫的关系在不同时期和不同地区的差异问题，非农产业内部增长是不平衡的，某些行业部门占经济增长的份额更大，三次产业结构掩盖了细分行业部门的结构差异。

第三，三次产业与减贫的关系对减贫政策制定的操作性建议不足，即便我们知道何种产业更有助于减贫，也无法知道应该发展何种行业部门，更无法解析行业部门间的产业关联。

因此，在深入分析产业结构的减贫效应时，需要在考虑产业关联的基础上，对产业结构进行更微观的行业细分。为此，本书借鉴演化经济学的思路，从专业化和多样化视角分析了产业结构的减贫效应。这也是本书研究视角的创新所在，该视角的优点为：

第一，更贴近产业结构影响贫困减缓的微观机制，并能够为既往差异化的实证结论提供逻辑一致的解释。专业化引致的“马歇尔外部性”能够获得专业化要素集聚优势，而多样化引致的“雅各布斯外部性”能够导致多样化部门间的知识溢出，这些均能够影响低技能劳动力的就业和贫困减缓。但这些专业化和多样化的减贫效应受经济规模和技术水平的影响，并且多样化和专业化对同一地区减贫的影响也存在时间不一致性。

第二，该视角具有更直接的政策启示，不同地区可以根据产业结构减贫效应的动态表现，结合发展现状切实体现产业发展的“因地施策”和“因时施策”，解决“做什么”的问题。

另外，专业化以及细分三次产业的相关多样化和不相关多样化的产业结构细分，也给“怎么做”提供了思路。

如何识别产业结构减贫效应的动态异质表现是本书在研究方法上的主要创新。既往研究很少关注产业结构减贫效应的非线性特征，如门限效应、边际递增效应或者边际递减效应等。但无论是从三次产业的角度，还是从专业化与多样化的角度，产业结构的减贫弹性都是规模扩张带来的正外部性，以及效率改进和产业锁定带来的劳动力需求减少等负外部性的净效应。而正负两方面外部性都随产业结构演化而不断变动,因此产业结构的减贫弹性应体现出非线性特征。现有研究之所以较少关注该非线性特征,其原因在于既往研究方法在应对非线性时的假设过强,从而失去了实证结果的稳健性。现有实证模型在处理非线性效应时通常在水平值的基础上引入二次项或者三次项,并采取线性回归,但这些方法引入的水平值、二次项或者三次项存在较强相关性,较少的异常值就可导致参数估计值的显著差异,在没有明确理论支撑的情况下使用明确的线性设定来识别非线性问题,无法捕捉模型设定之外的非线性效应。为此,本书使用了门限面板模型来分析专业化、相关多样化以及不相关多样化对贫困减缓的非线性影响。通过设定不同的门限变量,能够识别产业结构减贫弹性的地区特性和动态变迁。

另外,为了识别产业结构对不同贫困群体的异质影响,本书使用 FGT 贫困指数测度了贫困发生率、贫困距和平方贫困距。使用 FGT 贫困指数的优点在于不仅可以分析产业结构与贫困发生率的关系,而且可以有效分析产业结构对贫困人口收入分布的影响,实证结果的可解释性更强,政策内涵也更为丰富。本书的研究也表明,相同产业结构对贫困线附近贫困群体的影响更为显著,因此适宜的产业结构辅以经济机会、自我发展能力改善的政策更有助于深度贫困群体的贫困减缓。

## 一、研究综述与理论机制

产业结构与贫困减缓的关系是相关实证研究广泛关注的问题,国外学者最早对该问题进行了实证研究。但之后的大量研究却没有得到连贯统一的结论,相关研究结论因数据来源、指标选择、研究区域和研究方法等的差异而不同。从研究结果的普遍表现来看,更多的研究者认为,农业部门比非农部门具有更强的减贫关联,且第三产业比第二产业减贫弹性更大,其原因在于农业部门的劳动力需求与贫困人口劳动力禀赋更为匹配,且能够吸纳更多的贫困人口就业。但最近的研究中,一些学者对农业部门的减贫效应进行了质疑,他们指出农业部门的发展依赖于经济体中其他部门的需求增长,农业部门发展与贫困减缓更多地体现为相关关系而非因果关联。为此,在减贫政策的产业导向上,他们鼓励增强农业部门与非农部门的关联,而非强调农业发展的减贫效应。总之,简单使用三次产业或者农业与非农部门的产业划分来制定推动贫困减缓的产业发展政策,很难得到协调一致的政策启示。为此,相关研究的一个趋势是从产业结构影响贫困的机理出发,更细致地考察不同行业部门之间和内部的减贫弹性差异。目前很少有研究分析三次产业内部的减贫弹性差异,从为数不多的研究来看,细分了非农部门,但没有发现制造业和服务业减贫弹性的差异。一些学者识别了农业内部农产品种植多样性的减贫效应,对工业部门进行的细分研究表明,劳动密集度高的制造业和建筑业具有更强的减贫弹性。这些细分行业部门层面的研究表明,确实有必要在分析产业结构与贫困减缓的关系时,进行更为细致的研究。

值得注意的是,虽然减贫弹性更大的行业部门通常是那些使用大规模低技能劳动力的部门(如旅游业、建筑业、物流业等),但这些行业部门无法孤岛式存在,而是因相关行业部门的发展而生,或者依赖关联行业部门的发展而扩张。因此,能够引致低技能劳动力需求的行业部门(如房地产行业),或者能够改善贫困人口人力资本的行业部门(如教育、健康等行业)也具有显著的减贫效应。研究表明,房地产行业虽然是一个包括很多知识密集型活动的行业,但该行业表现出的减贫作用意味着与知识溢出有关的就业增长给减贫带来的乘数效应。因此,在细分研究产业结构与贫困减缓的关系时,应从产业结构影响减贫的内在机理出发,并考虑到行业部门间的交互影响。

从产业结构与贫困减缓的理论关联和内在机理来看,现有研究认为产业结构的减贫效应主要通过对不平等、就业以及低技能劳动力回报的影响来完成。但不平等程度的变化内生于不同劳动力的就业结构和劳动回报,因此贫困人口的就业和低技能劳动力劳动报酬是不同产业减贫弹性差异的根源。一些学者利用劳动密集度分析了不同部门减贫弹性的差异,认为劳动密集度大的行业部门具有更强的就业吸纳能力,从而具有更为显著的减贫效果。利用劳动密集度对产业结构进行的分解,比三次产业划分更为贴近产业结构影响贫困减缓的内在机理,但依然忽略了不同行业部门之间的内外部关联。以互联网产业为例,互联网产业本身对低技能劳动力的就业吸纳能力较弱,但“互联网 +”背景有效促进了物流行业等劳动力密集度较大的行业部门,从而产生了行业部门间的减贫溢出效应。但与此同时,某些新行业部门的产生也可能会导致原有行业的创造性毁灭,从而产生减贫挤出效应。现有研究也忽略了同一行业部门减贫效应自身的动态演化,某行业部门的就业吸纳能力将随着产品生命周期和就业波动而发生变化。

虽然现有研究未能就上述的减贫溢出效应和减贫效应的动态性进行研究,但演化经济学中对于专业化、多样化与就业关系的研究与该问题类似,且能够对产业结构的上述减贫效应进行逻辑一致的解释。一些学者将要素专业化集聚归纳为MAR 模型,认为区域产业结构的专业化集聚能够推动区内相同产业企业之间的知识溢出和创新活动。专业化鼓励知识、信息、创意以及产品和生产流程通过模仿、商业往来、技术人员交流等非货币沟通形式进行交换,使得专业化行业部门在扩张阶段实现劳动力边际产出递增,从而有助于就业改善和劳动报酬总量增加,同时产业结构的专业化也会导致产业锁定效应,从而在需求波动时对就业产生负面影响。然而有些学者则认为知识溢出的最大来源并非发生于同类企业的集聚,而是来源于不同行业间企业的交互,并强调了多样化行业部门的地理集聚能够推动知识溢出,从而促进创新和就业改善。一个更为多样化行业网络的"地理接近"能够推动不同行业进行相互模仿,共享和重构互补的知识和创意,这构成了创造新行业和新产品的必要条件。一些学者在"马歇尔外部性"和"雅各布斯外部性"的基础上,将产业结构的多样化进行了解构,相关多样化有利于知识在不同但又相互补充的部门分支之间溢出,不相关多样化对于增长的可能优势在于该种产业结构下,经济增长将体现更低的波动性,从而缓解经济波动对增长和就业的负面影响。因此,相关多样化和不相关多样化都可能对就业增长具有正向影响,但只有相关多样化才能够反映知识扩散中的动态优势,而不相关多样化对就业的影响只是体现为缓冲器作用。一些学者的研究均对专业化、相关多样化、不相关多样化与就业的关系进行了实证检验。本书虽然借鉴了演化经济学中对于专业化、多样化与就业的研究视角,但研究贫困减缓和就业问题有两点核心区别:一方面,鉴于贫困人口的禀赋特征,贫困减缓更为关注低技能劳动力的就业以及自我雇佣劳动力的就业问题;另一方面,基于新古典分配理论,贫困问题结合了就业和劳动力要素回报,既考虑了产业结构对就业规模的影响,又综合体现了生产效率改进和劳动力边际产出变动对劳动报酬的影响。

与本书相近的是丁建军等学者的研究。他们研究了美国阿巴拉契亚地区经济多样性的减贫效应,并认为多样化的生计方式有助于就业创造和经济稳定,从而有助于贫困减缓。他们对多样化与减贫的关系从产业多样性、功能多样性、职业多样性和知识多样性等方面进行了细致研究。但是,他们的研究忽略了对专业化的分析,而多样化与贫困存在反向因果的可能,即便明确了知识多样化的减贫效应,贫困地区也能因为贫困本身而无法形成该种多样化的生计。另外,他们没有考虑到产业结构减贫效应的动态异质表现,这种研究对于同质样本而言是合宜的,但却很难应对中国贫困地区差异化的贫困事实和"精准滴灌""因地施策"的政策需要。

## 二、计量模型设定、变量选择与数据来源

### (一)计量模型设定

由于专业化、相关多样化、不相关多样化与贫困减缓的关系在短期和中长期有所不同,并且不同产业结构的减贫弹性受市场规模和技术前沿距离的影响,为此本书使用多门限面板模型进行实证检验,以识别产业结构减贫弹性的动态异质表现。

### (二)变量选择与数据说明

本书基于 2004—2014 年中国省际面板数据,对产业结构与贫困减缓的关系、动态异质关系进行实证检验。计量模型使用贫困作为被解释变量,专业化、相关多

样化、不相关多样化等作为主要解释变量，使用经济发展、经济密度、贸易开放度、受教育年限、固定资产投资、支出等作为控制变量，并分别使用经济密度和支出作为门限变量。

1. 被解释变量

本书使用FGT贫困指数测度了各省区历年的农村贫困状况。我们以2010年不变价格2 300元对历年贫困线进行了调整；*ex* 表示对贫困人口收入分配的调整参数，$a$ 越大表示对距离贫困线更远的贫困人口赋予更大权重，当 $a=(0,1,2)$ 时，FGT贫困指数分别代表贫困发生率指数、贫困距指数和平方贫困距指数。现有研究在进行贫困指标选择时，通常使用农村居民收入甚至农村居民恩格尔系数来替代农村贫困，这样处理有其合理性，但模糊了农村居民和农村贫困人口的区别，并且不能有效反映贫困深度。本书分别将贫困发生率、贫困距和平方贫困距作为被解释变量，不仅能够识别产业结构与贫困人口的比重关系，而且有助于分析产业结构对贫困人口收入分布的影响，从而使得政策启示更为丰富。FGT贫困指数测度时使用了世界银行的计算平台，该指数测度依赖于洛伦兹曲线估计，原始数据来源于历年各省区统计年鉴中农村居民收入五等分数据。

2. 主要解释变量

本书的主要解释变量是产业结构的专业化、相关多样化和不相关多样化程度。我们借鉴了专业化基尼系数方法来测度专业化，多样化的测量主要有赫希曼指数、基尼系数、熵指数等测度指数，其中赫希曼指数最为常用。但自从经济学家将多样性划分为相关多样性和不相关多样性之后，基于熵指标的特性和分解优势使得该指标在多样性研究中的应用也更为广泛。因此，本书将使用熵指数来表示产业的多样化特征以便于对多样性的分解和便捷表述。根据其分解性，将研究中的所有行业小类的熵表示总体多样化(Total Variety)，用TV表示；研究中所有行业大类的熵表示不相关多样性(Unrelated Variety)，用UY表示；每个行业大类中的小类行业的熵的加权和来表示相关多样性(Related Variety)，用RV表示。Pi和Pg表示某小类行业和大类行业的就业在研究区域内占所有行业就业的比重。大类和小类行业就业数据来源于各省区历年统计年鉴、《中国工业统计年鉴》和《中国第三产业统计年鉴》。

3. 门限变量和控制变量

为了体现产业结构减贫效应的动态演化，本书设定时间作为门限变量，同时为了反映产业结构减贫弹性与经济规模和前沿技术距离的关系，还分别使用经济规模和技术前沿距离作为门限变量，对样本类型进行区分。

本书使用经济密度来反映经济规模，经济密度的计算方法为各省区地区生产总值除以行政面积，数据来源于历年《中国统计年鉴》。选取研究与发展内部经费支出作为技术前沿距离的代理变量，根据科研套利方程，技术产出与研发投入的资本总量有关，为此我们选择了 R&D 支出总量，而非 R&D 支出占 GDP 比重指标。该数据来源于历年《中国科技统计年鉴》中的“各地区研究与试验发展（R&D）经费内部支出”，包括了所有单位在基础研究、应用研究以及试验发展上的内部经费支出。同时，模型还包括了地区生产总值、进出口贸易总额、固定资产投资三个控制变量，进出口贸易总额利用当年平均汇率折算为人民币，且所有货币计价指标均以 2003 年为基期进行了价格平减控制，变量数据均来源于各省区历年统计年鉴。

## 三、实证检验与结果分析

### （一）实证检验过程

首先，确立门限回归参照结果。我们在不引入门限效应的情况下，使用面板数据固定效应模型对产业结构与贫困减缓的关系进行了实证检验。将贫困发生率作为被解释变量时，研究专业化、总体多样化、相关多样化、不相关多样化与贫困减缓的关系，并将该结果作为后续门限回归结果的参照。

其次，以时间作为门限变量，对专业化、多样化与贫困减缓的关系进行实证检验，识别产业结构减贫效应的动态表现。在门限回归之前需要进行门限效应检验，对门限是否存在以及存在几个门限进行判定。我们分别针对无门限、单门限和双门限设定进行了门限效应检验，栅格化水平为 0.005，计算 F 统计值，并使用自举法计算 P 值。由于门限效应模型较多，因篇幅所限检验结果未在正文中列出。根据门限效应检验结果，对专业化、总体多样化、相关多样化、不相关多样化与贫困减缓的关系进行了门限回归。

最后，为了识别产业结构减贫效应的异质表现，我们基于经济规模和前沿技术距离对样本进行了区分。区分思路为：将经济规模作为门限变量，分析产业结构减贫效应的门限值，并根据门限值对各省区进行了分类；以前沿技术距离为门限变量，识别门限效应和门限值，根据门限值对各省区进行分类；针对经济规模和前沿技术距离的分类结果进行样本细分；由于分类后的样本已经控制了产业结构减贫效应的异质表现和门限效应，因而可以使用固定效应对各类样本中产业结构的减贫效应进行检验，并识别产业结构减贫效应的异质表现。

### （二）实证结果分析

1. 产业结构减贫效应的动态表现

将时间作为门限变量，对产业结构的减贫效应进行了门限回归，从中可以看出，专业化的减贫效应体现出显著的单门限特征和动态表现，其门限值为 2010 年。

在2010年之前，专业化的参数估计值为 -0.275，2010年之后为 -0.370，均在1%的显著性水平上统计显著。专业化减贫效应体现出随着时间而增强的特征，2010年之后，专业化水平每增加1个百分数，贫困发生率就降低0.37个百分数，该结论与问题一的理论解释部分相符。专业化减贫效应随着时间而增强的原因在于，专业化程度的加强，能够通过生产过程的效率改进，提升企业利润水平。这一方面使得劳动力边际产出增加，另一方面也会导致企业扩大生产规模，提升劳动力的就业吸纳能力。同时，2004—2014年中国的专业化主要表现为大规模同质化产品生产的专业化，此类产业对低技能劳动力具有更强的劳动密集度，从而使得专业化表现出更为显著的减贫效应。该结论与产业结构、劳动密集度和贫困减缓关系的研究结论一致，但未能对专业化减贫效应在长期可能无效甚至体现出负面作用的理论推导提供实证佐证。其可能的原因在于，文章研究时间段相对较短，且专业化减贫效应在产品生命周期末端，并面临需求波动时才会出现产业结构的锁定效应和负向减贫作用。但既往无论是出口导向的专业化还是国内大规模需求下的生产专业化，都有效满足了市场需求，体现了生产的比较优势，既往专业化对应于产品生命周期的初期和中期。因此，专业化的负向减贫效应在本书研究时间段内并没有体现，但随着经济新常态背景下需求结构的变化，专业化因产业锁定而导致减贫效应趋减或者负向减贫效应也有可能出现。为了识别专业化减贫效应的这种影响，我们从经济演化的视角来刻画时间刻度，从而规避了研究时间段较短的问题。在经济密度较大的第一类和第二类样本中，专业化的参数估计值分别为 -0.079 和0.075，而总体样本中的参数估计值为 -0.261。这表明未来随着产品生命周期的演化，专业化的减贫效应确实存在动态表现，从而理论结论形成了统一。

多样化的减贫效应会因经济规模和技术水平不同而体现出异质性，而不是时间不同的动态性原因。为了防止理论分析对于产业结构减贫效应可能的疏漏，本书也对总体多样化、相关多样化和不相关多样化减贫效应的动态表现进行了检验。所有多样化指标的减贫效应均未显示出统计显著的动态表现，即产业结构减贫效应的动态表现主要源于专业化减贫效应的差异。该结论对产业结构与贫困减缓多样化关联的实证证据寻找到了新的解释，既往研究在解释经济增长弹性的区际差异和跨期变迁时，倾向认为是由制度、自然资源等背景因素以及相同产业结构下的不同劳动密集度所导致。但本书对于产业结构减贫效应动态表现的细分分析却表明，同等专业化程度的减贫效应本来就会随着行业部门生命周期的演化而不同，在生命周期的初期和中期，专业化的产业结构更有助于贫困减缓，其减贫效应也会在后期趋减，并在行业部门面临重大需求转折时体现出不利于减贫的锁定效应。

2. 产业结构减贫效应因经济密度而不同的异质表现

首先，从专业减贫效应的门限特征来看，专业化对贫困发生率的影响存在基于经济密度的双门限特征。门限值分别为 171 亿元/万平方千米和 2 730 亿元/万平方千米。经济密度小于 171 亿元/万平方千米时,专业化体现为显著的贫困减缓效应,其参数估计值为 -0.325,且在 1% 的显著性水平上统计显著。经济密度介于171 亿元/万平方千米和 2 730 亿元/万平方千米之间时,专业化对贫困发生率影响系数将为 -0.111,且未能在常用显著性水平上统计显著。当经济密度越过第二个门限值 2 730 亿元/万平方千米时,专业化的参数估计值为 0.166,体现出不利于减贫的特征,且此时专业化的负向减贫效应在 10% 的显著性水平上统计显著。该结论表明,专业化的减贫效应更为显著,随着经济密度的提升而趋于减弱,甚至体现为负向减贫效果。

我们可以使用企业利润最大化选择解释专业化两种减贫效应的区别和出现条件。从要素投入的角度来看,企业根据边际产品收益等于边际要素支出做出利润最大化选择。其中 MR 为边际收益,$p$ 为劳动力的边际产出,$w$ 为工资率。如果 MR 不变或者增加,扩大劳动力要素投入,体现为显著的减贫效应;如果 MR 递减,且 MR 递减幅度大于专业化带来的生产效率改进,则企业将会通过降低劳动力的需求使得边际产品收益等于边际支出。对经济密度较大的地区,同质化专业化行业部门面临的市场竞争程度加剧,产品定价趋于边际成本,甚至在固定成本较高时会低于边际成本,从而导致边际收益 MR 下降;而经济密度较小的地区专业化行业部门垄断势力高于经济密度大的地区,MR 相对稳定。也正是不同经济密度地区,专业化行业部门市场结构的差异导致了 MR 变动方向的不一致和减贫效应的不同表现。即专业化引致的生产效率和边际产出提高能够使得低经济密度地区的企业基于利润最大化诉求,扩大生产规模,提升低技能劳动力的就业吸纳能力,体现为正向减贫作用;但也会使得高经济密度地区通过效率改进,产生低技能劳动力的节约,从而体现为负向减贫作用。根据理论解释,在需求波动时专业化的减贫表现也会不同。就本书的实证结果来看,经济密度小的地区,专业化在产业锁定的情况下依然表现出显著减贫效应的原因在于,经济密度较小的地区 2004—2014 年的经济波动以上行波动为主,这些地区的年均经济增速普遍高于全国平均水平。另外,经济密度较小地区的专业化也体现出了“船小好掉头”的可能。

其次,从多样化减贫效应的异质表现来看,总体多样化、相关多样化和不相关多样化的减贫效应都存在双门限效应,而只有相关多样化的参数估计值统计显著。从专业化和多样化减贫效应的差异来看,中低经济密度地区专业化的减贫效应大于相关多样化,这意味着对于宁夏、云南、贵州、甘肃、内蒙古、新疆、青海、西藏等低经济密度地区而言,专业化导向的产业调整政策更有助于贫困减缓。而对于高经济密度地区而言,相关多样化导向的产业结构比专业化更有助于贫困减缓,专业化体现为更显著的负向减贫效应。进一步讲,即便中低经济密度地区需要利用多样化在知识交互上的优势,也应该将相关多样化和不相关多样化区别对待。不相关多样化并没有体现出贫困减缓的稳定器效应,产业结构多样化的产业发展策略应盯住相关多样化水平的提升。此外,相关多样化的减贫效应还体现为随经济密度增加而递减的情况。对于经济密度较小的样本,相关多样化的参数估计值为 -0.122,且在1%的显著性水平上统计显著,在第二阶段参数估计值变为 -0.091,在10%的显著性水平上统计显著,在第三阶段参数估计值进一步调整为 -0.039,且无法在常用显著性水平上统计显著。相关多样化实现贫困减缓需要有两个先决条件,一是相关多样化带来的知识交互,能够创造新产品和新行业部门,二是新行业部门的出现对于低技能劳动力就业吸纳能力的提升,大于“创造性毁灭”导致的就业吸纳能力下降。在产品创新固定成本相同的情况下,经济密度更大地区的企业基于相关多样化的共同知识基础主动寻求知识交互的动机更强。因此,同等的相关多样化程度在经济密度更大地区引致生产效率提高的可能性更大。但其减贫效应随经济规模递减的结果表明,相关多样化带来的效率提高对贫困人口就业的“挤出效应”大于“溢出效应”,这意味着新行业部门的创造并不能自动引致更有效的减贫进程,改善贫困人口的就业技能和经济机会是借互联网背景改善减贫绩效的关键。

3. 产业结构减贫效应因技术前沿距离而不同的异质表现

从研发支出的门限效应检验结果来看,产业结构的减贫效应体现为双门限特征,门限值分别为133亿元和657亿元。

从专业化影响贫困发生率的门限表现来看,专业化的减贫效应随技术前沿距离缩短而降低。技术前沿距离较远的地区,专业化参数估计值为 -0.321,且在1%的显著性水平上统计显著,在第二阶段参数估计值变为 -0.148,在10%的显著性水平上统计显著,当越过第二个门限后,专业化体现为负向减贫效应,参数估计值为0.032,且在10%的显著性水平上统计显著。该结果与理论分析一致,距离技术前沿更远的地区主要通过过程创新体现效率改进,而非新产品和新行业部门的创造。因此专业化更能够匹配此类地区的技术禀赋,从而体现为更显著的减贫效应。且技术水平更高的地区,专业化虽然也能够带来过程创新和效率改进,但如上文所述,此类效率改进更倾向表现为剧烈市场竞争下的产业锁定,从而表现为劳动力节约和负向的减贫效应。从多样化影响贫困发生率的门限表现来看,相关多样化同样表现出比不相关多样化更显著的减贫效果,对于距离技术前沿较远的地区,相关多样化的参数估计值为 -0.096,且在5%的显著性水平上统计显著,而不相关多样化参数估计值为正值,且无法在常用显著性水平上统计显著。这再次确认了将总体多样化细分为相关多样性和不相关多样性的必要,以及基于三次产业角度研究产业结构减贫效应的不尽恰当之处。从专业化和相关多样化减贫效应的横向比较来看，在第二个门限值之前，专业化的减贫效应显著高于相关多样化。这意味着对于距离技术前沿相对较远的地区而言，追求专业化是实现更有效减贫的产业政策选择。

## 四、产业结构减贫效应的稳健性检验

### （一）基于样本细分的稳健性检验

上文对产业结构减贫效应的异质性从经济密度和技术前沿距离两个维度进行了分析。由于门限回归方法的局限性，我们无法在同一实证模型中同时引入两个门限变量，但忽略任何一个门限变量都会导致模型设定的偏误。为了规避该问题，我们根据经济密度和技术前沿距离的门限值对所有地区细分为四类，确保细分后的地区在经济密度和技术前沿距离上同质，从而限制因背景不同而导致的产业结构减贫效应的异质表现。由于细分后的地区不再适用门限回归，我们使用固定效应模型对各类地区产业结构与贫困减缓的关系进行了实证检验，其目的是对产业结构减贫效应的异质表现进行稳健性检验。

从专业化减贫效应的异质表现来看，样本细分之后，专业化的减贫效应依然体现为随着经济密度增大和技术前沿距离改善而递减的特征。针对低经济密度且离技术前沿距离较远的第四类样本，专业化的参数估计值为 -0.284，在10%的显著性水平上统计显著，而第三类和第二类样本的参数估计值分别为 -0.168 和0.075，且无法在常用显著性水平上统计显著。从多样化减贫效应的异质表现来看，相关多样化在经济密度更小和距离技术前沿更远的地区也表现出了更显著的减贫效果。第四类样本相关专业化的参数估计值为 -0.225，在10%的显著性水平上统计显著，第三类和第二类样本相关专业化的参数估计值分别为 -0.123 和0.014。从专业化和相关多样化减贫效应的比较来看，专业化在第四类和第三类样本中均体现出了更为显著的减贫效果。从控制变量与贫困减缓的关系来看，细分样本之后，投资、国际贸易和教育的参数估计值与前文分析一致，但经济增长的减贫效应体现了差异，距离技术前沿较近的第一类和第二类样本，经济增长表现出正向减贫效应，而后两类样本中经济增长的参数估计值则显著为正，这不利于贫困减缓。其主要原因在于后两类地区贫困人口参与经济增长的能力低于前者。

由于后两类地区在“十三五”期间面临着更严峻的脱贫任务，因此稳健性检验的结果意味着对于后两类地区，尤其是对于宁夏、云南、贵州、甘肃、内蒙古、新疆、青海、西藏八个省区，通过产业结构调整修正经济增长的“益贫性”具有较强的迫切性，并且在产业发展政策选择上应以专业化作为主要导向，此外在多样化的培育上谋求相关多样化的产业构成。

### (二)基于产业分解的稳健性检验

门限回归和稳健性检验的结果虽然对产业结构减贫效应的异质表现进行了确认,也给出了不同地区更具减贫绩效的产业结构选择,但依然面临如何做的问题。虽然专业化的产业结构可以根据本地比较优势以及凭借承接产业转移来实现,但如何在多样化之下塑造相关多样化是政策层面面临的难点,也是上述实证结论在指导实践时的缺憾之处。为此,本书从细分三次产业的角度,分析了不同产业的相关多样化与贫困减缓的关系,尝试回答何种相关多样化更有助于减贫,从而为产业发展政策提供更具操作性的建议。我们基于固定效应模型,对第四类样本三次产业的相关多样化与贫困减缓的关系进行了实证检验。

第一产业和第三产业相关多样化的减贫效应更大,其参数估计值分别为 -0.144 和 -0.337,分别在1%和5%的显著性水平上统计显著,第二产业相关多样化并未表现出显著的减贫效果,其参数估计值仅为 -0.009,且无法在常用显著性水平上统计显著。这与既往研究中第一产业和第三产业减贫弹性更大的结论相类似。但本书的结论并不支持只要第一产业和第三产业发展就能引致减贫的结论,对于经济密度小且距离技术前沿较远的地区而言,首要目标是追求专业化的产业结构,其次在总是存在多样化的情况下,谋求第一产业和第三产业的相关多样化是“锦上添花”的减贫政策选择。即贫困地区产业扶贫的主要矛盾在于如何改善专业化程度,次要矛盾是如何塑造更合宜的多样化产业结构问题。前文已经分析了专业化产业结构的政策导向,第三产业的相关多样化是更具减贫绩效的多样化产业结构选择。在操作上可以基于各地区行业部门的投入产出,有针对性地设定打造对应多样化的产业政策。由此,本书的结论对既往认为应该偏重发展农业或服务业等某一种产业的结论进行了完善,三次产业的发展可以在减贫框架下发挥协同作用,而非割裂开来形成权衡替代。第二产业完全可以通过专业化程度改善、发挥减贫绩效,而第三产业和第一产业则在相关多样性上体现贫困减缓。

### (三)基于FGT贫困指标的稳健性检验

上述产业结构减贫效应的实证检验主要以贫困发生率作为被解释变量,但是由于贫困群体的禀赋、能力和机会也存在显著的内部差异,所以产业结构对于贫困人口内部不同群体的减贫影响也可能存在异质表现。现有研究表明,减贫政策有盯住贫困线附近贫困人口的惯例。为了识别产业结构在不同贫困深度层面的异质减贫效应,本书进一步以贫困距和平方贫困距作为贫困的代理变量,使用固定效应模型对产业结构的减贫效应进行了实证检验,并且为了检验产业结构对非贫困人口和贫困人口收入提升的异质性，还在检验中使用了基尼系数作为被解释变量。结合前述分析结论，我们重点对第四类样本专业化和第三产业相关多样化这两个最重要产业结构变量的减贫效应进行了检验。

通过比较实证结果，分别将第四类地区的贫困发生率、贫困距和平方贫困距作为被解释变量时，专业化的参数估计值分别为－0.284、－0.093和－0.027，专业化虽然有效降低了第四类地区的贫困发生率，但对贫困距和平方贫困距的缓解作用较小，且无法在常用显著性水平上统计显著。比较第三产业相关多样化与FGT贫困指数的关系来看，第三产业相关多样化影响贫困距和平方贫困距的参数估计值为正值，且对平方贫困距的影响在5%的显著性水平上统计显著。这意味着专业化和第三产业相关多样化对贫困人口内部不同群体的减贫影响也是异质的，使用基尼系数作为被解释变量时，专业化的参数估计值为13.871，且在10%的显著性水平上统计显著，第三产业多样化的参数估计值也为正值，这进一步表明专业化和第三产业相关多样化不仅对不同群体的收入影响存在差异，而且体现出了非益贫的特征。出现该结论原因在于深度贫困群体的自我发展能力和经济机会更低，参与专业化经济活动并获取回报的能力较差。该结论意味着盯住贫困减缓的产业发展政策，需要以深度贫困人口的经济机会和自我发展能力提升为前提。

## 五、结语与政策启示

新一轮扶贫攻坚阶段，理解产业结构与贫困减缓的关系有助于贫困地区选择适宜的产业发展策略。但是现有文献往往认为第一产业和第三产业更有助于减贫，忽略了三次产业的发展关联。现实中任何一个产业都无法“孤岛式”存在，同时现有研究也未能就产业结构减贫效应的异质表现进行内在机理分析，而是将其归因于收入分配结构和劳动密集度，但这两者都是产业结构导致的结果，而非独立于产业结构的外生变量。本书从专业化、多样化的视角出发，首先讨论了产业结构的专业化和多样化影响贫困减缓的内在机制，然后基于2004—2014年的面板数据，使用门限回归方法，识别了产业结构减贫效应的动态异质表现，并从细分样本、细分产业和细分贫困群体三个维度对产业结构与贫困减缓的关系进行了稳健性检验。

研究发现，专业化与贫困减缓的关系具有显著的动态异质表现。在研究时间段内，专业化的减贫效应随着时间推移而增强，并且专业化对于经济密度更小、距离技术前沿更远的地区，体现出更为显著的减贫效应。这意味着“十三五”期间，减贫的重点和难点地区应基于本地优势和产业转移的契机，着力提升本地产业结构的专业化程度。同时，本书的研究也证实，专业化的减贫效应会受市场对同质化产品的需求波动和产业锁定的负面影响。

专业化和多样化的减贫效果不同,并且多样化与贫困减缓的关系也因相关多样化和不相关多样化而异。对经济密度更小、距离技术前沿更远的地区,专业化比多样化的减贫效应更好,且相关多样化比不相关多样化更有助于贫困减缓。细分产业的研究则进一步表明,第三产业的相关多样化是更“益贫”的多样化产业结构。该结论意味着贫困地区在减贫的产业结构选择上,首要目标是改善专业化程度,其次是在多样化的基础上谋求第三产业的相关多样化,这是更为适宜的产业选择。我们的证据对既往认为应该偏重发展农业或服务业等某一种产业的结论进行了完善,三次产业的发展可以在减贫框架下发挥协同作用,而非割裂开来形成权衡替代。第二产业完全可以通过专业化程度改善而发挥减贫绩效,第三产业和第一产业则在相关多样性上体现贫困减缓。

本书的研究还表明,专业化和相关多样化对不同贫困群体的影响也存在差别。既往产业结构更有利于贫困线附近群体的贫困减缓,而对深度贫困群体的溢出不足。因此,在塑造适宜减贫产业结构,改善低技能劳动力需求的同时,还应辅以改善深度贫困人口劳动力供给的政策,改善其自我发展能力和经济机会,从而增强从“益贫”产业结构中获益的能力。

本书虽然对产业结构减贫效应的动态异质表现进行了相对全面的分析,但不可回避的问题是,无论是贫困还是产业结构都是复杂均衡的结果。从这一点上来说,本书在有限的研究范围内无法穷尽二者关联的所有可能性和影响因素。因此,在未来的进一步研究中,可以从更为微观的角度来刻画产业结构与贫困减缓的关系,如针对某一特定地点,细分农产品的专业化和多样化,以及细分职业的专业化和多样化等。

# 参考文献


[1] 李克强. 中华人民共和国国民经济和社会发展第十三个五年规划纲要[N]. 人民日报,2016-03-18(1).

[2] 杨明. 坚持以人民为中心的发展思想[J]. 唯实,2016(6):33-35.

[3] 中共中央马克思恩格斯列宁斯大林著作编译局. 马克思恩格斯选集:第1卷[M]. 北京:人民出版社,2012.

[4] 马克思. 资本论:第3卷下[M]. 北京:人民出版社,1975.

[5] 王天义. 坚持以人民为中心的发展思想[N]. 经济日报,2015-12-03(13).

[6] 姜建成. 促进人的全面发展:经济社会发展的价值依归[J]. 社会科学战线,2009(2):226-228.

[7] 习近平. 始终与人民心相印共甘苦:中共中央总书记习近平在十八届中央政治局常委与中外记者见面时讲话[J]. 人民论坛,2012(22):6-7.

[8] 毛泽东. 毛泽东选集:第3卷[M]. 北京:人民出版社,1953.

[9] 刘家凯. 社会主义·市场经济·人的发展:中国第六次人的发展经济学研讨会观点摘编[N]. 光明日报,2014-12-08(7).

[10] 丘小维. 以人民为发展导向的中国经济转型与升级研究[J]. 改革与战略,2016(11):25-30.

[11] 中共中央马克思恩格斯列宁斯大林著作编译局. 列宁选集:第3卷[M]. 北京:人民出版社,1995.

[12] 毛泽东. 毛泽东选集:第3卷[M]. 北京:人民出版社,1991.

[13] 邓小平. 邓小平文选:第1卷[M]. 北京:人民出版社,1994.

[14] 汪三贵,刘未. "六个精准"是精准扶贫的本质要求:习近平精准扶贫系列论述探析[J]. 毛泽东邓小平理论研究,2016(1):40-43.

[15] 莫光辉. 精准扶贫:中国扶贫开发模式的内生变革与治理突破[J]. 中国特色社会主义研究,2016(2):73-77,94.

[16] 巫文强. 人民是经济发展的基础也是经济发展的目的:兼谈坚持以人民为中心的中国特色社会主义政治经济学学理[J]. 改革与战略,2016(10):1-5.

[17] 习近平. 脱贫攻坚战冲锋号已经吹响 全党全国咬定目标苦干实干[N]. 人民日报,2015-11-29(1).

[18] 庄天慧,杨帆,曾维忠. 精准扶贫内涵及其与精准脱贫的辩证关系探析[J]. 内

蒙古社会科学,2016(3):6－12.
[19] 左停,杨雨鑫,钟玲.精准扶贫:技术靶向、理论解析和现实挑战[J].贵州社会科学,2015(8):156－162.
[20] 黄妮.浅论习近平的精准扶贫思想[J].福建省社会主义学院学报,2016(1):84－90.
[21] 曾伟,刘雅萱.习近平的“扶贫观”:因地制宜“真扶贫,扶真贫”[EB/OL].人民网,(2014－10－17)[2018－10－20].http://politics.people.com.cn/n/2014/1017/c1001－25854660.html.
[22] 习近平.携手消除贫困,促进共同发展:在2015减贫与发展高层论坛的主旨演讲[N].人民日报,2015－10－17(2).
[23] 虞崇胜,唐斌,余扬.能力、权利、制度:精准脱贫战略的三维实现机制[J].理论探讨,2016(2):5－9.
[24] 张屹,韩太平,舒晓虎.共享发展理念下的中国农村贫困治理:逻辑演变与路径再造[J].贵州省党校学报,2016(3):107－112.
[25] 郑宝华,蒋京梅.建立需求响应机制提高扶贫的精准度[J].云南社会科学,2015(6):90－96.